나는 오늘도 길을 간다

원효, 한국 사상의 새벽

고영섭 지음

■■■ 이상의 도서관 19

한길사

이상의 도서관 19

나는 오늘도 길을 간다

원효, 한국 사상의 새벽

지은이 · 고영섭
펴낸이 · 김언호
펴낸곳 · (주)도서출판 한길사

등록 · 1976년 12월 24일 제74호
주소 · 413-756 경기도 파주시 교하읍 문발리 520-11
　　　www.hangilsa.co.kr
　　　E-mail: hangilsa@hangilsa.co.kr
전화 · 031-955-2000~3　　　팩스 · 031-955-2005

상무이사 · 박관순 I 영업이사 · 곽명호
편집 · 이현화 김진구 I 전산 · 한향림
마케팅 및 제작 · 이경호 이연실 I 관리 · 이중환 문주상 장비연 김선희

출력 · 지에스테크 I 인쇄 · 현문인쇄 I 제본 · 쌍용제책

개정판 제1쇄 2009년 2월 20일

값 14,000원
ISBN 978-89-356-5992-0 03150

• 잘못 만들어진 책은 구입하신 서점에서 바꿔드립니다.

이 도서의 국립중앙도서관 출판시도서목록(CIP)은
e-CIP 홈페이지(http://www.nl.go.kr/cip.php)에서 이용하실 수 있습니다.
(CIP제어번호: CIP2009000337)

모든 경계가 무한하지만 다 일심(一心) 안에 들어가는 것이다.
부처의 지혜는 모양을 떠나 마음의 원천으로 돌아가고,
지혜와 일심은 완전히 같아서 둘이 없는 것이다.

• 원효

원효의 재발견: 왜 다시 원효인가?

■ 개정판 머리말

  우리 역사에는 무수한 '인물'들이 있다. 그들 속에는 '사건'이라는 '점'을 남긴 인물과 그렇지 않은 인물들이 뒤섞여 있다. '사건'이란 '점'을 남긴 인물들의 삶은, 점들의 연속인 '선'과 선들의 연속인 '면'과 면들의 연속인 '입체'로 확장되어간다. 역사는 이 한 점에서 퍼져나가서 선과 면을 거쳐 입체로 꽃피우게 되는 것이다. 역사의 인물들은 점들의 연속으로 이루어진 문학·역사·철학·종교·예술의 씨줄과 정치·경제·사회·문화·과학의 날줄이 빚어내는 시공의 사건들 속에서 그들의 내면과 외면을 성숙시켜왔다.

  이처럼 만남과 만남으로 이루어지는 우리 삶의 원 속에는 무수한 점·선·면·입체들이 수놓여 있다. 역사의 한 점은 선과 면과 입체가 연속되는 지점에서 활발하게 점화된다. 역사는 발전적 측면에 치중하는 세로축과 관계적 측면에 치중하는 가로축이 만나 이루어진다. 때문에 해당 인물의 삶과 생각 속에는 구심으로 나아가려는 힘과 원심으로 나아가려는 힘이 길항하고 있다. 역사에 흔적을 남긴 위인은 이러한 힘의 길항들을 뚫고 지혜의 활로를 열어간 사람들인 것이다.

  우리 시대는 말과 생각이 일치하는 지성, 부끄러움과 두려움을 아는 지성, 잘못된 것을 잘못되었다고 말하는 지성, 옳다고 생각하는 것을 위하여 목숨을 던지는 지성이 참으로 부족하다. 왜냐하면 '선'과 '악'이란 삶의 기준이 '이'(利)와 '해'(害)로 바뀐 지 이미 오래되었기 때문이다. 하지만 내게 '득'이 되는 것을 '선'이라고 여기면 그것은 '순선'(純善)이 되지 못하고, 내게 '실'이 되는 것을 '악'이라고 여기면 그것은 '순악'(純惡)이 되지 못한다. 때문에 거문고 줄을 너무 팽팽하게 당기지도 말고 너무 느슨하게 풀어놓지 말라는 부처님의 중도(中道)철학은 지혜의 활로가 될 수 있다.

원효는 앎과 삶의 거리를 최소화시키며 온몸으로 살았던 인물이다. 발전적 측면에 해당하는 '앎'과 관계적 측면에 해당하는 '삶'의 거리를 '최소화'(현실적 인간)시키고 '무화'(보살적 인간)시키기 위해서는 자기를 넘어서는 어떠한 보편적 원리를 위해 기꺼이 자신을 던질 수 있어야 한다. 보살은 '연기'(緣起)에 대한 사무친 통찰을 통해 새롭게 태어난 인간이다. 그는 오늘 나의 모든 성취가 숱한 인연들의 도움과 협동에 의해 이루어졌다는 사실을 온몸으로 자각한 존재이다. 하여 그는 남의 목숨을 건지기 위해서 자신의 목숨을 기꺼이 던질 수 있는 존재이다. 원효는 그렇게 살았던 사람이다.

만인들이 원효를 흠모하듯 나도 원효를 흠모해왔다. 젊은 시절 그는 나의 스승상이었다. 중년이 된 지금도 그는 나의 스승이다. 그에 대한 나의 이해가 좀 더 심화할 때 '원효 평전'은 다시 씌어질 것이다. 원효는 '치밀한 사고력'(一心), '활달한 문장력'(和會), '넘치는 인간미'(無碍)의 기호로 보살의 삶을 보여주었다. 출가 사문과 재가 거사를 넘나들며 보여준 이들 기호 속에서 나는 어떻게 사는 것이 참답게 사는 것인지 되물으며 산다. 바로 이 물음 속에서 나는 원효의 삶과 생각을 재발견하고 있다.

이 시대는 원효와 같은 인물을 기다리고 있다. '말만 하는 지식인'이
아니라 말을 넘어 '몸으로 사는 지성인' 말이다. 내가 하지 않는 것을 남
이 하고 있다는 것을 인정하고(無分別), 내가 하지 못하는 것을 남이 할
수 있다는 것을 인정하고(無執着), 내가 지니지 못한 것을 남이 지니고 있
다는 것을 인정하는(無所有) 지성인이 그립다. 원효의 생평은 우리에게
이러한 자세를 되묻는다. 오늘 우리가 다시 원효를 그리워하는 까닭도 바
로 여기에 있다. 원효는 여전히 원효다. 그러므로 우리는 원효 이후의 원
효를 탄생시키기 위해 온 마음을 모아야 하지 않을까.

2009년 2월
만산(蔓山)초당에서 시당(始堂)

원효라는 화두: 우리에게 원효는 무엇인가

■ 머리말

오늘 이 땅에서 '원효'는 어떠한 의미를 지니고 있는가? 원효가 우리에게 보여준 삶과 생각은 오늘 이 시대에 어떠한 무게를 지니고 있는가? 무수한 종교가 공존하는 다종교 사회, 온갖 갈등이 무성하면서도 굴러가는 곳, 자본주의와 사회주의의 가장 상징적인 대립구도가 형성되어 있는 이곳 한반도에서 원효철학이 우리에게 보여주는 모습은 무엇이며, 그것은 또 어떻게 해석될 수 있는가? 이러한 물음들이 원효에 대해 던지는 필자의 화두이다.

원효는 한 사람이 아니다. 원효사상은 한 사람의 생각이 아니다. 원효철학은 한 사람의 삶의 방식이 만들어낸 것이 아니다. 원효라는 화두가 우리에게 던지는 명제는 어떠한 고정된 사고로부터의 전환이며, 좁은 시야로부터의 전회이다. 모든 것은 나로부터 비롯되지만 나를 구성하는 것은 내가 아니라 나를 둘러싼 다양한 외연, 즉 나를 둘러싼 수많은 연(緣: 타자) 그 자체인 것이다. 따라서 어떠한 고정관념을 버리고 새로운 지평 위에서 새로운 시각을 견지해야만 인식의 전환이 가능하다는 것을 원효는 우리에게 보여주고 있는 것이다.

신라 불교의 르네상스기(7~8세기)에 치열한 삶을 살았던 원효는 언제나 시대의 한복판에 있었다. 그 한복판에서 불의를 보고 정의를 외쳤으며, 굴레를 보고 자유를 외쳤다. 갈라진 마음을 한마음(一心)으로 귀일시키고, 다양한 주장을 조화롭게 화회(和會)시켰으며, 걸림을 보고 무애(無礙)의 자유로움을 보여주었다. 뭇삶들의 욕망의 확장을 보고 절제의 미학을 가르쳤으며, 가진 자들의 기득권에 대한 집착을 보고 무소유로의 해탈을 촉구했다.

그는 유기체 속에서 인간의 보편성을 발견하였으며, 세계의 차별상이 내 마음의 분별상에서 비롯됨을 간파했다. 또 살아 있는 모든 것들의 생물학적 조건의 동일성 위에서 인간과 세계를 바라보았으며, 있는 것(存在)과 있어야 할 것(當爲) 사이의 거리의 최소화라는 인식 위에서 인간(자아)과 세계(자연)를 통찰했다. 그는 실상반야(實相般若)를 투시하면서도 문자반야(文字般若: 반야의 이치를 나타내는 글귀)를 무시하지 않았으며, 경교(經敎)에 대한 깊은 이해가 있었으면서도 선법(禪法)에 대해 가볍게 생각하지 않았다. 그는 뛰어난 문어를 쓰면서도 구어를 가볍게 여기지 않았으며, 한자를 상용하면서도 우리말(향찰)을 즐겨 사용하였다.

그는 어떠한 견해에도 치우침이 없었지만 결코 그의 견해가 없지 않았으며, 타인의 잘못을 비판하면서도 자신을 돌아볼 줄 아는 지성인이었다. 그는 철학의 심연 속에서 집필하면서도 문학의 넓은 바다를 생각하는 열린 마음의 소유자였고, 통찰력(禪)과 문장력(敎)의 화회를 통해 이 시대의 삼장법사의 모습을 보여주었으며, 이론에 밝았으면서도 실천에 소홀하지 않았다.

이 평전은 원효의 이러한 삶과 생각을 통해 이 시대의 한 지성인의 모습을 그려보는 작업이다. 이 시대 지성인의 모습은 마땅히 자기를 넘어서서 생각하고 실천하는 보살의 모습이어야 할 것이다. 가슴속에는 대비심의 물결이 언제나 솟아오르고, 세상을 바라보는 눈동자는 항시 따뜻한 시선을 지녀야 할 것이다. 그것이 이 시대의 지성인의 모습이요, 지식인의 갈 길인 것이다. 이러한 점에서 원효는 바로 우리 시대 세계인의 스승상(師表)이며 만인의 삶의 거울이다. 필자가 원효를 평가하는 기준도 원효의 '보살적인 삶' 바로 여기에 있다.

이 책이 간행되기까지 필자에게 학문적 영향을 미친 여러 선생님들, 그 중에서도 특히 술이부작(述而不作)의 사관(史觀)으로 불(교)학이 의학(義學)이며 불(교)학자는 의사(義士)임을 일깨워주신 동국대학교 불교학과의 지도교수 왕봉 김영태(金煐泰) 선생님, 동국대학교 국문학과 박사과정 수업에서 문학과 철학의 행복한 만남의 필요성을 여러 저작을 통해 더욱 심화시켜주신 서울대학교 국문학과의 조동일(趙東一) 선생님, 고전학과 해석학(번역론)을 통해 이 시대의 살아 있는 철학의 정립과정을 보여주신 한국사상사연구소장 도올 김용옥(金容沃) 선생님께 머리 숙여 감사드린다.

아울러 '위대한 한국인' 시리즈를 기획하여 이 평전을 집필할 기회를 주신 한길사 김언호 사장님, 한길사 편집부 여러분, 필요한 사진을 사용토록 해주신 양진 선생님, 그리고 이동철 선생님에게 고마움을 표하고 싶다.

1997년 4월 30일
만산초당에서 고영섭

나는 오늘도 길을 간다

원효, 한국 사상의 새벽

원효와의 만남

서(敍)

어느 한 역사, 한 시대를 통하여 한 위대한 인물과 동시대에 더불어 살아가는 것처럼 행복한 일은 없을 것이다. 더욱이 그 인물이 이미 육신은 사라졌다 하더라도 죽은 역사로 남아 있지 않고 오늘날에도 끊임없이 소생하는 텍스트라면, 그것은 우리에게 당대를 넘어서는 영원성을 머금은 감로수임에 틀림없다. 거기에서 멈출 수 없는 또 하나의 기쁨은 그를 본받아 넘어서려는 후생들이 지속적으로 존재한다는 사실이다. 그러한 후생들 때문에 그 인물의 영상은 끊임없는 생명력으로 거듭나는 것이다.

원효(元曉, 617~686)는 어느 날 아침에 갑자기 태어난 존재가 아니다. 그는 냉철한 이성과 초인적 열정을 통해 신라에 새롭게 태어난 인간이다. 그는 한 사람이 아니다. 그는 당대 또는 그 앞시대 모든 지성들의 통찰과 비전을 종합한 전인적 포괄성의 소유자였다. 그는 7세기의 대부분을 살면서도 한 번도 7세기에 머무르지 않았다. 그는 6세기뿐만 아니라 8세기도 살 줄 아는 대장부였다.

원효는 어느 한 시대, 어느 한 공간에 가두어버릴 수 없는 위대한 거인이다. 무수한 인물 가운데에서 그는 단연 두드러지는 거인이다. 그리하여 사람들은 무수한 광맥을 머금고 있는 원효라는 역사를 그냥 내버려두

이종상 화백이 그린 원효 표준영정

지 않는다. 그를 향해 끊임없이 해석의 칼날을 벼리고 있는 것이다.

원효는 바로 그렇게 끊임없이 새롭게 태어나는 텍스트이다. 때문에 우리는 원효라는 역사를 한 개인의 역사로 치부할 수 없으며, 우리 역사에서 가장 치열한 정신사의 선하(先河)임을 부인할 수 없다. 우리 사상사에서 원효만큼 넉넉하게 인간 이해와 세계 인식에 대한 내포와 외연을 동시에 머금고 있는 사상가가 있는가? 원효만큼 우리 지성사를 풍부하게 살찌우는 인물이 있는가? 우리가 원효 앞에서 모자를 벗거나 고개를 숙이며 존경의 마음(忿)을 가지지 않을 수 없는 이유가 바로 여기에 있다.

나는 원효를 만난 일이 없다. 원효도 나를 만난 일이 없다. 왜냐하면 원효라는 몸뚱이가 이미 사라져버렸기 때문이다. 원효라는 몸뚱이가 왜 사라져버렸는가? 존재하는 모든 것은 소멸하기 때문이다. 허나 소멸 속에서 생성을 보려면 그가 남긴 의식의 찌꺼기들(저술들)을 더듬어보아야만 한다. 어째서 그러한가? 원효의 알라야식(인식과 업력의 주체인 마음)이 이미 소멸해버리고 그것의 스크린에 찍어놓은 세계 인식의 흔적만이 문자라는 형태로 남아 있을 뿐이기 때문이다. 그렇지 않으면 7세기 이 땅에 살았던 원효를 더듬어볼 수가 없다.

그러나 나는 오늘 원효를 만난다. 그는 서라벌에만 있지 않다. 원효는 우리나라의 어느 거리에나, 산간벽지의 절 속에 면면히 살아 있다. 심지어 중국의 어느 절이나 일본의 어느 곳에도 그는 살아 있다. 그를 기념하는 셔벌(서울)의 원효로 효창공원에서만이 아니라, 동경(경주) 서라벌 분황사에서만이 아니라, 우리나라 사람들 머릿속에 그는 환히 살아 있다.

원효는 한 사람이라 할 수 없다. 그가 드리우고 있는 사유의 영역에는 극한값이 없다. 그 안에는 무수한 사람들의 사유가 투영되어 있다. 허나 그 많은 사람들 속에서도 언제나 그는 명료하게 살아 있다. 그는 그의 문장 안에서 주어(주체)를 잃지 않고 활발발(活潑潑)하게 살아 있다.

원효는 7세기에 죽지 않았다. 비록 7세기에 몸뚱이는 사라졌지만 그는 오늘 20세기 말에도 살아 있다. 그가 우리 정신사에 남긴 불후의 업적은 이루 말로 다 표현하기 어렵다. 따라서 그를 생각하는 우리들의 가슴속에 원효는 언제나 용솟음치며 살아 있다. 그가 우리들의 가슴속에 살아 있는 한 우리 역사는 언제나 희망적일 것이다. 그는 우리에게 희망을 주고, 원력(願力)이라는 힘을 상기시켜준다.

우리는 지나간 역사를 단순히 이미 흘러가버린 것으로만 치부할 수 없다. 역사는 내 마음의 한순간이 만들어내는 것이기 때문이다. 내 마음의 한순간이 눈을 감으면 모든 역사는 사라진다. 때문에 내가 언제나 눈을 뜨고 있어야만 역사는 보인다. 원효라는 역사도 마찬가지다.

역사는 시간이다. 시간은 끊임없이 진행된다. 여기 직선이 있다고 하자. 이 선 위에 어떠한 점을 찍지 않고는 과거도 현재도 미래도 존재하지 않는다. 그것이 물리적이든 심리적이든 그 위에 어떠한 점을 찍을 때에야 비로소 과거도 현재도 미래도 존재한다. 이것이 역사다.

그러므로 우리가 원효라는 거인을 그 선 위에 찍는 점 이전의 인물로서가 아니라, 점 찍는 그 순간 혹은 그 이후의 인물로서 자리매김해둘 때에야 비로소 오늘의 원효로 태어나게 하는 것이다. 따라서 우리는 원효를 오늘의 원효로 살릴 수도 있고 어제의 원효로 죽일 수도 있다. 그러나 우리는 원효를 언제나 오늘의 원효로 만들고자 한다. 왜냐하면 우리는 언제나 오늘의 나의 눈으로 바라보는 원효로 자리매김시키고자 하기 때문이다. "모든 역사는 '현대의 역사'라는 성격이 부여된다"는 크로체[1]의 말처럼.

나의 원효읽기는 원효 한 사람만이 과녁이 아니다. 원효를 정확히 읽기 위해서는 원효를 둘러싼 그 외연에 대한 탐구가 동시에 진행되어야 한다. 그것이 곧 원효라는 내포를 더욱 극명하게 드러내 보이는 것이리라. 그러한 점에서 『삼국유사』에 실려 있는 '동경 흥륜사 금당 십성'(東京 興輪寺 金堂 十聖) 조목은 원효라는 텍스트를 둘러싼 그 외연의 해석에 깊은 암시를 주고 있다.

『삼국유사』 138조목에 실려 있는 가장 짧은 기사 한 토막인 「흥법」편의 이 '동경 흥륜사 금당 십성' 조목은 독자로 하여금 무수한 상상력을 머금게 한다. 그런데 단지 방향과 이름만의 나열일 뿐인 제목을 포함한 이 세 줄의 기사가 왜 그렇게 중요한가? 그것은 신라 최초의 나라절인 대흥륜사를 이해할 수 있는 것일 뿐만 아니라, 신라 불교의 성격을 이해할 수 있는 것이기 때문이다. 그 짧은 기사는 이러하다.

> '동경 흥륜사 금당의 열 분 성현'
> 동쪽 벽에는 진흙으로 빚은 아도 · 염촉 · 혜숙 · 안함 · 의상의 소상(塑像)이 서쪽을 바라보며 앉아 있고,
> 서쪽 벽에는 진흙으로 빚은 표훈 · 사파 · 원효 · 혜공 · 자장의 소상이 동쪽을 바라보며 앉아 있다.[2]

이렇게 제목까지 합쳐서 단 세 줄로 적혀 있을 뿐이다. 이 기록을 자세히 보면 흙으로 빚었다는 특징이 있다. 대개 불상의 재료로는 나무나 돌, 금, 은, 동, 철 등이 일반적으로 쓰인다. 그런데 이 흥륜사 금당에 모셔진 10성은 신라의 '흙'으로 빚어진 소상이다. 신라의 국가사찰에다 흙으로 빚은 소상을 모셨다는 것은 깊은 의미를 머금고 있음에 틀림없다. 그리고 그것도 주존불을 모시는 금당 안에다가 말이다. 오늘날 발견되는 신라의

유물 가운데에 토용(土埇, 土偶: 흙으로 빚은 인형, 무덤 속의 부장물)이 있지만, 화려한 금붙이나 거대한 돌이 없지 않았을 때에 왜 흙으로 빚은 소상을 주존불(기록에 나타나 있지 않음)을 중심으로 안치했을까? 놀라운 일이 아닐 수 없다. 그렇다면 이 짧은 기사를 그림으로 그려보자.

東京 興輪寺 金堂 十聖

北

庚方(西)	表訓→	←我道	(東)甲方
	蛇巴→	←厭髑	
	元曉→	←惠宿	
	惠空→	←安含	
	慈藏→	←義湘	

南

경주(東京) 흥륜사 금당에 모셔졌던 흙으로 빚은 소상 열 분은 위와 같이 배치되어 있었다. 이 소상들은 경덕왕대(742~765)의 고승인 표훈이 포함된 점에서 아마도 신라 통일 중·후기인 800년 즈음에 만들어졌을 것이다. 그런데 이 신라 흥륜사 금당의 열 성인의 모습은 깊은 상징성을 내포하고 있다. 도대체 이 열 분의 소상이 왜 신라의 대찰인 흥륜사에 모셔졌을까? 그리고 그 많은 신라의 성현 가운데 왜 이 열 분만이 선택되어 모셔졌을까? 그것도 금붙이나 대리석이 아닌 신라의 흙으로 빚은 소상으로 말이다. 또 동쪽 벽에 앉아 서방(庚方)을 향하고, 서쪽 벽에 앉아 동방(甲方)을 향하며 누구를 시위(侍位)하고 있는 것일까? 북쪽에 앉아 남쪽을 바라볼 주존불이 나타나 있지 않은 것은 무엇 때문인가? 여기에 엄청난 상징성이 내포된 것은 아닐까? 즉 주존불이 기록에 나타나 있지 않음으로써 신라 10성(聖)이 더욱더 승화되는 것은 아닐까?

이러한 의문을 푸는 일은 신라 불교의 한 성격을 규정하는 일이라 생각된다. 아도의 전래에 의해 신라에 불교문명이 들어온 이래 염촉(厭髑: 異次頓)의 멸신(滅身)을 경험한 신라 불교는 혜숙·혜공·안함·자장·원효·의상·사파·표훈 등의 대덕에 의해 찬란한 문명(문화의 초기단계)과 문화를 건설한다. 신라의 대표적인 지성인이자 고승(8인)·명현(2인: 염촉·사파)인 이 열 성인이 왜 흥륜사 금당 안에 안치되었을까?

그런데 이러한 의미를 깊이 논구한 학자가 있다. 그는 "신라의 주찰인 흥륜사 금당 주존불의 좌우 양벽면에 안치하였다는 사례로 미루어 우리는 당시의 금당에 10대 제자가 아닌 신라의 10성상도 봉안하였음을 알수가 있게 되며, 본존불을 모신 금당에 꼭 10대 제자가 아니더라도 10아라한(聖僧)상을 함께 안치할 수도 있다는 사실을 알게 된다"[3]고 말한다.

그는 또 이것을 "현실이익적인 면에서 불교를 받아들이고 또 그렇게 신앙세계를 펼쳐나갔던 그 나름의 특유한 본위(本位: 신라 위주)적 신앙의 전개를 보여주었다"고 하면서, "사원의 금당에 주존불을 모시고 좌우벽쪽에 10대 제자나 16나한상을 안치하는 것이 보통인데, 신라의 국가대찰인 대왕흥륜사의 금당에는 주존불의 좌우에 신라의 10성을 배열·안치하여 신라본위적인 신앙의 면모를 보여주었다"[4]고 평가한다.

일반적으로 주존불의 옆에는 보살상이나 나한상이 시립(侍立)하는 것이다. 경주 석굴암을 보더라도 주존불을 둘러싸고 보살상과 나한상이 시립해 있다. 그런데 신라 최초의 절인 대흥륜사에는 신라 불교의 현성들이 앉아서 주존불을 보좌하고 있다. 이것은 신라 현성들의 보살상 또는 나한상으로의 격상이자 승화임에 틀림없다. 이 놀라운 모습에서 신라 불교의

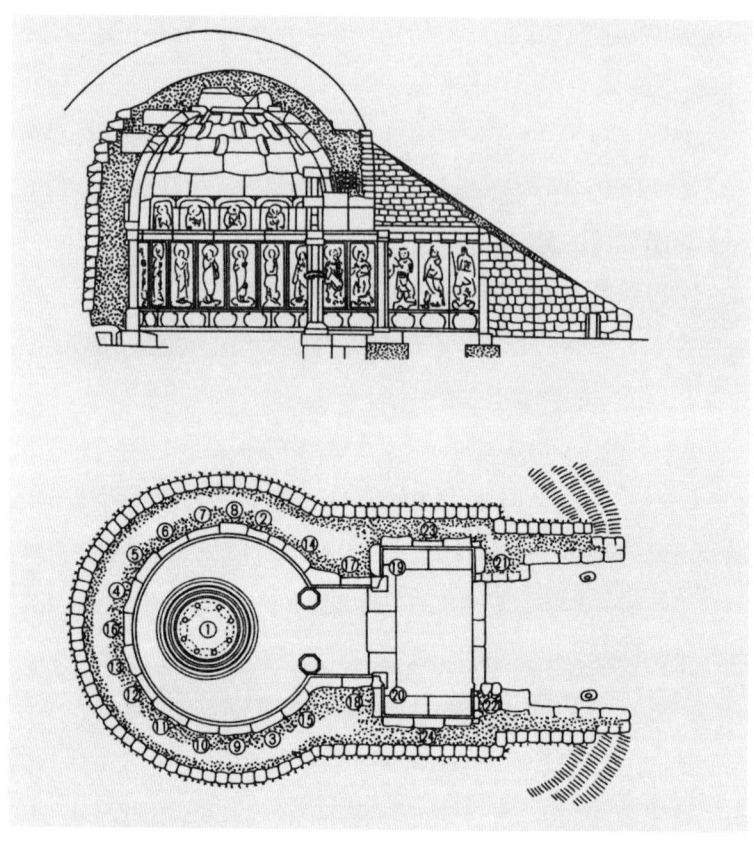

석굴암 측면도(위)와 평면도(아래)
① 보존여래좌상 ②③ 보살입상 ④~⑬ 십대제자 ⑭ 제석천입상 ⑮ 범천입상
⑯ 십일면관음입상 ⑰⑱ 사천왕상 ⑲~㉒ 금강역사상 ㉓㉔ 팔부중

자긍심을 읽을 수 있다. 그런데 어디에서 이러한 자긍심이 나왔을까?

신라인들은 가장 늦게 불교를 받아들였으면서도, 이미 받아들인 뒤에는 어느 나라보다도 주체적으로 자기화하는 능력을 지닌 사람들이었다. 이차돈의 멸신을 통해서 보아왔지만, 새로운 문명체계가 자기 고유의 사상체계를 능가하는 것이라는 통찰이 있으면 자기 것만을 고집하지 않고

우현 송영방 화백이 그린 이차돈 표준영정

그 새로운 체계를 재빨리 받아들여 놀랍게 자기화하는 지혜를 지녔다. 그들의 그러한 모습은 『삼국유사』의 여러 기록들에서 두루 확인되고 있다.

하여튼 흥륜사 금당의 10성에 나타난 사상성을 보면 신라 불교의 자긍심이 어느 정도였는지를 잘 알 수 있다. 이 10성이 머금고 있는 사상성을 그래프로 그려본다면, 원효라는 봉우리를 중심으로 한 앞시대의 사람들과 원효 당대 및 그 이후의 사람들을 통해 신라 불교는 욱일승천의 커다란 포물선을 그리는 것이다. 그 커브를 통해 신라 문명은 동아시아 문명에 한 전환의 축을 만든다. 그리고 그 축은 당시 중국 문명의 석학들을 한 수 가르치는 수준으로 승화된다. 우리는 불교 수용 이후 약 250여 년간이라는 이 시기를 신라 불교의 르네상스기라 부를 수 있을 것이다.

그런데 이러한 거대한 사상가를 가진 신라 불교의 활력은 어디에서 나왔을까? 주체성인가? 자주성인가? 주어(주체)를 잃지 않고 사는 인간들의 건강한 활력인가? 우리는 여기에서 튼튼한 위장을 가진 조상들의 소화력을 배우지 않을 수 없다. 용광로처럼 모든 문명의 쇠붙이를 다 녹여버리는 전체에 관한 통찰! 그 통찰은 원효라는 포괄적 인물을 통해 표출되고 있다.

이 책에서는 7세기 동아시아의 모든 사상적 에너지를 머금고 있었던 원효의 삶과 생각을 통해 이 시대의 보살적 인간의 참모습을 더듬어보고자 한다. 이것이 곧 이 시대의 원효를 탄생시키는 촉진제가 되기를 바라면서, 아니 우리들 모두 원효라는 세계인을 탄생시킬 길라잡이가 되기를 다짐하면서, 동시에 스스로 제2의 원효가 되거나 그를 넘어서기를 다짐하면서.

탄생과 출가

밤실에서 태어난 아기

압량군(押梁郡 : 章山郡, 경북 경산) 남쪽 자인(慈仁) 땅의 불지촌(佛地村) 북쪽에 한 부부가 살고 있었다. 이미 10개월 전, 그 아내는 유성이 품안으로 들어오는 꿈을 꾸고 임신한 상태였다. 어느 늦은 봄 아내는 남편 담나(談捺)의 부축을 받으며 만삭의 배를 부둥켜안고 조심스레 밤실(栗谷)의 고개를 넘고 있었다. 그러던 아내가 갑자기 산기를 느끼며 그 자리에 주저앉으려 했다. 집 가까이에 심어져 있는 밤나무 숲으로 뒤덮인 밤실을 막 지날 때였다. 담나는 걸음을 재촉했으나 그녀는 더 이상 걷지 못하고 있다. 담나는 곧 자기의 털옷을 벗어 나뭇가지에 벌려 걸고(夫衣掛樹, 裟羅)[5] 불어오는 바람을 막았다. 그리고 주위를 살피며 드리운 털옷 안쪽에 산모가 누울 자리를 잡았다.

갑자기 오색의 구름이 밤실 땅을 뒤덮었다. 순식간이었다. 남편은 숨을 죽이고 아내의 진통을 함께 나누려고 했다. 이윽고 한 아이가 어둠의 벽을 뚫고 나와 씩씩하게 울었다. 때마침 3월 마지막 날이었다. 아이의 아버지는 태어나자마자 이름을 서당(誓幢 : 새털)이라고 붙였다. 자신의 털옷을 벌려서 건 나무 밑에서 태어났기 때문이다. 그래서 후에 아이가 태어난 밤실의 밤나무를 '털옷을 벌려 건 나무'라 하여 사라수(裟羅樹)라 하였고, 이 사라수에는 유달리 큰 밤톨이 열렸다. 이후 이 밤실에는 원효에 의해 사라사(裟羅寺)라는 절이 세워졌다.

옛 기록에 따르면 이 나무에 얽힌 얘기는 이렇다. "언젠가 어떤 주지가 절의 종 한 사람에게 하룻저녁 끼니로 밤 두 알씩을 주었다. 그 절의 종은 끼니가 적다고 관에 고소했다. 관리가 이상히 여기고 그 밤을 가져다가 검사를 해보니 한 알이 한 바리에 가득 찼다. 관리가 도리어 한 알씩만 주라고 판결했기 때문에 이 밤을 사라밤(裟羅栗)이라 하였고, 이 마을을 밤실이라 이름했다고 한다."

불지촌(佛地村)이란 '부처님이 태어난 땅'이라는 의미이며, 불등을촌(弗登乙村)이란 '불덩어리 마을'이라는 뜻이다. 발지촌(發智村)은 부처님의 지혜가 피어난 마을로 불지촌을 빨리 발음하다가 잘못 발음된 것을 그대로 표기한 명칭이다. 즉 불지촌이든 발지촌이든 신라의 불덩어리가 태어난 마실이 바로 서당(새털)의 고향인 불덩어리 마을인 것이다. 다시 말하면 신라인들의 가슴에 붓다에 대한 믿음의 불을 지필 불덩어리가 태어난 마을을 일컫는 것이다.

어린 서당은 태어나자마자 총명하고 뛰어나 일정한 스승 없이 배우고 물었다(學不從師). 이것을 자신의 창의력을 충분히 발휘했다는 측면에서 "배움에서 오직 스승의 설만을 따르지는 않았다"고 해석한 학자[6]도 있으나, 스승이 없이 스스로 깨달음을 얻었다(無師自悟)는 측면에서 본다면 반드시 그렇게만 해석할 수는 없다. '배움에서 오직 스승의 설만을 따르지는 않았다'기보다는 어떠한 사숙(私淑)이나 문하(門下)와 같이 일정하게 스승을 정함이 없이 스스로 공부했다는 의미가 더 적확할 것이다. 원래 깨달음은 자기 스스로 깨치는 것이다. 자신의 깨달음은 스승이 가져다 주지 않는다. 깨달음은 오직 자기 자신에 의해서만 가능한 것이다. 다만 그 길라잡이만큼은 어떠한 스승에게 영향을 받거나 이끌림을 받지 않을 수는 없는 것이다. 때문에 깨달음에서는 자득이지만, 경학(교학)에서는 어떠한 길잡이가 반드시 있게 마련이다. 그렇다고 해서 붓다의 가르침 본연의 입장에서 보면 경학의 길잡이를 스승이라고만 할 수는 없다. 왜냐하면 붓다의 가르침의 궁극은 자기 자신이 스스로 깨닫는 것이므로 거기에 어떠한 스승이 있을 수 없기 때문이다.

어린 시절부터 학문에 대한 남다른 열정이 있었던 그는 당시의 불학(佛學)에 대해 깊은 관심을 보였다. 서당의 어린 시절에는 이미 원광·안함·자장 등의 고승들이 귀족(왕실 중심)을 중심으로 광범위하게 불교를 펼치고 있었다. 동시에 낭지·혜숙·혜공·대안화상 등이 대중불교(서민 중심)를 펼치고 있었으나 국가의 적극적인 지원을 받은 왕실 중심의 귀족불교에는 미치지 못했다.

고구려에서는 보덕화상이 왕실과 제휴하면서 불법을 펴고 있었고, 백제에서는 현광화상 이래로 여러 대덕들이 불법을 전하고 있었다. 이때는 삼국 모두가 불교 문명권 안에 있으면서 불교라는 새로운 패러다임을 통해 새로운 사회를 열어나가고 있었다. 이때 서당(원효)이 태어났던 것이다.

동진출가, 관채지년의 사미

서당이 살았던 당시 신라는 계급사회였다. 엄격한 신분이 대물림되는 골품사회였다. 부모 모두가 왕족인 성골과 부모 어느 한 쪽만이 왕족인 진골을 중심으로 하여 6두품 이하 여섯 단계의 품계와 그 아래에 인민이 자리하는 엄격한 줄서기를 하는 사회였다.

원효 이전에는 대개 성씨는 있었지만 왕족이 아니면 이름에 성씨를 붙여서 사용하지 않았다. 그래서 일반 사람들의 성씨를 잘 알 수 없었다. 나중의 일이지만 원효의 아들 설총을 통해서 비로소 성씨가 널리 사용되고 있었음을 겨우 알 수 있으며, 할아버지와 아버지에 관해 기록된 『삼국유사』의 기록에 의해 그의 성이 설씨(薛氏)라는 것을 알 수 있을 뿐이다.

본디 설씨는 압독국(鴨督國 : 신라 건국의 배경이 된 초기 부족국가) 육촌(六村)의 촌장에서 비롯된다. 명활산(明活山) 고야촌(高耶村)의 촌장 이름은 호진(虎珍)이었다. 처음에 금강산에 내려와 습비부(習比部) 설씨의 조상이 되었다.[7] 따라서 원효는 이 압독국 육촌의 촌장에서 비롯된 설씨의 후손임을 알 수 있다. 이렇게 설씨의 조상에 대해 알 수 있는 것은 『삼국유사』라는 책 때문이다.

『삼국유사』에 원효에 대해 비교적 자세히 기록된 것은 원효의 인품과 학덕에 대한 일연의 존경 때문이기도 하겠지만, 또 다른 이유는 일연이 원효와 같은 고향 출신이어서 누구보다도 고향 경산(장산)에 대해 자세히 알고 있었기 때문일 것이다.

서당의 할아버지인 잉피공(仍皮公 또는 赤大公)과 아버지 담나를 잇는 가계는 육두품 집안이었다. 잉피공의 사당이 고려 말기까지 적대연(赤大淵) 옆에 있었던 것을 보면, 적대공의 가계는 상위 귀족이었으며 상당한 존경을 받았던 집안이었다고 할 수 있을 것이다. 그리고 아버지 담나는 17관등의 제11위인 내말(乃末 : 奈麻)의 지위에 있었다. 17관등의 제11위라면 그렇게 낮은 관직은 아니었다. 또 내말은 아마도 지방에 파견 근무하는 관직이었을 것이다. 왜냐하면 서당이 태어난 경산군 자인 땅의 불지촌은 경주에서 멀리 떨어진 지방이었기 때문이다. 만일 수도 서라벌에 근무하는 내직이었다면 원효 역시 경주 서라벌 안에서 태어났을 것이다.

서당은 관채지년(丱髮之年)의 나이인 열 살 이전, 정확히는 약 8~9세에 이미 출가하여 사문(沙門: 승려)이 된다.[8] 법명은 원효(元曉). 당시 신라말로는 새부(塞部)[9]이자 시단(始旦)이다. 원효(새부)는 소의 뿔처럼 양쪽으로 땋아올려 묶은 관채머리(쌍상투)를 잘라낸 뒤 사방을 찾아다니며 정진한다.

그의 젊은 시절을 짚어볼 수 있는 자료는 거의 없다. 30대 초반의 젊은 나이에 지었을 『초장관문』(初章觀文)이나 『안신사심론』(安身事心論)[10]은 현재 남아 있지 않다. 그렇다면 그의 젊은 날의 초상을 어떻게 그려볼 것인가? 흔히 그의 인생 역정 중 비교적 늦은 나이에 지은 것이라고 하지만, 그의 많은 저서 중 가장 짧은 글이면서도 활달한 문장으로 씌어진 『발심수행장』(發心修行章)에는 구도에 대한 치열함이 잘 나타나 있다. 물론 이 문장이 그의 젊은 날의 초상 그대로라고만 한정할 수는 없다. 그러나 비록 이 글이 그의 만년에 씌어졌다고 하더라도 젊은 시절 이런 수행을 하지 않았다면 이러한 글이 나오지 않았을 것이다.

우리가 『발심수행장』을 읽어보면, 실제 참구(參究)하지 않고는 나올 수 없는 글임을 알 수 있다. 이 『발심수행장』에는 깨달음을 얻기 위해 발심히고 수행하는 치열한 젊은 새부(원효)의 초상이 그려져 있다. 이 글 서두에서 그는 수행자와 현실적 인간들이 어떠한 면에서 다른가를 명료하게 대비시키고 있다.

대저 성인들이 적멸(열반)의 궁전을 장엄(장식)함은
무수한 겁해에 욕심을 버리고 고행을 했기 때문이요,
중생들이 불타는 집(사바세계)을 윤회함은

헬 수 없는 세월 동안 탐욕을 버리지 못했기 때문이라.

우리들은 이 현실세계라는 고통의 바다에 살고 있다. 왜냐하면 무명(惑)에 의해 업(業)을 짓고 그 업에 의해 고통(苦)을 받기 때문이다. 여덟 가지 고통(生老病死, 愛別離苦, 求不得苦, 怨憎會苦, 五陰盛苦)을 바르게 보면 그 고통의 원인이 보이게 된다. 그러면 그 고통은 왜 생겼는가? 우리들의 욕망 때문이다. 우리들의 욕망은 다 성취될 수 없다. 그래서 언제나 달성하지 못하는 욕망 때문에 고통스러워한다.

탐내는 마음은 성내는 마음을 일으키게 한다. 그 성내는 마음은 동시에 어리석은 마음을 내게 한다. 이러한 반복의 과정이 바로 현실적 인간인 우리들의 삶이다. 원효의 이 문장은 현실적 인간들이 윤회의 삶을 반복하는 까닭을 적확하게 지적해내고 있다. 그 되풀이되는 삶의 방식을 벗어난 성인과의 대비를 통해 현실적 인간들의 고통의 원인을 극명하게 드러내고 있는 것이다. 이것은 인간과 세계에 관한 깊은 통찰에서 나온 것이리라.

비록 짧지만 치열한 발심을 통한 수행에의 결기(決氣)가 잘 나타난 이 문장은 기록이 남아 있지 않은 그의 젊은 날을 되살리는 자료이다. 또 참된 대승의 입장에 서서 참회를 보살도(菩薩道)의 중요한 수행법으로 삼은 『대승육정참회』(大乘六情懺悔)[11]에도 그의 수행관이 잘 나타나 있다.

젊은 날의 초상

높은 산 불끈 솟은 바위는 지혜로운 이가 들 곳이요,
푸른 소나무 깊은 골은 수행자가 깃들 곳이니라.

무릇 수행자가 사는 곳은 소박해야 한다. 수행자의 삶이 소박하지 않고 화려하다면 문제가 있다. 수행자가 현실적 인간들과 다른 어떠한 모습을 보여주려면 그의 의식주 방식은 좀 달라야만 한다. 처음 수행하는 곳은 떠들썩한 시정(市井)이어서는 아니된다. 일정 기간 고요한 곳에서 인간과 세계에 대한 통찰력을 길러야 한다. 그런데 그러한 힘을 기르는 곳은 바로 고요한 숲속이나 산속이지 시끄러운 저잣거리가 아닌 것이다.

원효는 높은 산 불끈 솟은 바위 언저리나 푸른 소나무 아래 깊은 골 같은 곳이 수행자가 깃들 곳이라고 말한다. 높은 산과 불끈 솟은 바위, 푸른 소나무를 통해 그 기상을 배우고, 만물을 소생시키는 깊은 골을 통해 수행에 따른 인욕(忍辱)을 배워야 한다고 말한다. 모든 만물을 소생시키는 것은 깊은 골이다. 깊은 골의 인욕 없이 어찌 새로운 삶을 잉태시키겠는가? 원효는 말한다.

주리면 나무 열매를 먹어서 주린 창자를 달랠 것이요,
목이 타면 흐르는 물을 마셔 그 갈증을 식힐 것이니라.

배가 고프다고 아무것이나 구해 먹지 말고 산속의 나무 과실 따위로 달래고, 갈증이 오면 흐르는 계곡물로 타는 목마름을 식혀야 할 것이다. 자신의 한 몸조차 다스리지 못하고 어떻게 살아 있는 것들의 아픔을 구하겠는가? 그가 자신을 넘어서는 어떠한 보편적인 원리를 위해 자신을 던지려는 보살적인 인간을 지향하는 수행자라면, 몸서리치는 수행의 인욕을 경험해야 할 것이다. 그러한 인욕의 경험 없이 어떠한 일을 할 수 있을 것인가? 그 인욕의 출발은 먹는 것으로부터의 자유자재 아니겠는가? 인간은 의식주 가운데에서 옷가지나 사는 집은 어디라도 구애받지 않고 한 몸을 입히고 누일 수 있을 것이다. 허나 이 한 몸뚱이 속으로 들어가는 먹을거리에 자유자재하기는 무엇보다도 어려운 것이다. 수행자는, 먹을거리에서의 자유자재한 수행과정 없이 자기를 넘어설 수 없는 것이다. 원효는 말한다.

단것을 먹고 아끼고 기른다 하더라도 이 몸은 반드시 무너질 것이며,
부드러운 옷을 입고 지키고 보호하더라도 목숨은 반드시 마침이 있
느니라.

34

자연과 어우러져 수행하는 원효

이 몸뚱이는 유한한 것이다. 아무리 입맛에 맞는 것만을 먹더라도 내 육신은 스러질 것이다. 화려한 호텔에 가서 상다리가 부러질 정도의 대접을 받더라도 결국 한순간의 배부름이 아니던가? 서울의 화려한 거리 압구정동의 어느 부티크에 가서 실크로 드레스를 해입는다 해도 그 우쭐함은 영원하지 않은 것이다. 그 부드러운 비단옷을 두르고 서울 시내 거리를 활보한다고 해도 그 부드러움은 한때의 사치일 뿐 잠시 후면 사라지는 것이다.

서른 몇 살의 젊음은 영원한 것이 아니다. 여름이 가면 가을이 오는 법, 세상의 이치는 영원히 변화한다. 변화 속에서 어떻게 살 것인가를 모색하는 것이 지혜로운 이들의 행위가 아니겠는가? 원효의 이 절절한 『발심수행장』은 젊은이들의 교만심, 즉 잠시라도 자기를 다잡던 그 끈을 풀어보려는 방일(放逸)의 마음을 경계하고 있다. 원효는 말한다.

메아리가 울리는 바위굴을 염불하는 법당으로 삼고,
슬피 우는 기러기를 기쁘게 마음의 벗으로 삼을 것이니라.

붓다는 입멸하기 직전 제자들에게 다음과 같은 유언을 남긴다.

(너희들은 저마다) 자기 자신을 섬(등불)으로 삼아 머무르고 자기 자신을 의지처로 삼아 머물러라. 진리를 섬(등불)으로 삼아 머무르고 진리를 의지처로 삼아 머물러라. 이 밖에 다른 것에 머무르거나 의지해서는 아니되느니라.[12]

흔히 등불에 의지하거나 자신을 등불로 삼으라고 하지만, 사실은 등불이 아니라 섬이다. 즉 스스로를 섬으로 삼아 머무르고 진리를 섬으로 삼아 머물라고 말하고 있다.

붓다는 이 세상 바닷속의 험난한 세파와 죽음의 위협으로부터 자기를 스스로 보호하고 스스로 지켜 자기를 섬으로 삼으라고 말한다. 그 노력의 결과가 그 스스로에게 되돌아오는 것이므로 지금 내(붓다)가 설하는 이 가르침은 나 붓다(화자)를 위함이 아니라, 듣는 질문자(청자)의 삶의 전환을 꾀하는 계기가 되는 것이다. 그러니 너는 너 자신을 섬으로 삼아 사는 것이 최선의 길임을 힘주어 말하고 있는 것이다.[13]

> 절하는 무릎이 얼음 같더라도 불을 사모하는 마음을 없애며,
> 주린 창자가 끊어지는 것 같더라도 먹을 것을 구하는 생각을 없애라.

수행자의 길이 멀고 험난하듯 그 단련의 길은 가없는 것이다. 이른바 삼천배를 한다고 할 때 처음에는 예닐곱 시간이 걸리고 무릎이 까지지만, 그것도 반복하면 몇 시간을 단축시킬 수 있고 무릎에는 굳은살이 생긴다. 그 단련의 과정은 바로 자기를 넘어서는 어떠한 보편적 원리를 위해 온몸을 던지는 보살의 인욕행인 것이다. 자기라는 울타리를 넘어선다는 것, 님이 하지 않는 일을 한다는 것, 남이 저지른 잘못을 자신의 것으로 환원하여 바로잡는 행위야말로 보살행인 것이다. 그러한 인식의 전환과정이 어찌 하루아침에 이루어지겠는가? 남들과 동일한 삶의 방식으로는 어떠한 리더십을 갖출 수 없다. 남들에게 무엇인가를 줄 수 있는 존재가 되려면, 그들보다 몇 배나 되는 축적의 과정이 필요하다. 빈곤한 존재가 어떠한 리더십을 가질 수 있겠는가? 그런 존재에게는 권모술수만이 어지러이 춤출 뿐이다.

원효는 『보살계본지범요기』(菩薩戒本持犯要記) 서두에서 욕망의 절제에 대한 생각을 밝히고 있다. 이른바 계율에 대한 자신의 생각인 것이다.

보살계(菩薩戒)란 흐름을 거슬러서 마음의 근원으로 되돌아가는 나루터요, 사악함을 버리고 올바름으로 나아가는 긴요한 문이다. 그러나 사악함과 올바름의 모습은 쉽게 드러나도 죄(罪)와 복(福)의 본성은 분별하기 어렵다. 왜냐하면 더러는 속마음은 실제 사악하면서도 겉치레는 올바른 듯하며, 더러는 겉으로 하는 행동은 물들었으나 속마음은 순박하고 깨끗하며, 더러는 하는 일이 약간의 복에 합치되는 듯하나 실제로는 큰 우환을 초래하기도 하며, 더러는 마음과 행동이 심오하고 원대하면서도 얕고 가까운 것에도 위배되기도 한다. 이 때문에 더러움만 오로지 하는 도인과 사사로움만 추구하는 사문(沙門)들이 오래도록 사이비 행동을 하면서 진정함을 잊어버리고 심오한 계를 매번 거역하며 천박한 행동을 구한다.[14)

겉다르고 속다르다는 말이 있지만 현실적 인간들의 겉과 속은 예측해 볼 수 없다. 그러나 자신을 넘어서는 원리를 위해 자기 몸뚱이를 던지는 보살은 겉과 속이 한결같을 수밖에 없을 것이다. 대승보살계는 이러한 정신으로 수놓여 있다. 원효는 대승계를 특히 『범망경』과 『보살영락본업경』을 중심으로 이해하면서 수행자는 중생제도를 위해서 소소한 계(가벼운 계)에 매이지 말 것을 당부하고 있다.

보살계란 마음의 근원으로 돌아가는 나루터이지만 그 나루터가 보살이 나아갈 궁극은 아니다. 나루터란 무엇인가? 어떠한 목표에 도달하기 위한 관문이 아닌가? 외형적이고 형식적인 것에 매이면 목표에 도달하기 어렵다. 보살이 나아가야 할 궁극은 상구보리(上求菩提)요 하화중생(下化衆生), 즉 깨닫기와 나누기이다. 그런데 그러한 목표를 성취하기 위해서는 형식적이고 일률적인 계상(戒相)에 집착해서 그것만을 고수하는 것은 계에 대한 소극적인 인식이다. 그렇다고 해서 지켜야만 할 어떠한 고정적인 계가 없다는 것은 아니다. 보살에게는 양보할 수 없는 계체(戒體)가 있다. 그 계체는 목숨과도 같은 것이다. 다시 말하면 계체는 변함없이 지켜야 하는 것이나 계상은 고정된 것이 아니다.

원효가 『발심수행장』이나 계율 관련 저술에서 보여주는 것은 대승보살계는 수행자가 계체의 입장에서는 변함없이 지켜야 할 것이나 계상의 입장에서는 어떠한 것에 대해 고정적이거나 일률적인 사고를 전환시키기를 촉구한다. 즉 소소한 계를 깨뜨림에 있어서도 그 '동기'가 중요한 것이지, 그 결과만을 보고 처벌할 일이 아니다. 다만 참회를 통해 수행자 개개인의 내면적 각성을 중시해야 한다는 입장이다.

젊은 날의 원효의 모습은 어떠했을까? 몇몇 자료에 의거해서 추정할 뿐이지만, 아마도 구극의 목표에 대한 치열한 수행의 이력과 그 속에서의 넉넉한 인간 이해와 세계 이해 방식으로 대변될 것이다. 넉넉한 존재만이 남들에게 무엇인가를 줄 수 있다. 원효의 젊은 날의 초상은 바로 이러한 『발심수행장』의 내용과 같은 자기 충전의 과정이었으리라. 그러한 내적 충전의 과정이 원효로 하여금 만년의 탄탄한 거인으로서의 보살행을 보여준 것이 아니겠는가?

유학, 어디서가 아니라 어떻게

원효 시대 사상가들의 삶

어느 시대에 한 위대한 인물이 나왔다는 것은 그 혼자의 힘으로만 된 것이 아니다. 그가 위대한 인물이 되기까지에는 보이거나 보이지 않는 무수한 인연들의 상호협동이 존재했던 것이다. 그래서 불교에서 말하는 대로 모든 삶들은 연기적(緣起的) 존재인 것이다. 이 연기의 그물은 넓고도 깊다. 이 넓은 그물 속에서 끊임없이 주고받는 삶의 과정이 우리들의 일생 아니겠는가?

연기적 존재인 보살은 자신의 존재성을 연(緣: 조건)이라는 타자를 통해서 규정하는 원리인 연기에 대해 사무치게 통찰한 인간이다. 그래서 그 통찰이 깊으면 깊을수록 자기를 넘어서는 보살행이 나오지 않을 수가 없다. 보살은 '나'라는 울타리를 넘어서서 어떠한 보편적 가르침을 위해 자신을 던지는 인간이다. 비록 내가 하지 않은 것이라 할지라도 그것이 잘못된 것이라면 기꺼이 내가 한 것으로 여기고 올바른 실천행을 이끌어오는 존재이다.

원효 역시 연기적 존재인 것이다. 원효라는 거인이 출현할 수 있었던 것은, 그의 앞시대와 당대에 그에 필적할 만한 인물들이 있었기에 원효만한 포괄성을 지닌 인물이 나올 수 있었던 것이다. 원광(圓光)·안함(安含)·자장(慈藏)·혜숙(惠宿)·혜공(惠空)·대안(大安)·명랑(明朗)·진표(眞表)·의상(義湘) 등이 그들이다. 그러한 뛰어난 존재들이 없었다면 원효는 나올 수 없었을 것이다. 이미 그 주인공이 만들어지고 난 뒤의 평가이지만, 어느 한 위대한 인물은 그가 살았던 당대 지성들과의 지적인 교류 없이 그 혼자만의 힘으로 성취될 수 없기 때문이다. 뿐만 아니라 원효라는 인물이 지니고 있는 세계인으로서의 자질과 포괄성이 오늘의 원효를 만들어냈던 것임을 부인할 수 없을 것이다.

그러한 전인적 포괄성이 없었다면 원효 역시 여러 사상가들 중 하나에 지나지 않았을 것이다. 원효는 앞시대나 당대에 그에게 필적할 만한 동량들의 삶의 역정을 눈여겨볼 줄 아는 깊은 통찰력의 소유자였고, 동시에 당대에 빛을 발하고 있던 지성들과 호흡하면서 그들의 에너지를 활용할 줄 알았던 선각이었다. 이러한 면에서도 원효는 한 사람이 아니라 할 수 있을 것이다. 그는 전체를 통찰할 수 있는 안목을 지니고 있었고, 그 안목을 통해 그의 사상적 패러다임을 만들었던 것이다.

그는 신라에 불교가 공인된 지 약 100여 년 뒤에 태어났다. 그래서 그가 태어날 당시에는 이미 지난 100여 년간 전해진 무수한 경전들과 주석서들이 구법승과 전법승들에 의해 이미 신라에 뿌리를 내리고 있었고, 또 거기에 대한 깊이 있는 논의가 진행되고 있었다.

이를테면 중국 불학의 기초를 닦은 삼론학의 대가인 승랑(僧朗)화상이나 열반학을 주종으로 하는 방등부의 대가인 보덕(普德)화상 등이 고구려인으로서 이미 동아시아에서 그 이름을 떨치고 있었다. 백제에서는 율학을 정립한 겸익(謙益)과 담욱(曇旭)·혜인(惠仁) 등이 범본에 의거해 소승

율학에 근거를 둔 신율(新律)의 체계를 세웠을 뿐만 아니라 현광(玄光)을 중심으로 한 법화천태학의 연구와 법화삼매행 등이 깊이 있게 연구·실천되고 있었다.

신라에서는 여래장(如來藏)사상을 소개하고 세속오계를 통해 나라의 도덕률을 세운 원광, 앞일을 예견하고 저술을 통해 대비한 신라 10성 중 하나인 안함, 대국통(大國統)이 되어 율학과 화엄사상을 연구하고 오대산 문수신앙 및 신라 불연국토설(佛緣國土說)을 정립한 자장, 『법화경』 강의의 대가인 낭지(朗智), 백제로 넘어와 『열반경』과 『유마경』 등을 강의했다는 고구려의 보덕, 보살행을 닦기 위해 티끌세상과 함께 어우러진 혜숙과 혜공, 크게 편안하라고 일깨워준 대안화상 등의 불교연구와 불교인식은 이미 상당한 경지에까지 이르고 있었다.

보살행을 닦기 위해서는 가려서 살려내야 한다 – 원광

원광(圓光, 542~630, 555~638?)은 불학(佛學)뿐만 아니라 유학(儒學)과 노장학(老莊學) 등 내전과 외전에 박학하였다. 빼어난 문장력으로 삼한에 널리 그의 이름을 떨쳤으며 그의 박학은 중국인과 견주어도 손색이 없었다.

25세에 중국에 들어가 양(梁)나라의 삼대법사(三大法師) 중 한 사람인 장엄사(莊嚴寺) 승민(僧旻)의 제자에게 『성실론』(成實論)과 『열반경』 등을 배웠다. 그리고 소주 호구산 서산사에서 『구사론』(俱舍論)을 비롯한 여러 경전을 연구하고 불경을 강의했다. 수(隋)나라 개황(開皇) 9년(589)에 장안으로 가서 당시 처음으로 번역된 『섭대승론』(攝大乘論)을 담천(曇遷, 542~607)에게, 『열반경』 등 여러 경전을 혜원(慧遠)과 영유(靈裕) 등에게 배우고 귀국했다(600, 진평왕 22년). 이후 그는 『여래장경사기』(如

시장 속의 대안화상을 찾아온 왕의 사자

來藏經私記, 3권), 『대방등여래장경소』(大方等如來藏經疏, 1권) 등을 지어 여래장사상을 신라에 본격적으로 도입했다.

공부를 마치고 신라로 돌아온 원광은 국사로 중용되어 국정과 교육 그리고 불교연구에 전력한다. 당시 진평왕은 고구려를 정벌하고자 수(隋)나라 황제에게 군사를 청하는「걸사표」(乞師表)를 원광에게 쓰게 했다. 진평왕의 명령에 응하는 아래의 구절에는 그의 불교인식이 잘 나타나 있다.

자신이 살기 위해 남을 없애려는 것은 사문의 행(行)일 수는 없으나 빈도(貧道: 수행자 자신의 겸칭)는 대왕의 땅에 살고 대왕의 수초(水草)를 먹고 있으니 어찌 감히 (대왕의) 명을 따르지 않을 수 있겠는가.[15]

이 기록은 당시의 종교와 국가 간의 관계를 암시하는 글이다. 이미 불교계가 왕권의 영향력 안에 있던 시대였다. 불교계 스스로는 호국(護國)이라는 외재적 명분 아래 호법(護法)을 위한 내재적 실리를 실현하고자 왕권 안에 포섭되었던 것이다. 『인왕반야바라밀경』에서 설하는 '호국'의 의미는 불교와 왕권과의 관계를 합리화시켜주었다. 출가승려인 원광 역시 출세간(出世間)의 이상을 향해 나아가는 것이 아니라 입세간(入世間)의 현실 속에서 불교를 보편화시키는 것이 불교의 사회화이자 현실화임을 잘 알고 있었던 것이다.

또 원광이 국사로 나아가기 전, 그가 머물고 있던 곳으로 찾아온 추항(箒項)과 귀산(貴山)이라는 젊은이에게 가르쳐준 '세속오계'(世俗五戒)는 국정과 교육 그리고 불교연구에 대한 그의 깊은 관심을 우리에게 보여준다.

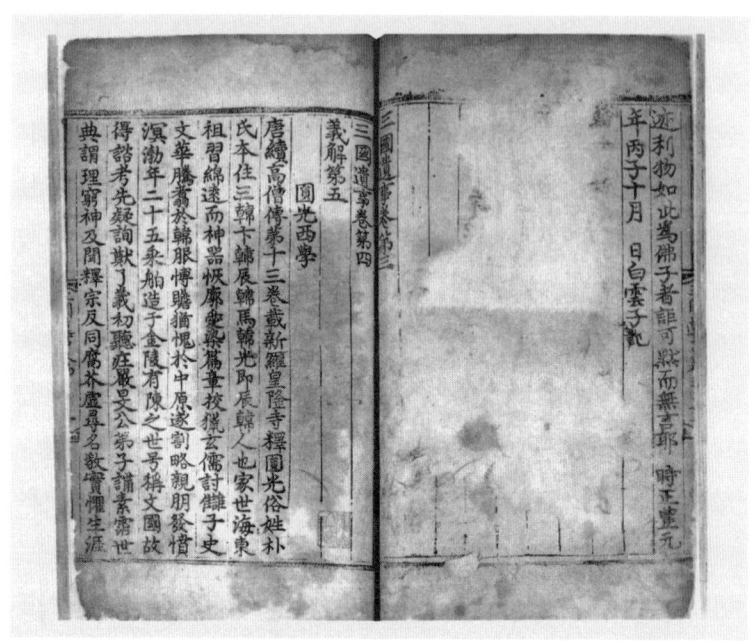

원효시대의 대표적 고승인 원광의 행장이 기록된 『삼국유사』 「의해」편 '원광서학' 조

　추항과 귀산은 "사군자(士君子)와 교유하려면 어떻게 마음을 바로잡고 몸가짐을 지녀야 하느냐"고 물었다. 이에 원광은 재가인(在家人)이 지녀야 할 다섯 가지 도덕률을 제시해주었다. 처음의 네 덕목은 당시 국민들에겐 매우 당연한 삶의 길이었다. 충(忠)·효(孝)·신(信)·용(勇)·인(仁)의 내용으로 구성된 이 세속오계는 그 시대 사람들에게는 매우 자연스런 삶의 덕목이었다. 왜냐하면 이미 이 시대에는 유교가 일상생활 속에 저변화되어 있었다. 특히 귀족들에게는 유교의 교육적 덕목(수양론적 입장)이 깊이 공감되고 있을 때였다. 이러한 분위기에서 세속오계는 유교적 덕목과 궤를 같이하고 있었기에 큰 거부감 없이 수용될 수 있었다. 따라서 그가 일러준 세속오계는 당시 신라인들의 삶의 방식에 중요한 기준이

되었으며 젊은이들의 교육에 깊은 영향을 미쳤다.

　그런데 원광은 다섯 계목(事君以忠, 事親以孝, 交友以信, 臨戰無退, 殺生有擇) 중 인(仁)을 나타내는 다섯번째의 "생물을 죽이되 가려서 죽인다"는 계목을 이해하지 못한 두 청년에게 다음과 같이 말하고 있다.

　　여섯째날과 봄철·여름철에는 생물을 죽이지 않는 것이니 이는 시기를 가림이다. 가축을 죽이지 않음은 곧 말·소·닭·개를 이름이며, 작은 생물(細物)을 죽이지 않음은 곧 고기가 한 점도 되지 못하는 것을 이름이니 이는 생물을 가림이다. 이는 또한 그 쓸모 있는 것만 하고, 많이 죽이지 말아야 할 것이다. 이것이 세속의 좋은 계목이다.[16]

　이 계목은 원광의 여러 생각들 중에서 가장 육화(肉化)된 목소리를 지니고 있다. 즉 '살생유택'이라는 계목은 불교의 전 사상체계에서 보면 위배되는 가르침이다. 하지만 삼국의 분단 상황 아래서 인간이 인간을 죽이거나 살아 있는 것들을 죽인다는 것이 너무 자연스럽게 되어 있었을 무렵, 수행자인 그가 불살생(不殺生)의 계목을 파기(?)하고 어질고 착하게 세상을 살아가는 길(世俗之善戒)로서 살생유택의 계목을 세속인들에게 제시한 것은 불교 역사상 독특한 해석의 전환이 아닐 수 없다.

　원광의 해석의 전환은 죽이지 않을 수 없을 때에는 죽이되 함부로 죽여서는 안 된다는 것이다. 즉 생태계의 먹이사슬은 끊지 않아야 한다는 것이다. 또한 자신의 수행에 즉(卽)하여 살생을 최소화해야 한다는 것이다.

　매월 8일·14일·15일·23일·29일·30일이라는 6일(齋日)은 사천왕(四天王)이 사람의 선악을 살피는 날이자 악귀가 사람을 엿보는 날이므로 사람마다 몸을 깨끗이 하고 계를 지켜야 하는 날이다. 그러므로 이러한 날에 생명을 죽여서는 안 된다는 것이다. 또한 산 것들이 생식을 통해 번성하는 봄철이나 여름철에 살생을 피하라는 것은 오히려 생물들이 지니고 있는 번식의지를 잘라버리지 않아야 한다는 생명존중의 사상인 것이다.

인간들에게 다양한 도움을 제공하는 말·소·닭·개 등의 가축들은 나름대로 쓸모가 있는 것이다. 즉 기동력을 제공하거나 농사를 짓거나 시간을 알리거나 집을 지키는 등의 역할을 존중하여 살생을 금해야 한다는 것이다. 또 한 점 고기도 안되는 생물은 죽여봐야 아무런 도움이 되지 않으므로 살생의 업(業)을 짓지 말고 생명을 존중하라는 가르침이다.

인간이 살아가면서 목숨 가진 것들을 죽이지 않을 수는 없다는 점에서 보면 원광이 재해석해낸 살생유택의 계목은 탁절(卓絶)한 설정이다. 살아 있는 것들을 죽이지 않으면 안 될 때에는 반드시 함부로 죽이지 말고 '가려서 살려내야 한다'는 원광의 이러한 생각은 그의 불교 삼장(三藏)에 대한 해박한 이해 위에서 나오는 '여유'라 여겨진다. 이러한 안목은 방대한 불학의 이해 위에서, 전체에 대한 통찰 위에서 나오는 역동적인 교리 해석이다. 이러한 넉넉한 마음의 크기를 원효 이전에 우리는 이미 볼 수 있었던 것이다.

앞일을 예견한 혜안 – 안함

안함(安含, 579~640)은 나면서부터 도리를 깨달았을 정도로 총명한 인물이었다고 한다. 성품이 맑고 허심탄회하였으며, 의지가 굳고, 넓고 아름다운 도량은 그 깊이를 헤아릴 수가 없었다. 600년(진평왕 22)에는 고승 혜숙(惠宿)과 친구가 되기로 약속하고 중국으로 구법의 길에 나섰다가 바다에서 풍랑을 만나 되돌아왔다. 이듬해 임금이 교지를 내려 법기

(法器)를 이룰 만한 자를 뽑아 중국에 파견하여 학문을 닦게 하고자 했을 때, 마침내 법사가 명을 받들어 가게 되었다 한다. 황제(隋文帝)가 친히 그를 불러 크게 기뻐하며 칙명으로 대흥성사에 머물게 하였다. 이 절의 사리탑을 보고 안함은 훗날 황룡사구층탑의 건탑에 관한 건의를 준비했을 것이다.

최치원이 지은 「의상전」에 따르면 "의상이 태어난 625년에 동방의 성인 안홍(함)법사가 서역의 세 삼장과 중국 승려 두 사람과 당나라에서 돌아왔다"고 하였다. 또 『삼국사기』 「신라본기」는 "안함과 안홍은 50년의 시간적 간격이 있으므로 실제 두 사람이었을지도 모른다"고 하면서도 "그들과 동행한 삼장(법사)이 다르지 않고, 그 이름도 다르지 않으므로 여기 합해서 전기를 만든다"고 적었다. 그러면서 "화상은 본국으로 돌아온 뒤 '참서' 한 권을 지었다"고 하며, "제일 여주(女主: 선덕여왕)를 도리천에 장사지낼 일, 왕자(김인문)가 고국에 돌아올 해, 대군의 성명(盛明: 삼국통일)할 해 등을 말했다"고 한다. 아무도 생각하지 못했던 일을 똑똑히 눈으로 본 것처럼 예견한 법사의 혜안이 놀랍다고 할 것이다.

이 기록에는 그가 "선덕왕 9년(640) 9월 23일에 만선도량에서 입적하니 향년 62세였다"고 하는데 "신라의 사신이 바닷길로 돌아오다가 (입적한) 화상을 만나니 푸른 물결 위에 자리를 펴고 앉아 기쁘게 서쪽으로 향해 가더라"고 하였다. 이 기록은 계속해서 이 정황을 두고 "참으로 이른바 공중으로 날아오르는 것이 마치 계단을 오르듯 하고, 물 위에 앉는 것이 마치 땅 위를 다니듯 했던 것을 증명하는 것"이라고 하였다.

안함(홍)에 대한 기록이 많지 않아 자세히 파악할 수는 없으나, 『삼국유사』 「탑상」편의 '황룡사구층탑' 조에서 일연 역시 안함(홍)을 '해동의 명현'이라 하고, 최치원도 그의 「의상전」에서 안함(홍)을 '동방의 성인'이라 한 점을 보면 그의 덕화가 어느 정도였는지 짐작할 수 있다. 명현과 성인의 덕화는 '흥륜사 금당 십성'조의 기록과 같이 신라의 열 성인으로 자리한 점에서도 잘 나타난다.

안함(홍)의 저서는 그가 귀국 후에 지었다는 '참서' 1권뿐이다. 그렇다면 그의 저서 『동도성립기』가 바로 이 참서일 가능성이 크다. 『해동고승전』을 지은 각훈이 이 『동도성립기』를 '경'(經)이라고 칭한 데서 이 책이 차지한 무게가 만만치 않았음을 알 수 있다.

그가 앞일을 예견할 혜안을 지니고 있었다는 것은 황룡사구층탑을 건립하면 아홉 나라가 조공을 바치며 항복해올 것을 예견했다는 데서 잘 나타난다. 이는 일반적으로 알려지고 있는 자장의 황룡사구층탑 건의 이전부터 신라불국토설에 입각한 건탑(建塔) 조성의 사전 정지작업이 안함에 의해 진행되고 있었음을 의미한다. 다시 말하면 자장이 귀국한 그해(643) 이전에 이미 혜안을 지녔던 안함(홍)에 의해 '건탑공사'가 건의되었음을 의미한다. 왜냐하면 안함(홍) 역시 황룡사구층탑 건립을 주장한 사람임을 인정할 때 자장은 안홍의 건탑 주장을 익히 알고 중국에 간 것[17]이라고 판단되기 때문이다.

안함은 진골 신분이었지만 살아생전 그렇게 대접을 받지 못했던 듯하다. 그의 자리가 공고하지 못했기 때문에 이 '건탑' 주장이 쉽게 받아들여지지 않았을 것이다. 허나 안함의 여러 예언이 적중하자 조정은 그의 주장을 돌이켜보는 기회를 가지게 되었다. 자장은 안함의 이러한 건의를 돌아보며 다시 자신의 건의로 수용하였던 것이다.

또 안함은 신라불국토설을 주장하였다. 즉 이 땅 신라는 과거부터 특별한 인연이 있어 이미 부처와 인연을 맺어오는 곳이라고 생각하였다. 그러한 그의 생각의 배경은 '황룡사구층탑'의 건립 건의에 관여했던 데에서

신라 최대의 절이었던 황룡사지

황룡사지 주춧돌. 지름이 1미터가 넘는다.

축소복원시킨 황룡사 모형(경주 동악미술관 소재)

읽어낼 수 있다. 즉 우리나라를 부처가 탄생했던 (서)천축에 상응하여 동천축(東天竺)이라 불렀던 신라인들의 자긍심을 통해서나 '황룡사장육존상'(皇龍寺丈六尊象) 조목과 '가섭불연좌석'(迦葉佛宴坐石) 조목에 나타난 대로 신라의 불국토설과 선덕여왕 전륜성왕설(轉輪聖王說)은 바로 안함(홍)으로부터 비롯되는 것이기 때문이다. 그러한 사실은 몇몇 기록을 통해서 유추해낼 수 있다.

따라서 우리가 알 수 있는 것은 자장에 앞서 이미 신라불국토설과 신라 왕의 전륜왕설, 그리고 황룡사구층탑의 조성 건의 등이 이미 안함(홍)에 의해 제시되었다는 것이다. 자장은 대국통에 오른 뒤 이러한 배경들을 수용하고 자신의 의지를 가미하여 적극적으로 추진하였던 것이다.

부처님 나라 만들기―자장

자장(慈藏, 590~658, 608~677?)은 진골 출신의 후예로서 재상자리를 권유받았으나 받아들이지 않고 출가한 인물이다. 선덕(여)왕은 사자를 보내어 명령을 어기면 즉시 처형하라고 하였다. 그는 "내 차라리 하루라도 계를 지키다 죽을지언정 100년을 계를 깨뜨리며 살고 싶지는 않다"(吾寧一日持戒而死, 不願百年破戒而生)고 선언하였다. 이에 감동한 선덕(여)왕이 공식적으로 출가를 허락하였다(25세). 이렇게 청정한 정신으로 수행한 율승(律僧) 자장은 신라에 최초로 대승적 율학(律學)을 정립했으며, 그의 화엄사상은 신라 전역에 널리 알려졌다.

왕족 신분, 출생일(4월 8일), 죽음에 대한 의문, 부귀영화의 거부 등으로부터 비롯된 그의 출가과정은 석가모니 부처와 매우 흡사했다. 경주 황룡사에 머무르던 그는 승실(僧實) 등의 문인 10여 명을 이끌고 당나라에 건너가 담천(曇遷)의 문하에서 정영사(淨影寺) 혜원(慧遠)의 후배인 공관사(空觀寺)의 법상(法常, 567~645)에게 보살계를 받고 수학했다. 이후 그는 『아미타경의기』(阿彌陀經義記), 『사분율갈마기』(四分律渴磨記), 『관행법』(觀行法),[18] 『제경계본』(諸經戒本) 등을 지어 율학연구에 크게 이바지했다.

자장이 당나라에 머물면서(638~643) 신인(神人)을 만난 것은 이후 신라의 불연국토(佛緣國土)사상 전개의 중요한 동기가 되었다. 또 오대산에서 현신한 문수보살을 친견한 것은 이후 신라 오대산신앙의 실마리가 되었다. 그는 곧 신라의 문수도량(文殊道場)을 설정하고 문수신앙을 널리 보급, '부처님 나라 만들기'에 전력했다. 그때 오대산 신인은 다음과 같이 자장에게 말했다.

황룡사의 호법룡(護法龍)은 나의 맏아들이다. 범왕(梵王)의 명령을 받고 그 절에 와서 보호하고 있으니 그대가 본국에 돌아가서 절 안에

구층탑을 세우면 이웃 나라는 항복해오고, 구한(九韓)은 조공하여 국조(國祚)가 길이 태평할 것이며, 탑을 세운 뒤에는 팔관회를 베풀고, 죄인을 놓아주면 외적이 침범하지 못할 것이다. 다시 우리를 위하여 경기 남안에 정사 한 채를 지어 내 복을 빌어주면 나도 그 은덕을 갚겠다.[19]

642년(선덕여왕 11)에 신라는 대(對)백제방어전초기지였던 대야성(大耶城)이 백제의 공격으로 함락되어 낙동강 유역까지 후퇴할 위기에 직면했다. 나라의 존망에 부딪힌 선덕(여)왕은 그 이듬해에 자장에게 소환 명령을 내린다. 곧이어 자장은 당태종이 선사한 『대장경』 일부를 가지고 신라로 돌아온다(643). 자장은 나라의 위기를 극복하고 국민들의 의식을 한곳으로 모으기 위해 선덕(여)왕에게 상주하여 불교문화를 중심으로 중국의 선진문화를 수용하기 시작한다. 그리고 불교를 중심으로 한 정치를 제시한다. 대국통에 취임하여 황룡사에 구층탑을 세운 것은 그 대표적인 사례이다.

또 중국 유학 때 만난 오대산의 신인은 자장에게 큰 감화를 주었다. 그때의 감화는 귀국 후 그가 대국통에 취임하여 불교치국정책의 일환으로 시작하는, 신라의 '부처님 나라 만들기'로 구체화된다.

너희 나라 황룡사는 곧 석가불과 가섭불이 강연했던 곳이므로 연좌석이 아직도 있다.[20]

이것은 황룡사에 대한 자장의 종교적 신념이자 이 땅이 부처와 과거에 인연이 있었던 나라임을 확신한 것이다. 자장은 이 탑이 삼국통일을 기원하는 탑이지만, 그 건립의 의미는 여기에 머무르지 않고 신라 땅이 과거에 부처와 인연이 있었던 나라임을 만천하에 알리고자 했다. 이것은 불국토인 신라를 중심으로 해서 삼국이 통일되어야 한다는 그의 믿음과 신념에 찬 결단이다. 황룡사를 중심으로 한 신라불국토설과 오대산 문수신앙의 설정은 불교가 신라사회 곳곳에 정착되는 계기를 마련했다.

또 이 불연국토사상은 『삼국유사』 「흥법」편 '아도기라'(阿道基羅)조에 나오는 신라 불교전래설화와 맞물려 있다. 그 「아도화상비문」(我道本碑)에 의하면, 고구려 승려 아도(阿道)가 신라로 내려올 때 그의 모친 고도령(高道寧)이 아도에게 다음과 같이 말한다.

이 나라는 지금까지 불법을 모르지만, 이후 3천 몇 달이 지나면 신라에 성군이 나서 불교를 크게 일으킬 것이다. 그 나라 서울 안에 7곳의 절터가 있는데 첫째는 금교(金橋) 동쪽 천경림(天境林, 흥륜사)이요, 둘째는 삼천기(三川岐, 영흥사)요, 셋째는 용궁 남쪽(황룡사)이요, 넷째는 용궁 북쪽(분황사)이요, 다섯째는 사천의 끝(영묘사)이요, 여섯째는 신유림(神遊林, 천왕사)이요, 일곱째는 서청전(婿請田, 담엄사)이니 모두 전불(前佛) 시대의 절터며 불법이 길이 유행할 곳이다. 네가 그곳으로 가서 불교를 전파하면 마땅히 불교의 개조가 될 것이다.[21]

'전불시가람지허'(前佛時伽藍之墟)를 중심으로 한 이 설화 역시 안함에 이어 자장이 제창한 신라 '부처님 나라 만들기'와 깊은 관련이 있음에 틀림없다. 자장은 가섭불(迦葉佛) 신앙과 신라과거불국토(新羅過去佛國土) 사상을 제창하여 신라를 중심으로 삼국이 통일되기를 불전에 염원하였던 것이다. 이는 인도를 천축(天竺)이라 하는 것처럼 신라를 동축(東竺)이라 일컬은 신라인들의 높은 자부심의 표현이라 아니할 수 없다. 즉 현재불인 석가불이 출현한 인도보다 오히려 더 먼저 이 땅에 불교와의 인연이 이미 있어왔다는 과거불의 연기설화를 통해 신라인들은 신라를 불국토로 구현하고자 했던 것이다. 다시 말하면 이미 신라는 현재불보다 앞선 과거불과 벌써 인연이 있었던 나라임을 설화를 통해 설정하려고 했던 것이다.

자장은 선덕(여)왕을 통해 황룡사를 건립함으로써 이웃의 아홉 나라가 모두 항복해온다는 확신을 가지고 있었으며, 국가사상의 주축으로 불교사상을 자리매김하고자 노력하였다.

우리는 이 설화에서 신라를 정토로 생각하고자 한 신라사람들의 정신을 훔쳐볼 수 있다. 즉 자장은 오직 한결같은 믿음으로 신라 땅을 중심으로 삼국이 통일되기를 바라고 있었다는 것을 그가 제창한 '부처님 나라 만들기'사상에서 엿볼 수 있다. 그러나 자장이 추진한 교단 중심의 불교 정책이 왕권을 둘러싸고 전개된 지배층 중심의 불교였다는 점에서 그 역시 어떠한 한계를 지니고 있었다.

자장이 지배층 중심의 불교를 지향했다면, 혜숙·혜공·대안·원효 등은 일반 서민 중심의 불교를 지향하고 있었다는 점에서 크게 대비된다고 할 수 있다. 지배층을 중심으로 한 귀족(왕족)불교를 전개한 사람들이 모두 유학파(국외파)들이라면, 서민(대중)들을 중심으로 한 불교를 전개한 사람들은 모두 국내파였다는 것이 대비된다. 원광·안함·자장·명랑·의상(의상은 두 쪽을 아우른 측면이 있다)이 국외파이자 국가를 중심으로 불교를 전개했다면, 혜숙·혜공·대안·원효 등은 서민을 중심으로 불교를 펼쳤던 점이 뚜렷하게 경계지어진다. 따라서 원효가 열정적으로 살았던 시대는 바로 이러한 두 입장이 맞물려 있을 때였다.

원효는 특정한 스승을 정해서 배우지 않았으며(學不從師) 깨달음의 오처(奧處)를 스스로 터득(自悟)했다. 그러나 그를 이끌어준 스승들은 있었다. 낭지와 혜공 등은 그의 토론자이자 스승들이었다. 그는 문하나 사숙의 형식에 걸림 없이 모르는 것이나 막히는 것이 있으면 낭지와 혜공 등을 방문하여 치열한 세미나를 열었던 것이다. 따라서 원효의 저서에는 어느 한 학설이나 주장을 전적으로 수용하는 모습은 보이지 않는다. 그의 저서에 나타난 창의성도 대부분 치열한 고민과 사색을 통해 나온 것이었다. 그런 의미에서도 그는 무사자득(無師自得)의 통찰이 깊었다 할 수 있다.

낭지는 울주 영축산에 머물면서 주로 『법화경』을 강의했으며 『화엄경』에도 밝았다. 『삼국유사』「피은」편 '낭지승운'(朗智乘雲)조에 의하면 그는 중국의 화엄도량인 청량산(淸凉山: 五臺山)에 구름을 타고 가서 강의를 들었다 한다. 그는 사미 시절의 원효를 지도한 것으로 알려져 있다. 영축산의 반고사(磻高寺)에 머물던 낭지를 원효는 자주 찾아 불학(佛學)의 의문점을 묻고 토론했다. 30대 초반의 첫 저술들로 알려져 있는 원효의 『초장관문』과 『안신사심론』은 낭지의 가르침을 받고 지은 것이었다. 『초장관문』이라는 책이름은 삼론학에서 입문의 기초로 삼는 '초장'(初章)을 관하는 글이라는 점에서 낭지는 삼론학에도 조예가 있었던 것으로 보인다. 원효는 은사(隱士) 문선(文善)을 시켜 이 글들을 받들어 보내면서 그 편 끝에 다음과 같은 시구를 적어넣었다.

서쪽 골의 사미는 공손히 머리 숙이오니
동쪽 봉우리의 상덕(上德) 고암(高巖) 전에
가는 티끌을 불어 보내어 영축산에 보태고
가는 물방울을 날려 용연(龍淵)에 던집니다.[22]

이 시구를 보면 자신을 서곡(西谷) 사미로 낮추고 가르침을 준 낭지화상에게 제자의 예를 다하고 있는 것처럼 보인다. 위의 두 저술이 낭지의 가르침에 대한 자신의 리포트 내지 졸업논문과도 같은 글이 아니었을까? 왜냐하면 그 뒤쪽에 이 시를 써서 고마움을 표하고 있기 때문이다. 따라서 원효의 『법화경』 이해와 삼론학 이해는 『법화경』 강의와 삼론학에 조예가 깊었던 낭지로부터 영향받았음에 틀림없다. 그리고 『안신사심론』은 '몸을 편안히 하고 마음을 부린다'는 의미의 논문으로서 선(禪)에 대해 얘기하고 있다. 원효는 조사선(祖師禪)이 성행하던 시기에 살지는 않았지만 조사선에 대한 깊은 이해가 있었음을 이 저술은 보여준다. 또 그의 만년에 지었을 『금강삼매경론』은 선(二入·四行, 一味觀行·一行三昧)에 대한 원효의 깊은 이해를 보여주는 텍스트이다.

보덕은 원래 고구려의 고승이었다. 보장왕의 도교 홍포(弘布) 정책을 보고 "도교만을 숭상하고 불교를 신봉하지 않으면 나라가 위태로워진다"고 여러 번 건의했으나 받아들여지지 않았다. 그리하여 650년(보장왕 9) 6월 완산주의 고대산(지금의 전주 고달산)으로 자기가 살던 방장(암자)을 신통력으로 날리어 망명해왔다(飛來方丈). 그는 여기에 경복사(景福寺)라는 절을 지어 『열반경』 등을 강론하고 있었다. 그래서 원효와 의상은 아마도 이 경복사에서 『열반경』과 방등교(方等敎) 등의 강의를 들었을 것이라고 많은 학자들이 추측하지만, 이는 사실이 아님이 분명하다.

왜냐하면 보덕이 비래방장을 했을 때 완산주는 아직 백제 땅이었기 때문에 원효와 의상은 경복사에 갈 수가 없었다. 원효와 의상은 1차 유학을 시도한 650년에 고구려를 통해서 당나라에 가려다가 순라군에게 잡혀 감옥 신세를 지다가 탈출한다. 만일 보덕과의 만남이 2차 유학을 시도하던 661년이라면, 열 살 이전에 출가한 원효는 이미 법랍(法臘) 40여 년이

신라로 돌아가는 원효와 당나라로 떠나는 의상의 이별

다 되어가는 45세의 대덕이었는데 무슨 배울 것이 있어서 굳이 『열반경』이나 『유마경』 등의 강의를 들으러 보덕을 찾아갔겠는가? 그리고 이 나이라면 자신의 독자적 사상을 정립해가는 과정인데 굳이 보덕을 찾아가 공부할 필요가 없었을 것이다.

또 원효와 의상이 함께 보덕에게 찾아갔다면 의상이 귀국하고 나서일 것이다. 그런데 의상은 661년부터 10여 년간의 당나라 유학을 마치고 671년에야 신라로 돌아온다. 스승 지엄(智儼, 602~668)을 능가한다고 평가받으며 교학 중의 교학인 화엄학을 꿰뚫은 의상이 화엄교판상으로도 단계가 낮다고 할 수 있는 『열반경』과 『유마경』 등을 친히 배우러 보덕에게 찾아갔을 리가 없다. 원효 역시 671년이면 55세의 대덕으로서 무수한 저술작업에 치중할 때인데, 그것도 의상과 함께 보덕을 찾아가 『열반경』 등의 경교(經敎)를 친히 품수했다는 것은 상상할 수 없는 일이다.

따라서 고려 대각국사 의천에 의해 원효(芬皇)와 의상(浮石)이 보덕이 머물고 있던 경(연)복사에서 공부했다는 근거가 되고 있는 「도반룡산연복사예보덕성사비방구지」(到盤龍山延福寺禮普德聖師飛房舊址)라는 시[23]는, 상상력을 통한 형상화의 미학이라는 시적 측면에서 이해해야 할 것이다. 아마도 의천은 자신의 시에서 앞뒤 문맥의 전체 상황을 무시하고 원효와 의상이 보덕에게서 경교를 공부했을 것이라고 추정했을 것이다. 그래서 이러한 자료가 이인로의 『파한집』(破閑集)에도 인용되었던 것이다.

이와 같이 원효를 이끌어준 앞시대의 사상가들은 다양한 삶의 이력을 지닌 사람들이었다. 그들 모두는 치열한 문제의식 아래 인간과 세계를 바라보고 고민하며 사색하였던 구도자들이었다. 이러한 스승과 선배들의 분위기 속에서 원효는 살았던 것이다. 한 세대 위이면서 원효와 당대에 같이 살며 활동했던 혜숙·혜공·대안화상 등은 우리에게 매우 가까운 선지식의 모습으로 남아 있다.

가장 인간적인 모습으로 삶을 산 혜숙 · 혜공 · 대안화상 등은 우리에게 너무도 친근한 이웃 사람들이다. 당대의 일상적 인간들은 그들의 몸짓과 언어를 통해 제도와 굴레에 갇혀버린 자신들의 욕망을 대리 배설하였다. 혜숙 · 혜공 · 대안화상 등은 허위와 가식의 포장 속에 갇혀버린 그 시대의 귀족들과 승려들에게 참다운 삶의 모습, 즉 그들이 잃어버린 적나라한 인간의 모습을 보여주었다.

이미 업(業)의 습기에 훈습(熏習)된 현실적 인간들은 혜숙 · 혜공 · 대안 등이 보여주는 벌거벗은 인간의 모습을 통해서도 자신을 보지 못했지만, 아직 업의 습기의 그물에 덜 걸린 사람들은 그들의 삶에 투영되어 있는 자신의 본래 모습을 바라보고는 곧바로 부처의 가르침에 귀의하였다.

그들은 인간 본연의 모습에 대한 통찰을 통해 어떻게 사는 것이 바른 삶인가를 보여주었다. 즉 무소유와 무집착의 삶의 방식을 통해 오욕에 절어 온갖 집착과 아집의 굴레에 갇혀 있는 귀족 승려들에게 어떤 것이 참다운 삶인가를 보여주었다. 그들은 욕망을 버리는 방법을 가르쳐주었다. 다시 말해서 욕망의 절제를 어떻게 구현하는가를 그들은 최소한의 소유와 최소한의 집착조차 버리려는 모습을 통해 보여주었다. 집착을 놓아버림(放下着)으로써 나누는 기쁨의 삶을 사는 대승불교인의 정신을 온몸으로 열어 보였다. 이것은 그들이 대승경전에 대해 머리로만 알았던 것이 아니라 온몸으로 실천하고 회향(廻向)하였다는 것을 내비쳐 보여주는 것이다.

혜숙은 화랑들을 쫓아다니면서 적나라한 인간의 모습을 보여주었다. 즉 귀족들과 함께하면서 어떻게 사는 것이 진실한 삶인가를 깨우쳐주었다. 그는 귀족들의 일상생활에 깊이 밀착하면서 그들의 삶이 얼마만큼 왜곡되어 있는가를 정면으로 부딪치며 일깨워주었다. 갖가지 삶의 양태를 통해 귀족들의 왜곡된 삶을 풍자하고 비판하면서 겸허한 삶, 일체의 가식이 사라진 알몸의 인간이 사는 삶의 모습을 그들의 삶 속에 투영시켜주었다.

그는 귀족불교의 울타리를 벗어나 서민들의 삶 속으로 온몸을 던지는 거룩한 모습을 보여줌으로써 아상(我相)과 아집(我執)의 그물에 걸려 발버둥치는 당시 귀족 승려들의 삶을 일깨워주었다. 국선(國仙) 구참공(瞿旵公)의 생명에 대한 무감각적인 살생의지를 일깨워주기 위해 자신의 다리살까지 베어서 그 잔인함과 불인(不仁)의 마음을 깨우치기도 하고, 몸을 파는 여인네와 이부자리에 함께 있는 모습을 보임으로써 왕이 보낸 사신을 돌려보내기도 했으며, 시골을 중심으로 전개한 그의 자유자재한 삶의 흔적은 서민 속에 불교를 깊이 심는 계기가 되었다.

혜공은 귀족의 집에서 고용살이하던 노파의 아들이었다. 비록 심부름하는 할멈의 피붙이였으나 열심히 수행하여 그 귀족의 스승이 되었다. 그는 대승경전에도 해박한 식견을 가지고 있었으며 종종 원효의 의문을 풀어주곤 하였다. 『삼국유사』에는 혜공과 원효의 적나라한 교제 모습이 그려져 있다. 원효는 여러 경전의 주석서를 저술할 때 막히는 것이나 어색한 것이 있으면 언제나 그에게 물었다고 한다. 이름(惠空) 또한 반야(慧) 공(空)이다.

혜공이 자칭 『조론』(肇論)을 지은 승조(僧肇)의 후신이라 한 것을 믿을 수 있을지 의문이지만, 그의 삶의 역정은 원효의 스승이자 선배로서, 그리고 절친한 도반으로서 벌거벗은 인간의 모습을 보여주었다. 뿐만 아니라 신라에서 성립된 것이 거의 확실한 『금강삼매경』은 경에 나타난 주요 용어의 표현(부처→尊者) 등 경이 지닌 몇 가지 성격에 비추어 아마도 그가 지었을 가능성이 크다고 할 수 있다.[24] 왜냐하면 이 『금강삼매경』에는 반야중관학(般若中觀學)에 대한 깊은 이해가 있었던 혜공의 반야중관학적인 문세(文勢)와 의취(意趣)가 깊이 투영되어 있기 때문이다.

당시에 반야중관학에 대한 이해가 혜공보다 깊은 이가 또 있었을까? 뿐만 아니라 『송고승전』(宋高僧傳)「원효전」에 나오는 『금강삼매경』의 연기설화에 입각해볼 때, 이 경의 성립과 유포의 인연이 된 왕비의 병이나 용궁의 설정, 검해(鈐海) 용왕 및 아가타 영약 등은 깊은 상징성을 머금고 있다. 그리고 대안의 편집 및 성책(成冊)에 따른 일련의 과정 등을 볼 때 대안에 앞서 이 경을 지은 인물이 분명히 신라에 있었음을 부인할 수 없다.

검해 용왕이 과연 누구인지는 모르지만, 그 용왕이 어떻게 대안과 원효의 이름을 알 것이며, 또 대안이 이 경의 강론자로 원효가 아니면 안 된다고 한 이유 등을 미루어보아 이렇게 추정할 수 있을 것이다. 모두가 대중 불교 교화의 화신인 원효의 복귀를 도와주는 조연이기도 하지만, 아무튼 이 경은 신라에서 성립되었으며, 그 저자 역시 혜공일 가능성이 가장 크다고 할 수 있다.

그는 조그만 절(夫蓋寺)에 살면서 날마다 미치광이처럼 술에 취했다. 등에는 삼태기(簣)를 진 채 노래를 부르고 춤을 추었다. 부궤화상(負簣和上)이라 부른 것도 여기에서 비롯된 것이다. 그는 우물 속에서 잠을 자도 옷이 젖지 않았으며, 빗속을 걸어왔으나 옷이 젖지 않았다고 한다. 또 허공에 떠서 입적하는 등 생사에 자재로웠으며, 다비를 했을 때에는 헬 수 없을 만큼의 사리를 남기기도 하는 등 많은 신이(神異)를 보여주었다.

혜공이 나무꾼과 소치는 아이들 그리고 농부들이 즐겨 쓰는 삼태기를 등에 지고 다니거나, 술에 취하여 노래를 부르고 춤을 추었던 것은 모두

혜공과 원효가 교유했던 오어사

이 티끌세상에서 함께 어우러져 살자(同塵)는 것이었다. 그것이 바로 계층의 경계를 넘어선(和光) 보살의 참다운 삶(同塵)이라는 것을 말하고 있었다.

대안(大安)에 대해서는 자세히 알 수 없지만 『금강삼매경』에 얽힌 설화에 의하면 그는 혜숙이나 혜공 못지않은 식견과 삶의 가풍을 지니고 있었다. 그는 생김새가 특이하고 언제나 장터거리에 머무르면서 동발(銅鉢)을 두드리고 대안(大安)! 대안(大安)! 외치고 다녔기 때문에 '대안'이라는 이름이 붙었다. 용궁에서 가져왔다는 『금강삼매경』의 차례를 꿰맞추어 책을 완성하라는 왕명을 받았으나, 왕궁으로 들지 않고 경전을 가져오게 해서 시장바닥에서 순서를 맞추어주었다. 때문에 그는 해동(海東)에서 성립된 『금강삼매경』의 편집자로 알려져 있다.

그는 언제나 장터거리에서 살면서 서민들과 애환을 함께했다. 그는 호

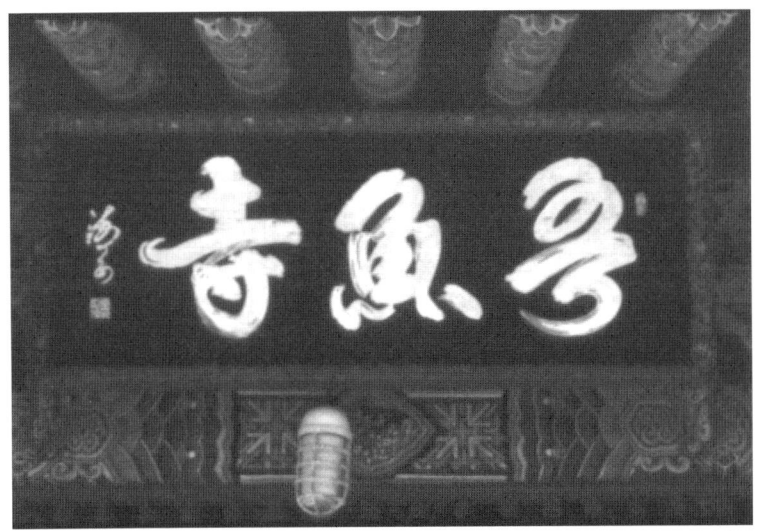

오어사 현판(경북 포항 소재)

화롭게 생활하는 귀족사회의 궁전을 마다하고 장터에서 살면서 허위와 가식으로 가득 차 있는 귀족 승려들에게 수행자의 정신을 일깨워주었다. 또 인민들의 삶의 모습을 올바로 전해줌으로써 사치에 젖어 있는 귀족들의 삶을 돌이켜보게 했다. 적나라한 인간의 모습을 무소유와 무집착을 통해 보여줌으로써 "크게 편안하라!"고 외치는 대안의 목소리는 호화로운 삶에 빠져 있는 당시 귀족 승려들에게 매서운 채찍질이 되었다.

혜숙과 혜공 역시 모두 티끌세상에서 같이 어우러진 모습을 통해 천민과 서민 그리고 귀족들을 만나면서 인간 본연의 모습을 보여주었다. 시골(혜숙)에서나 골목거리(혜공)에서, 그리고 장터거리(대안)에서 보여준 그들의 삶의 방식은 왕실이나 귀족들이 사는 성 안의 큰 사원에서 귀족생활을 하는 승려들의 삶에 대한 무서운 질책이었다. 이들이 자신을 드러내지 않고 대중을 교화하고 원효를 일깨워준 일 등은 당시의 불교 성격을 읽을

고승들의 자취가 밴 오어사의 부도숲

수 있는 귀중한 흔적들이다. 다시 말하면 그들의 삶 자체는 곧 호화로운
삶에 젖어 서민들의 아픔과 괴로움에 눈먼 그들의 삶을 준엄하게 꾸짖는
회초리였다.

따라서 인간 본연의 모습으로 돌아가자고 외치는 혜숙과 혜공 그리고
대안의 모습은 분황사의 묵향(墨香)에 젖어 있는 원효에게 엄청난 울림
으로 다가왔다. 그리하여 원효는 바로 이들의 삶의 모습을 통해서 비로소
무애의 실천행을 발견할 수 있었던 것이다.

의상과의 유학 시도

"일찍이 원효는 의상과 더불어 현장 삼장(玄奘 三藏: 불경번역의 새 지
평을 연 신역[新譯]의 주도자)과 그가 머물던 사찰인 자은사(慈恩寺) 문

중을 사모하여 당나라에 들어가려 했으나 그 인연이 어긋나 유학하려는 마음을 그만두고 돌아갔다"고 『송고승전』「원효전」[25]에는 기록되어 있다. 그런데 일부 학자들은 자은 규기(慈恩 窺基, 632~682: 현장의 수제자이자 중국 법상종의 개조)가 워낙 유명해져서인지 『송고승전』의 찬술자인 찬녕(贊寧)이 쓴 이 문장을 "현장 삼장과 자은(규기)의 문을 사모하여"로 풀이하려 하고 있으나 이는 잘못이다. 규기가 비록 후대에 백본소주(百本疏主)로 불렸던 석학이기는 해도 이때 그는 원효(百部論主)에 비해 25세나 적은 나이였다. 원효가 처음 당나라에 들어가려 했을 때 원효가 34세(650)임에 비해 규기는 출가한 지 갓 3년을 맞이한 19세의 비구였던 것이다. 따라서 이것을 두고 찬녕의 문장이 중국 중심의 시각과 치밀하지 못한 서술태도를 보여주는 예[26]라고도 할 수 있겠으나 실은 문장을 정확히 해독하면 아무 문제가 없는 글이다. 원효와 의상 역시 현장(대자은사 주석)을 사모하여 유학을 가려고 했던 것은 여러 자료로 예측할 수 있기 때문이다.

비록 원효가 현장과 해후하지는 못했지만 현장과의 영향관계에 대해서는 그의 몇몇 저술들에서 보이는 여러 인용 예들을 통해서 알 수 있다. 특히 그가 함형(咸亨: 당고종 연호) 2년(672)에 지은 『판비량론』(判比量論)에서 자세히 확인할 수 있다. 『판비량론』에서는 현장이 펼치는 신유식학(新唯識學)에서의 인명(因明)의 방식들 중 주목할 만한 것들을 추려서 문제점으로 제시하고, 그 문제점들을 인명의 방식으로 추리한 다음 교학의 진리성을 검토하여 진리성과 비진리성을 비판하고 교학의 타당성을 논증하는 시도로 구성하고 있다는 것도 현장의 신유식학의 영향이 크다고 할 수 있는데 그것은 원효의 이 책이 현장의 신유식학에 대한 비판서로 저술되었다[27]고 할 수 있기 때문이다. 뿐만 아니라 이러한 논리형식

唐新羅國黃龍寺沙門元曉傳

大宋左街天壽寺通慧大師賜紫　贊寧奉勅撰

釋元曉姓薛氏東海湘州人也　年惠然入法
隨師稟業遊處無恒勇擊義圍雄横文陣仡然而桓
桓然進無前却蓋三學之淹通彼上謂之萬人之敵
精義入神爲若此也嘗與湘法師入唐慕奘慈
恩之門欣然斯息心遊往無何發言狂悖示跡乖
疎同居士入酒肆倡家若誌公持金刀鐵錫或製疏
以講雜華或撫琴於祠宇或閭閻寓宿或山水坐
禪任意隨機都無定檢時國王置百座仁王經大會
偏搜碩德本州以名望舉進之諸德惡其爲人諸王

不納居士何王之大人腦嬰癰腫醫工絕驗王及王
子臣屬僑諸山川靈祠無所不至有巫覡言曰苟遣
人往他國求藥是疾方療王乃發使泛海入唐慕其
醫術溟漲之中忽見一翁由波濤躍出登舟邀使入
海覩宮殿嚴麗見龍王王名鈐海謂使者曰汝國
夫人是青帝第三女也我宮中先有金剛三昧經乃
欲附此經度海中恐爲魔事王令持刀
一覺圓通示菩薩行也今託付夫人之病爲增上緣
經付授使人復曰此經度海
裂使龍王脇腸而内于中用蠟紙纏縢以藥傅之其
如故龍王言可今　大安聖者銓次綴緝請元曉法師

원효의 행장이 기록된 송나라 찬녕의 『송고승전』「원효전」(『고려대장경』 소재)

은 그의 『열반종요』(涅槃宗要)에서도 발견할 수 있다. 그가 지은 이 『판비
량론』에 인용된 대부분의 저술들은 현장이 인도에서 돌아온 뒤 번역한
논서들이 대부분이라는 점에서도 그러하다. 이것을 통해서 볼 때 원효는
현장에 의해 번역된 여러 논서들을 통해 간접적인 교류는 하였다고 할 수
있다.

　처음에 원효는 8년 연하인 길동무(도반) 의상과 같은 길을 가면서 당나
라 현장이 전해온 새로운 유식(唯識)교학을 배우기 위해 유학을 시도했
다. 의상 역시 원효 자신과 같은 관세(丱歲, 관세지년)에 출가를 한 도반
이었다. 의상에 대해 비교적 정확하게 기록된 「부석본비」(浮石本碑)에 의
하면 이렇다.

　의상은 무덕(武德: 당 고조 연호) 8년(625)에 태어나 관세에 출가하

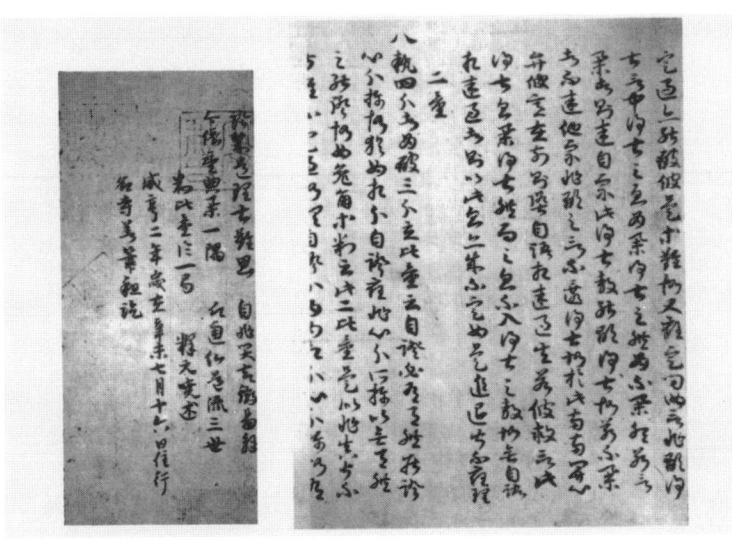

현장의 신유식학에 대한 비판서로 지은 원효의 『판비량론』 본문과 게송

고, 영휘(永徽 : 당 고종 연호) 원년(庚戌, 650)에 원효와 동반하여 서쪽
(당나라)으로 들어가려고 했다. 고구려에 이르렀으나 어려움이 있어
돌아왔다. 용삭(龍朔 : 당 고종 연호) 원년(辛酉, 661)에 당나라에 들어
가 (화엄 2조인) 지엄(602~668)에게 나아가 배웠다. 총장(總章 : 당 고
종 연호) 원년(668)에 지엄화상이 입적한 뒤 (3년 뒤인) 함형(咸亨 : 당
고종 연호) 2년(671) 의상은 신라로 돌아온다. 장안(長安 : 周 측천무후
연호) 2년(壬寅, 702)에 입적하니 세수가 78세였다.[28]

이 기록에 따르면 의상은 10세 미만의 나이인 관세에 출가하였다. 『삼
국유사』 「의해」편 '의상전교'조의 기사에는 "의상은 김씨이며 나이 29세
에 서라벌 황복사에서 머리를 깎고 오래지 않아 서쪽으로 유학하려 하였
다"고 기록되어 있으나 전후 문맥을 살펴보면 의상이 29세에 출가했다는

것은 이치에 맞지 않는다. 이 기록은 『삼국유사』의 찬술자 일연이 당시에 전해오는 자료를 참고하여 편집한 것일 뿐 의상에 관한 정확한 연보가 될 수 없다.

의상은 625년에 태어나 26세 때인 650년에 원효와 함께 제1차 유학을 시도한다. 그런데 의상이 29세에 출가했다면 아직 출가하지도 않은 26세의 의상이 원효와 함께 유학을 갈 수 있겠는가? 당시의 분위기를 보더라도 재가자가 불학을 공부하러 당나라까지 유학하러 간다는 것은 상상할 수 없는 일이었다. 따라서 의상의 출가년은 '관세'에 출가한 것임이 분명하다.

한때 일본학자 모치쓰키 신코(望月信亨)가 원효의 출가년을 의상과 같은 29세로 기록하여 국내 학자들에게까지 깊은 폐해를 안겨주었지만,[29] 『삼국유사』「탑상」편 '전후사리소장'조에 근거한 「부석본비」에 의하면 의상이 "관세에 출가했다"(丱歲出家)고 정확히 기록되어 있다. 관세는 관채지년의 약칭으로 10세 미만인 8, 9세의 나이를 일컫는다. 의상 또한 원효와 비슷한 나이에 동진출가(童眞出家: 소년 나이에 출가한 것)했던 것이다.

먼저 원효와 의상은 각각 34세와 26세가 되는 650년에 1차 유학을 시도한다. 1차 행로로 먼저 고구려를 지나 당나라로 가려는 계획하에 압록강을 넘었으나 거기에서 고구려 순라군에게 간첩 혐의로 잡혀 감옥에 갇히게 된다. 그들은 기회를 엿보아 가까스로 함께 탈출을 시도한다. 결국 1차 유학은 실패하게 된다.

아마 이 사실이 기록된 자료를 보고 『송고승전』의 찬술자인 찬녕은 「의상전」에서 "일찍이 원효는 의상과 더불어 현장 삼장과 자은사의 문중을 사모하여 입당을 꾀하다가 그 인연이 어긋나 유학하려는 마음을 바꾸

해동 화엄을 일으킨 의상의 화엄회상. 그의 10대 제자들은 신라 전역에 화엄십찰을 세운다.

法界圖記叢髓錄卷上之一

一乘法界圖　合詩一印　五十四角　二百一十字

夫大乘善教無方　應機隨病非一　迷之者守跡
不知失體　勤而愈倦　依理抱教略剖盤圖
異以執名之徒　還故示名真源　讀詩之法宜從中
法為始　盤迴屈曲乃至佛為終　隨屈道讀

法性圓融無二相　諸法不動本來寂
無名無相絕一切　證智所知非餘境
真性甚深極微妙　不守自性隨緣成
一中一切多中一　一即一切多即一
一微塵中含十方　一切塵中亦如是
無量遠劫即一念　一念即是無量劫
九世十世互相即　仍不雜亂隔別成
初發心時便正覺　生死涅槃常共和
理事冥然無分別　十佛普賢大人境
能仁海印三昧中　繁出如意不思議
雨寶益生滿虛空　眾生隨器得利益
是故行者還本際　叵息妄想必不得
無緣善巧捉如意　歸家隨分得資糧
以陀羅尼無盡寶　莊嚴法界實寶殿
窮坐實際中道床　舊來不動名為佛

一乘法界圖至三百一十字大記云以此一乘法界圖為分
配像師五重海印調一乘法界配五重海印記錄珎
圖之二字配現像海印謂圖者像也經云如知所念如上
神通力藏配現像如其所念如上二百三十四同及至第六
會來所說法門答曰同者皆就求法界身中亦不現亦不因
明頭現其像後云五重海印法身中亦不現亦不因
此文通於內訂外化合約的訂配也亦云唯訂外
調詩表善目訂向向同心佛外向向唯訂外
機內向感謂故云五十四角配普賢入定觀海印謂善財
訂有三藏若約佛普賢門則普賢入定觀海印

圖一

二

向序亦乃通訂初二海序以普賢向內訂十仏十仏向外
則普賢教之若約就機作運向表於外向唯訂外
満高等約後義表於此淨藏定故五教乃至死量兼根性
熟及法界諸法門顯現故云三百三十字配普賢等法
在中文現語言故於此神班之意別
施設文字語言故云我心是能訂即此能所不可得故以未
法是所訂今日我心是能訂即此能所不可得故以未
文行位名義如是吾五尺身欲於此處則分齊成就之能終
法本位是名法界如吾身不動之軌則示五周因果法
故云此圖也調商序中盤若春是三乘也調一乘平道教

의상의 대표작인『화엄일승법계도』에 대한 주석서를 집대성한 찬자 미상의『법계도기총수록』
(고려 말기 작품)

손연칠 화백이 그린 의상 표준영정

고 돌아갔다"고 옮긴 것이리라.

　1차 유학에 실패한 뒤 2차 유학을 시도한 것은 661년이었다. 원효는 45세, 의상은 37세였다. 이번에는 바닷길로 가고자 당주계(唐州界: 唐城, 오늘날의 화성시 남양만 일대)로 향하였다. 그곳에 당도했을 때 갑자기 거친 비바람을 만나 땅막(龕: 감실이 있는, 막장처럼 팬 흙구덩이) 속에서 하룻밤을 자게 되었다. 이튿날 일찍 일어나 계속 길을 재촉해 해안가로 향했다. 그런데 비가 계속 그치지 않자 어느 무덤 속에서 다시 하룻밤을 더 자게 되었다. 그러다가 동티(動土: 탈이나 재앙, 또는 지신[地神]의 노여움)를 만나 깨달음의 한 계기를 만나게 된다. 여기에서 원효는 엄청난 전환의 계기를 맞이한다.

땅막과 무덤, 알라야식의 전환

"어젯밤 잠자리는 땅막(土龕)이라 일컬어서 또한 편안했는데, 오늘 밤 잠자리는 무덤이라(鬼鄕, 墳) 내세우니 매우 뒤숭숭하구나. 알겠도다! 마음이 일어나므로 갖가지 현상이 일어나고, 마음이 사라지므로 땅막(龕)과 무덤(墳)이 둘이 아님을. 또 삼계는 오직 마음일 뿐이요, 만법은 오직 인식일 뿐이니, 마음 밖에 현상이 없는데 어디서 따로 구하겠는가? 나는 당나라에 가지 않겠다!" 하고 물러나서 바랑을 메고 신라로 되돌아왔다.[30]

원효는 깨달았다(45세, 661년). 알라야식(ālaya-vijñāna: 불교의 유가행유식학파, 즉 중국의 법상종에서 말하는 근원적 인식)의 렌즈를 통해 땅막과 무덤이 둘이 아니며, 생사와 열반이 둘이 아님을 깨달았다. 그는 이 땅의 렌즈를 통하여 인간의 보편적 삶을 통찰함으로써 대당제국으로의 유학을 쏘기하고 해동(海東)에서 새로운 인간형을 모색하였다. 즉 '잠'과 '깸'이라는 이항대립의 명제 속에서 새로운 국면이 제기한 문제에 직면한 원효는 넓은 마음(一心)을 통해 인간을 새롭게 바라보았다.

마음 밖에 따로 법이 존재하지 않는데 어디로 가서 법을 구하겠는가? 당나라에 있는 진리라면 왜 신라에 없겠는가? 진실한 마음 공부란 '어디서'가 아니라 '어떻게'여야 하지 않겠는가? 어디로 가서 유학을 한다는 것이 중요한 것이 아니라 어떻게 생사의 문제를 해결하느냐가 중요한 것 아니겠는가? 원효는 이렇게 스스로에게 묻고 대답했다. 어젯밤(잠)과 오늘밤(깸)의 대비를 통해 극명하게 달라진 자신의 모습을 통해 알라야식(現實心)을 분석해 들어갔다.

무덤 속에서 잠을 자는 원효와 의상

　살아 있는 모든 것들의 생물학적 조건이 동일하다는 측면에서 바라본다면, 신라에도 진리가 있는데 왜 당나라에 가야만 하는가? 신라에 있는 것과 당나라에 있는 것이 어떻게 같고 다른가? 지금 여기 있는 것(存在)과 마땅히 있어야 할 것(當爲) 사이의 거리의 최소화는 어떻게 모색할 수 있는가? 원효는 이러한 보편성의 두 축 위에서 깊이 고뇌하면서도, 한편으로는 이러한 커다란 울림을 통해 그 해결을 맛보았던 것이다.

　인간이란 무엇인가? 인간의 욕망이란 무엇인가? 나의 욕망(業)의 확장이 남의 욕망에 거리낌을 준다면 연기(緣起)란 무엇인가? 즉 연(緣)이라는 타자(他者)를 내 존재의 조건으로 삼는 차연성(此緣性: 相依性, 이것에 의해 존재하는 성질)의 원리는 무엇인가? 나(我)라는 루파(色: 존재, 물질)가 공간을 점유함으로써 남에게 주는 장애를 최소화하는 것이 불교의 연기론일진대 나의 실체는 무엇이며 공(空)과 무아(無我), 그리고 욕망의 확대는 서로 어떠한 인과관계가 있는 것인가? 나의 업식(業識: 욕망)의 외연(外延)이 남의 업식의 외연에 거리낌을 준다면 연기적 삶이란 무엇인가? 끊임없이 돋아나는 욕망의 싹을 어떻게 연기적으로 제어할 수 있는가?

원효는 또 삼국 전쟁의 소용돌이가 남기고 간 얼룩을 훔쳐내면서 인간의 고통이 어디까지 미칠 수 있으며, 인간에 대한 불쌍함과 애처로움의 생각은 어느 정도의 너비와 깊이를 유지할 수 있는가를 고민하고 있었다. 중생은 어디까지 아파할 수 있는가, 그리고 보살의 마음은 어디까지 감쌀 수 있는가를 몸서리치게 묻고 동시에 깨닫고 있었다. "중생이 앓으니 보살이 앓는다"는 유마힐(維摩詰: 붓다 당시의 재가거사. 지혜와 변재가 뛰어나 붓다의 수많은 제자도 그를 능가하지 못했다)의 명제가 "중생의 병이 다 나을 때 비로소 보살의 병도 다 낫는다"는 화두로 원효의 가슴에 아프게 다가왔다. 보살의 대비심(大悲心)은 모든 중생들의 아픔을 넘어내는 기세이다. 주검들을 바라보는 원효의 마음에는 대비심의 물결이 일어났다. 그 대비심에 의해 두 차례나 발심하여 입당(入唐) 구법(求法)의 발걸음을 내디뎠다 해도 지나친 말이 아니다.

인간에 대한 근원적 인식의 전환을 통해 원효는 인간의 내면 속에 간직되어 있는 마음의 본질을 꿰뚫어보았다. 그 마음은 곧 넉넉한 마음(一心)이며 이 마음은 동시에 중생의 마음(衆生心)임을 통찰하였다. 따라서 그는 자생적 자각을 통해 입당을 포기하고 이 땅의 토종 사상가로 서기 시작했다.

원효는 새롭게 변화된 사회로 연결되는 시기에 아직도 모순 속에 가득 차 있는 당시 삼국의 갈등과 대립을 어떻게 극복할 것인가를 고민했다. 인민의 삶(生滅門)과 귀족의 삶(眞如門)이 어떻게 영위되며 그 두 갈래는 어떻게 회통될 수 있는가? 모두 다 불성(佛性: 如來藏)을 지닌 중생일진 대 귀족과 인민의 삶은 왜 이렇게 층차가 다양한가? 세속적 삶 속에서 평 등질서는 어떻게 유지될 수 있는가? 원효는 보다 진실한 역사파악을 통해 통합 시대로의 전환을 모색하고 있었다.

그는 먼저 인간적 접근에서 '따뜻함'을 가장 우선적인 모티프로 삼았다. 살아 있는 모든 것들에 대한 따뜻함의 발현은 곧 보살의 대비심이며 보살의 존재 이유이다. 원효의 출발점은 바로 당시 삼국의 고통받는 인간에 대한 무한한 애정이었다. 그 애정은 바로 대비심이었다. 다시 말하면 원효가 발견한 이 따뜻한 마음(一心)은 곧 대승의 마음(大乘心)이며 보살이 지닌 대비심의 극명한 표현이었다.

원효(617~686)의 나이와 그의 저작 연대로 보아 외면적으로는 그가 삼국통일에 크게 이바지한 것이 없다고 볼 수도 있다. 그러나 이것은 역사에 대한 그릇된 인식이다. 이것은 통사가 저질러온 실수이다. 통사에는 보편적 인간에 대한 이해가 빠져 있다. 역사는 정치사적 이해만으로 다 설명될 수 없는 포괄적 의미를 머금고 있다. 역사는 인간의 삶의 산물이며 반영이다.

역사는 역사를 바라보는 이의 눈의 척도에 의해 기술되지만 그 눈은 반드시 보편적 인간에 대한 이해 위에 서 있을 때만이 올바른 사관(史觀)을 정립할 수 있다. 그런 의미에서도 역사는 어느 한 시기의 정치사적 시점이나 사회사 또는 경제사적 시점으로만 보아서는 곤란하다. 전체에 대한 통찰! 다시 말해서 인간이라는 이 난해한 화두를 어떻게 풀 것인가?! 이것이 가장 중요한 문제가 되어야 한다. 그렇다면 인간사의 모든 가능성을 동시에 바라보는 역사기술이 되어야 한다. 따라서 역사인식은 보편적 인간학의 관점 위에서 그 개념이 새롭게 정립되어야 한다.

그렇다면 그 '보편성'이란 무엇인가? 그 보편성을 어떻게 획득할 것인가? 그것은 있는 것(存在)과 있어야 할 것(當爲) 사이의 거리의 최소화라는 한 축과, 모든 살아 있는 것들의 생물학적 조건의 동일성이라는 두 축을 통해 인간과 세계를 바라보는 것 아닌가? 다시 말하면 현실(所以然)과 이상(所當然)의 거리를 최소화할 방법의 모색과, 살아 있는 모든 유기체들의 동일한 몸의 조건을 통해 인간과 세계를 이해해야 한다는 것이다. 그렇다면 역사를 어떻게 인식해야 하는가? 인간이 사유 가능한 모든 인식의 내포와 외연의 국면을 동시에 바라볼 수 있는 측면은 무엇인가? 원효는 스스로에게 물어보았다.

역사는 사상사적인 접근에 의할 때 보다 폭넓은 역사인식이 모색될 수 있다. 보편적 인간이 빠져 있는 역사기술은 참다운 역사라 할 수 없다. 왜냐하면 우리의 역사는 인간의 역사일 수밖에 없기 때문이다. 마음의 통일이란 바로 이러한 인간과 세계에 대한 넉넉한 이해의 지평에서 출발 가능한 것이 아니겠는가? 보편직 인간 이해라는 것도 결국 인간이라는 유기체에게 주어진 모든 인연들의 그물 속에서 파악 가능한 것일 수밖에 없다. 따라서 보편적 인간학이란 인간의 심식(心識) 구조에 대한 이해와 세계와의 대응방식 속에서 찾아야만 한다. 때문에 마음의 통일이나 물리적 통일 모두가 인간 이해와 세계 인식에 대한 넉넉한 지평 위에서 성취될 수 있는 것이다. 원효의 사상적 프레임워크(틀)도 바로 여기에서 출발한다. 따라서 우리 역사에서 원효의 존재성은 어느 한 시점에 의한 일시적 이바지의 인물로서가 아니라 정치사적인 한 시점을 넘어서는 항구적인 사상가로서의 의미가 있는 것이다.

원효는 삼국통일(676) 과정의 소용돌이 속에서 삶을 살았다. 그가 첫 깨달음을 얻었을 때(45세, 661)는 아직 그의 대사회적 행적이 거의 드러나지 않았을 때였다. 때문에 정치사적 시점에서는 그가 통일의 이념적 비전을 제시했다고 말하기 어려울 때에 그의 치열한 깨달음이 이루어졌지만 사상사적 시각에서 그는 우리에게 삼국통일의 거시적 비전을 보여주었다. 무릇 통일이란 하루아침에 이루어지는 것이 아니다. 몇백 년의 노력 끝에야 겨우 얻을 수 있는 피땀의 소산이다. 마찬가지로 남북한의 통일에서도 동일한 피땀이 요구된다. 이질화된 모든 포장을 뜯어버리고 알몸으로 다시 만나기 위해서는 눈물겨운 노력 없이는 불가능한 것이다. 따라서 분열된 사회에서 통일 시대로 진입하기 위해서 원효가 보여준 사상적 틀은 통일 사상가로서의 그의 비전을 잘 드러내주고 있다.

신라가 백제(660)와 고구려(668)를 항복시킬 무렵부터 가장 왕성한 저작활동을 시작한 그는 진평왕-선덕여왕-진덕여왕-태종무열왕-문무왕-신문왕대에 걸치는 삶의 역정 동안 제도권의 안팎을 넘나들며 모순과 가식으로 가득 찬 기성 정치권과 사상계에 중대한 인식 전환의 문제를 제기했다.

그는 아상(我相)과 아집(我執)으로 똘똘 뭉쳐 있는 인간들에게 인간의 진정한 해탈과 자유의 모습이 어떠한가를 무수한 저서를 통해 이론적으로 밝혀냈을 뿐만 아니라 참다운 인간의 삶의 모습을 온몸으로 보여주었다. 그것이 바로 그의 일심(一心)과 화회(和會)와 무애(無碍)로 표현되는 일관된 삶의 모습이었다. 다시 말해서 그는 마음의 세계로서의 일심과 마음의 통일방법으로서의 화회 그리고 자유인의 몸짓으로서의 무애를 통해 시대와 민족과 종교의 울타리를 뛰어넘는 보편성을 우리에게 보여주었다. 따라서 원효의 통일학은 이 보편적 인간 이해 위에서 비롯되었다. 다시 말하면 원효의 보편학은 바로 인간의 발견을 통해서 비로소 정립될 수 있었던 것이다.

원효가 그의 모든 저서에서 시종일관 강조하며 보여주고 있는 일심은 바로 이 통합과 분열, 사랑과 미움, 동포와 원수 등의 상대적 대립을 회통하는 따뜻한 마음이며 넓은 마음이다. 갈라진 국토와 찢어진 민심, 분열된 정서를 화해시킬 넉넉한 마음이 바로 일심이다. 전쟁이 주는 비참함을 딛고 일어설 수 있는 핵심적 메시지는 무엇인가? 아니 참혹한 전쟁을 멈출 수 있게 하는 것은 무엇인가? 원효는 그것을 일심, 즉 '한 마음'으로 파악했다. 그리고 원효의 화회는 바로 이 일심의 구체적 표현이며 실현방법이다. 나아가 원효의 무애는 일심과 화회의 실천적 모습이다.

원효에게 땅막과 무덤의 상대적 이분(二分)을 극복하는 깨달음의 과정에서 모색된, 모든 것의 근거인 이 일심은 다양한 주장(異諍)을 화해시키는 중요한 모티프가 되었다. 원효는 한 생각을 돌이킴으로써 눈앞에 벌어진 세계의 모든 차별성을 극복한 것이다. 즉 구체적인 사태(事)와 추상적인 원리(理)가 어떠한 인식의 전환에 의해 하나로 초점이 모인 것이다. 그리하여 마음의 일어남과 스러짐에 의해 벌어지는 세계의 다양한 모습은 마음의 제어를 통해 하나의 과녁으로 겨냥될 수 있다고 원효는 말한다. 다시 말해서 상대적 이분을 넘어서는 어떠한 통합의 논리로서 제기된 화회법은 바로 일심(一心)과 일미(一味)와 일각(一覺)과 일승(一乘)으로의 회귀를 전제로 한 원효의 탁절한 선교(善巧)방편인 것이다.

어젯밤에는 몰랐던 사실을 오늘 아침에야 비로소 올바로 알 수 있었던 것은 무엇 때문인가? 그 사이 '잠'과 '깸'이라는 이항대립의 명제를 넘어서는 어떠한 계기의 통쾌함이 발견된 것이 아니겠는가? 그러면 그 계기는 무엇인가? 그것은 곧 알라야식(識)의 전환이었던 것이다. 즉 분별 이전의 세계를 '있는 그대로' 여실히 보는 것이었다.

원효에게 그 계기의 연속은 일심과 화회에서 발견되며 그 구체적 실천이 바로 무애의 행위로 나타나는 것이다. 이(理)와 사(事)의 무애에 대해 섬광처럼 떠오른 통찰력! 마음(心)과 마음작용(心所)의 회통! 이것이 바로 원효의 깨달음이었다. 따라서 그의 깨달음은 어떠한 삶의 굴절 없이 곧바로 무애의 실천행으로 나타나는 것이다.

어떠한 틀에 구속받지 않았던(不羈) 원효의 일관된 삶의 행적은 그가 어느 특정한 스승에게 사사하지 않고 깨달았던(無師自得) 것에 기인하지만 '원효라는 바다'가 열리기까지 조선사상사는 원광·안함·자장·낭지·혜숙·혜공·대안화상 등의 선지식들이 이미 다양한 삶의 물결로 자리잡고 있었다. 그러므로 앞선 시대 사람들의 삶의 현재성과 가능성을 종합하고 포괄한 삶의 모습을 우리는 원효에게서 볼 수 있는 것이다.

따라서 원효는 한 개인이라 말할 수 없다. 그는 앞시대의 뭇 인연들을 종합한, 진정한 의미에서 조선사상사의 서막을 연 인물이며 조선사상사의 서두를 화려하게 장식한 거인이다. 그는 신라의 삼국통일 전후기에 살면서 통일 이후의 민족적 연대감을 이념적으로 떠받친 사상가이며 몸소 통일작업에 참가한 '신라 사람'이었다. 그는 조선사상사의 모든 가능성을 머금고 있는 '이 땅의 사람'이었으며 인간이 사유할 수 있는 모든 인식(心識)의 가능성을 포괄하여 하나의 길(一心)로 회통시켰다.

원효는 평생을 역사 안에서 살려고 했으며, 진리를 역사 속에서 구현시키려고 했다. 고구려와 백제 그리고 신라가 끊임없이 다투는 그 혼돈의 '현실'을 자신의 사상적 지평으로 삼아 해결의 실마리를 잡아나가고자 했던 것이다. 이러한 혼돈의 무대를 버리고 달리 자신의 지평이 있을 수 없었다. 법장보살은 48원을 세워 자기와 남들이 다 함께 성불하기를 기원하면서 장구한 수행을 거친 뒤에 비로소 아미타불이 되었고, 지장보살은 저 지옥에서 고통받는 사람이 한 사람이라도 남아 있는 한 성불을 미루겠다고 하지 않았던가? 이 도저한 대비심의 밑바닥을 본 원효였다. 원효는 이 오탁악세의 삼한을 자신의 대비심을 펼칠 무대로 상정하고 고투해나갔다. 그의 일심이라는 사상적 패러다임은 바로 이러한 배경에서 발견된 것이었다.

오늘 우리는 원효가 제시한 전체에 대한 통찰의 길이 무엇보다도 절실히 요구되는 시대에 살고 있다. 이 책에서는 삼국이 분열에서 통합을 모색하는 통일 전후기에 누구보다도 진지하고 열심히 산 원효의 삶과 생각을 통해 오늘 이 땅의 민족모순(분단)과 지역모순(영·호남)의 문제를 해결하는 한 실마리를 찾아볼 것이다. 이것은 동시에 오늘 이 땅에서 첫새벽(塞部) '원효'(元曉)와 같은 포괄적 인물을 기대하는 열망의 표현이기도 하다.

요석과의 인연

인류의 역사는 남성과 여성이 만나 수놓은 교향악이다. 즉 남녀의 만남을 통해 형성되는 이 식구(食口)의 형식을 통해 유구하게 이어져오는 것이 인류사이다. 다시 말하면 식구(가족)의 형식은 역사상 가장 지속적이고 보편적인 틀이다. 식구는 밥을 같이 먹는 입들의 모임이지만, 그것은 피를 나눈 혈연집단인 것이다. 따라서 식구를 떠난 인류사는 존재할 수 없다. 이러한 형식을 부정하고는 그 부정을 통해서 형성되는 출가집단 또는 성직자집단조차 지속적으로 존재하지 못하는 것이다.

원효와 요석의 인연은 참으로 절묘했다. 비록 사흘 동안의 요석궁(瑤石宮)에서의 짧은 인연이었지만 그 인연은 우연한 일만은 아니었다. 오늘날의 관점이지만 만일 원효와 요석의 만남이라는 이야기가 없었다면 원효라는 한 인물의 역사는 좀더 밋밋했을 것이다. 원효와 요석의 만남을 통해 우리는 인간사의 역동적인 모습을 확인할 수 있다.

의상을 사모했으나 끝내 맺어지지 못하고 세세생생 의상에게 귀의하여 진정한 시주자(檀越, 信徒)가 될 것을 서원한 선묘(善妙) 용(龍)의 이야기 역시 마찬가지이다. 따라서 이 인간의 역사는 남성과 여성의 관계로 이어지는 것 아니겠는가?

역설적이지만 불교사를 보게 되면 위대한 인물일수록 반드시 거기에는 그 주인공에 걸맞는 여성이 있게 마련이다. 독신주의를 고수하는 비구 수행자인데도 불구하고 말이다. 이것은 탓할 일이 아니다. 부처는 중생들이 있기에 존재하는 것 아니겠는가? 여기에 오히려 진실한 인간의 모습이 투영되어 있는 것 아니겠는가?

원효나 의상은 결혼생활을 포기하고 출가한 사문이 아니던가? 그런데도 요석과의 인연이나 의상을 향한 선묘의 지순한 일편단심은 오히려 그들 삶의 역동성을 보여주고 있다. 그들의 삶이 그렇게 역동적일 수 있었던 것은 그들의 치열한 삶의 방식 때문이었다. 만일 그들이 보여준 그러한 열정적인 인간 이해와 세계 인식의 과정이 없었다면 그들의 삶은 일상적인 인간들의 평범한 삶의 방식에 지나지 않았을 것이다.

자료상으로는 나타나 있지 않지만, 이미 과부 공주가 되어 있던 요석은 원효를 사모하고 있었을 것이다. 그렇지 않고서 이러한 연분이 쉽게 맺어질 수는 없기 때문이다. 우리는 『삼국유사』 해당 조복 속에 생략되어 있는 그 맥락과 복선을 읽어내야만 한다.

이즈음 원효는 이미 과거의 원효가 아니었다. 그는 무수한 저술과 종횡무진의 문장을 구사하고 있었다. 삼국이 통일된 이후 그의 저술활동은 욱일승천하였다. 젊은 시절부터 쌓아왔던 탄탄한 독서와 사변력, 통찰력과 문장력은 이미 유·불·도의 삼학과 경·율·론의 삼장을 꿰고 있었다. 여러 법석에서나 저잣거리에 자자한 그의 명성이 서라벌 요석궁까지 들리지 않을 수 없었을 것이다.

몇 년 전 과부가 된 요석은 불심이 매우 깊었다. 공주의 신분인지라 신라의 삼국통일 작업을 가까이에서 지켜볼 수 있었다. 황룡사의 장엄한 모습이나 분황사 등의 불교건축을 통해 불교의 깊이와 격조의 미학을 알고

元曉不羈

聖師元曉俗姓薛氏祖仍皮公亦云赤大公今赤大淵
側有仍皮公廟父談捺乃末初示生于押梁郡南佛地村北栗谷娑羅樹
下村名佛地或作發智村俗云弗等乙村
娑羅樹者諺云師之家本住此谷西南母既娠而月
滿適過此谷栗樹下忽分産而倉皇不能歸家且以夫
衣掛樹而寢屋其中因号樹曰娑羅樹其樹之實亦異
於常至今稱娑羅栗昔有主寺者給寺奴一人一
夕饌栗二枚奴訟于官官吏怪之取栗撿之盈一
鉢乃反判給一枚故因名栗谷師既出家捨其宅為寺

원효의 행장이 기록된 일연의 『삼국유사』 「의해」편 '원효불기' 조

있었다. 신라인들에게 이미 불교는 자연스런 삶의 방식이 되어 있었듯이 요석에게도 마찬가지였다. 사찰에서나 거리에서 들려오는 원효의 명성과 저술을 들어오던 터라 그에게 깊은 관심을 가지고 있었다.

원효와 요석의 인연에 관해 『삼국유사』에는 이렇게 기록되어 있다.

어느 날 원효가 춘의(春意)가 동하여 거리에서 외치기를 "누가 자루 빠진 도끼를 주겠는가? 내가 하늘 떠받칠 기둥을 깎아볼까"나 하였다. 사람들이 모두 그 뜻을 알지 못하였다. 이때 태종이 듣고 이르기를 "이 법사가 귀부인을 얻어 어진 아들을 낳고자 하는구나. 나라에 어진 이가 있으면 그 이로움이 막대하도다" 하였다. 때마침 요석궁에 홀로 된 공주가 있었다. 궁리(宮吏)를 시켜 원효를 찾아 요석궁으로 데려가라 하였다. 궁리가 칙명을 받들고 찾으러 갔다. 원효는 이미 남산에서 내려와 문천교(蚊川橋: 사천(沙川)을 속칭 모천(牟川) 또는 문천이라 하고 다리 이름을 유교(楡橋)라 한다)를 지나오고 있어 만날 수 있었다. 원효가 일부러 물에 떨어져 옷을 적시자 궁리가 법사를 데리고 요석궁에 가서 옷을 갈아 말리다가, 이에 유숙하게 되었다. 공주가 과연 잉태하여 설총을 낳았다.[31]

『시경』「빈풍」(豳風) '벌가'(伐柯)에도 나오는 이야기이지만, 여기에서 자루 없는 도끼란 남편 없는 과부를 말하며, 하늘 떠받칠 기둥은 훌륭한 후손(신하)을, 도끼자루는 남성인 자기 자신을 은유한다. 허나 이렇게만 해석할 것은 아니다. 태종의 해석에만 힘입어 이렇게 해석하면 원효는 지극히 좁아진다. 이 기사를 단순히 요석과의 인연만으로 해석한다면 남녀상열지사(男女相悅之詞)로만 남는 것 아니겠는가? 일연은 이 '원효불기'

원효와 요석의 인연을 간직한 채 흐르고 있는 문천. 그때 석재들이 흩어져 있다.

(元曉不羈)조에 붙인 그의 찬시에서 '달 밝은 요석궁에 봄잠이 깊더니'라고 형상화하고 있지만 말이다.

　원효의 외침에 대한 태종의 해석을 그대로 받아들일 필요도 없다. 물론 이『삼국유사』의 기록이 과연 태종무열왕 때의 기사인지도 궁금하다. 만일 원효의 외침을 듣고 곧바로 수용한 것이 태종무열왕이라면 원효는 제2차 유학을 시도하던 661년 6월 이전에 이미 요석과 만났어야만 한다. 왜냐하면 무열왕은 백제가 멸망하던 661년 6월 어느 날까지 재위하다 승하했을 뿐, 661년 6월 며칠부터는 그 아들인 문무왕이 재위하기 때문이다. 원효의 아들인 설총 역시 언제 태어났다는 기록이 없다. 따라서『삼국유사』의 이 기록이 구체적으로 언제의 사건인지 알 수가 없다.

　그런데 원효가 과연 땅막과 무덤이 둘이 아니라는 엄청난 인식의 전회를 경험하기 이전에 출가 사문으로서 과부 공주와 인연을 맺을 수 있었을

운보 김기창 화백이 그린 태종 무열왕
표준영정

까? 계율에 관한 다수의 저술을 남긴 원효로 볼 때 깨달음 이전에는 있을
수 없는 일이다. 너욱이『발심수행장』에 나오는 젊은 날의 치열한 수행의
이력을 되짚어보더라도 그런 일은 없었을 것이다. 아마도 당주계(당성)
에서 알라야식의 전환을 경험한 이후의 일이었음이 분명할 것이다. 그렇
다면 '어디서'가 아니라 '어떻게'가 중요하다는 사자후를 토하며 유학을
그만두고 돌아온 661년 몇 월 이후부터 태종무열왕이 승하하기 이전의 6
월 며칠 그 사이에 있었던 일이어야 할 것이다. 그런데『삼국유사』의 기
록을 제외하고는 어디에도 원효의 외침에 대한 태종무열왕의 대응에 관
한 기사가 없다.

　또 요석이 과부 공주라고 할 때 과연 그녀가 태종무열왕의 딸인지 아니
면 무열왕 윗대의 성골 왕족의 공주인지도 명확하지 않다. 뿐만 아니라
태종무열왕 자신도 일반적으로 알려진 것처럼 진골이 아니라 분명히 성

골이었을 것이다. 왜냐하면 그 어디에도 그가 진골이었다는 기록은 없기 때문이다.

고대의 역사를 살펴보면 족내혼이 매우 일반적인 현상이었다. 당시 신라는 자신들의 신성성을 보존하기 위해 성골끼리만 결혼해왔다.[32] 김춘추는 문흥(文興)대왕으로 추봉된 각간 용수(龍樹, 龍春)의 아들이며, 어머니는 진평대왕의 딸인 천명(天明, 天命)부인이라고 기록되어 있기 때문이다. 따라서 태종무열왕이 된 김춘추도 본디는 성골이었는데 왕족(성골 · 진골)에 끼이지 못했던 김유신(祖父가 가야국 왕이었음)의 둘째 누이동생(文熙: 文明皇后)과 맺어지는 바람에 골품이 한 단계 강등되어 진골이 되었던 것이다. 당시의 계급사회에서는 어느 왕족이라도 자신보다 낮은 계급과 결혼하게 되면 골품이 한 단계 내려가는 것이 상례였다.

이 설화의 초점은 원효와 요석의 만남에 있지 요석이 태종무열왕의 공주라는 사실에 있지 않다. 만일, 태종의 공주라는 사실에 초점이 모인다면 이는 역사적 사실과 설화적 허구를 혼동하는 것이 된다. 원효가 춘의가 동했다는 것은 이 설화의 모티프이다. 여기에서 이 설화는 출발한다. 때문에 요석이 태종의 딸이라는 것은 역사적 진실이 아니라 설화적 허구의 산물이라고 보아야만 한다. 이는 깨달음 이후의 원효의 가풍에서나 성립 가능한 설화구조이다. 원효의 깨달음이 있기 전에는 있을 수 있는 이야기가 아니다.

어쨌든 위의 원효의 외침 속에는 그의 미래적 비전이 깊이 투영되어 있다. 원효는 이러한 포효를 통해 스스로 불국토인 이 신라에 새로운 패러다임을 만들겠다는 대선언을 하고 있는 것이다. 자루 없는 도끼를 내게 준다면, 하늘을 떠받친 기둥을 끊어버리겠다는 원효의 사자후! 이것은 낡은 시대의 가치기준을 정리하고 신라에 필요한 새로운 문명의 패러다임을 만들어내겠다는 그의 포효이다. 이렇게 해석해야만 원효를 정확히 읽어내는 것이 아니겠는가. 그래야만 원효를 원효답게 만드는 것이 아니겠는가.

또 요석궁에서의 며칠을 두고 원효가 파계했다고 할 수 있는가? 계율에 대한 여러 저술을 남겼던 그이기에 그러한 소소한 계에 매이지는 않았을 것이다. 일정한 굴레에 매이지 않았던 그이기에 여자라는 굴레조차 그를 가둘 수는 없었을 것이다. 그가 비록 설총의 아버지가 되었지만, 그는 스스로 소성거사(小姓居士)라 일컬으며 자기 자신을 한없이 낮추었고 동시에 더없이 자유로운 삶을 살기 시작했다.

요석궁에서의 단꿈이 원효를 파계시킬 수는 없었다. 원효에게는 그것도 다 교화의 방편이었을 뿐이었다. 그가 만일 애욕만으로 요석을 만났다면 그 즉시 그는 요석궁에 들어앉아 살았어야 할 것 아닌가? 그는 사흘을 보내고 나와서 대중교화에 여념이 없었다. 그리고 아들인 설총조차 그를 만나기 어려울 정도로 바쁜 나날을 보냈다. 그가 밀년에 혈사(穴寺)에서 입적했듯이 그는 한 번도 계를 버리지 않았다. 그는 환속한 것이 아니라 세상 한복판에서 수행의 이력을 쌓아갔던 것이다. 교화를 위한 방편으로서 머리를 기르고 속복을 입고 거사의 삶을 살았을 뿐 한 번도 환계(還戒)한 적이 없었던 것이다. 환계한 적이 없다는 것은 스스로 출가수행자임을 부정한 적이 없다는 것이다.

출가란 무엇인가? 출가에는 마음의 출가(心出家)와 몸의 출가(身出家)가 있지만, 『잡아함경』에 의하면 집이 있는 곳에서 바른 신앙생활을 하다가(正信, 信家) 집이 없는 곳(非家)으로 나아가는 것(出家)이다.[33] 재가에서 열심히 신앙생활을 하다가 어떠한 계기로 발심(發心)하여 집이 없는 곳으로 나아가 위 없는(無上) 청정수행으로 눈앞에서 깨달음을 얻는 것이다. 그래서 "내 생이 이미 다하고, 범행이 이미 서고, 할 일은 이미 다하고, 스스로 다시는 윤회의 몸(後有)을 받지 않을 것을 아는 것"[34]이 참다운 출가인 것이다.

당시 성읍국가의 상황으로 보면 출가는 성안의 집에 몸을 맡긴 채 바른 신앙생활을 하다가(正信, 信家) 보리심을 내어 성 밖의 집 없는 숲속(非家)을 향해서 성을 넘어가는 것(出家)이다. 수행자는 발심을 통해 수행을 하고 깨달음을 얻어 뭇삶들에게 회향하는 것이 삶의 목표이자 과정이다. 보살수행자는 위 없이 바르고 평등한 깨달음(阿耨多羅三貌三菩提)을 얻어 아직 그러한 깨달음을 얻지 못한 이들에게 그 깨달음을 나누어주는 존재이다. 원효는 바로 이러한 출가정신이 투철했던 수행자였다.

자루 없는 도끼를 내게 준다면

"누가 자루 없는 도끼를 주겠는가? 내가 하늘 떠받친 기둥을 끊으리!"

원효의 포효를 이렇게 풀이하면 위의 해석과는 완전히 다르다. 뒷구절의 지천주(支天柱)를 '하늘을 떠받칠'이라는 미래형이 아니라 '하늘을 떠받친'이라는 과거형으로 해석할 때, 이 선언은 엄청난 울림으로 다가오는 것이다. 그리고 '작(斫)'이라는 글자는 원래 '찍는다', '친다', '찍거나 쳐서 끊는다'는 의미를 갖고 있다. 이렇게 보면 이 두 구절은 바로 구시대의 낡은 질서를 받치고 있는 기둥을 찍어버리고 신라의 미래를 떠받칠 새로운 패러다임을 만들어내겠다는 원효의 포효인 것이다. 즉 귀족(왕실 중심)을 위한 불교가 아니라 서민(대중 중심)을 위한 불교로 전환시키겠다는 것이며, 허위와 가식의 삶의 방식이 아니라 벌거숭이 인간의 모습을

『금강삼매경』의 주석서(疏)를 지어 강론하는 원효

보여주는 진솔한 삶의 방식을 만들어내겠다는 것이다.

참다운 인간이란 무엇인가? 진솔한 자기비판과 자기부정을 할 수 있는 인간이 아닌가? 나의 욕망의 확장이 남의 욕망을 해치지 않겠다는 인식의 전환은 어떻게 나올 수 있는가? 즉 나의 존재성을 연(緣: 조건)이라는 타자를 통해 규정하는 원리인 연기에 대한 사무친 통찰을 통해 새롭게 태어난 인간은 자신의 욕망을 어떻게 절제해나가는가? 연기에 대한 사무친 통찰을 통해 새롭게 태어난 인간인 보살은 현실적 인간들의 고통을 어떻게 덜어주어야 하는가? 다시 말해서 나의 욕망의 확대가 타인의 욕망에 대한 장애를 최소화하겠다는 인식의 전회를 성취한 보살은 어떠한 삶을 살아야 하는가? 이것이 바로 원효의 화두였다.

원효의 이 선언은, 나의 욕망공간의 확장이 남의 욕망공간에 대한 장애를 최소화(현실적 인간) 내지 무화(보살적 인간)시키겠다는 인식의 전환은 어떻게 가능한가라는 화두를 풀어버렸다는 것을 의미한다. 땅막과 무덤이라는 차별성을 알라야식의 전환으로 극복한 그였듯이, 이 선언에서 알 수 있는 것은 새로운 사회에 걸맞는 인간과 세계 이해의 새로운 틀을 만들어내겠다는 것이다.

이 짤막한 외침 속에는 원효의 기질과 그의 비전이 적나라하게 투영되어 있다. 원효는 스스로 이 땅의 새벽이 되고자 했고, 신라의 하늘을 떠받친 기존의 낡은 기둥을 끊어버리고 새로운 시대의 집을 설계하고 새 기둥을 세우기로 다짐했던 것이다. 따라서 그는 자신만을 생각하는 아라한적인 수행자가 아니라 자기를 넘어서는 보살의 어떠한 보편적인 삶을 살고자 했다.

보편적인 삶이란 무엇인가? 개인적 의미의 수행으로는 팔정도(八正道)를 행하고 사회적 의미의 수행으로는 바라밀행(波羅蜜行)과 보현행원(普賢行願) 그리고 사섭법(四攝法)을 온몸으로 실천하는 것 아닌가? 즉 무엇을 쌓기보다 버리는 삶을, 아니 오히려 버림을 통해서 수행을 쌓아가는 삶이 보편적인 삶이 아니겠는가?

원효는 개체성을 지닌 자신만이 아니라 그 개별성을 넘어서는 포괄적인 삶을 살고자 했다. 그리고 여러 사람들에게 그러한 삶의 방식으로 살도록 일깨워나갔다. '나'라는 굴레에만 집착하여 자신의 욕망을 무한으로 확장하는 삶의 방식이 아니라, 인간과 세계에 대한 연기(緣起)적·공(空)적인 통찰을 통해 자신의 욕망을 넘어서는 절제의 삶을 살기를 촉구했던 것이다.

　다시 말해서 왕족이나 귀족보다 더 화려한 삶의 방식을 지니고 살아가는 제도권 불교인들이나 귀족들의 허상을 벗기고 검소한 삶, 절제의 삶을 살아가는 수행자의 모습을 지향하는 어떠한 인식의 전환방식을 만들어 내겠다는 포효였던 것이다. 동시에 그의 외침은 온갖 모순 속에 갇혀 있는 신라사회의 낡은 집을 떠받친 기둥을 끊어버리고 새로운 시대에 걸맞는 새로운 사고의 집을 짓겠다는 대선언이었다.

　그것은 온갖 종속의 굴레를 깨뜨려버리고 스스로 올곧게 서서 창조적 인간으로 태어나겠다는 사자후였다. 어떠한 것에 구속되지 않고 눈치보지 않는 인간, 권력이나 보직에 아부하지 않고 자신의 생각을 가다듬으며 다음 시대를 준비하는 인간, 과거시제의 인간 굴레에서 벗어나 현재시제와 미래시제의 새로운 인간이 되겠다는 용틀임이었다. 다시 말하면 현실과 이상의 거리를 최소화하는 새로운 사고의 정립을 통해 인간 이해의 시각을 전환시키겠다는 복소리였다.

　　지난날 100개의 서까래(椽)를 구할 때에는 비록 내가 끼이지 못했지만, 오늘 하나의 대들보(棟)를 구하는 곳에서는 나만이 할 수 있구나!³⁵⁾

　지난밤 늦게까지 각고의 노력을 기울여 지은 광소(廣疏, 자세한 주석서 5권)를 도둑맞은 원효였다. 원효는 다시 왕에게 며칠 동안의 연기를 청하여 3일 만에 약소(略疏, 간략한 주석서 3권)를 지었다. 그것을 가지고 왕과 신하와 백성들이 주위를 가득 메운 황룡사 큰법당에서 사자후를 토하는 원효의 이 대선언은 바로 스스로 이 땅의 새벽이 되겠다는 일갈이었던 것이다. 언젠가 인왕백고좌(仁王百高座) 법회에 100명의 법사를 추

고려대장경에 실린 원효의 『금강삼매경론』

천할 때 그는 사람됨이 나쁘다고 평가받아 거절당한 적이 있었다. 그러나 그는 좌절하지 않았다. 그러한 수모를 겪으면서 그는 무서울 정도로 사색하고 고뇌하면서 창조적인 사유를 빚어내었다.

'천상천하 유아독존'(天上天下 唯我獨尊)이라는 선언을 한 붓다가 인간 개체성의 존귀함을 드러냈다면, 원효의 일갈은 자신의 무한한 자긍심을 드러내는 것(唯我獨能)이면서, 기성 제도권 성직자들에게 던지는 30방망이(三十棒: 중국 선가의 德山 宣鑑이 제자를 가르칠 때 사용했던 지도방법)였던 것이다. 자신의 피부에 와 닿지 않으면 알 수 없는 것이 현실적 인간들의 세계 인식이다. 이런 정도의 인식을 지닌 그들에게 어떻게 하면 보살적 인간의 모습을 드러내 보여줄 수 있을까?

원효는 이 『금강삼매경론』을 통해 그들의 고정관념을 깨뜨려주고자 하였다. 아직 경험해보지 못한 세계에 대해 기존의 가치 개념이나 언어를

들이대어 평가하고 결정해버리는 수행자들이나 기득권을 가진 이들의 의식을 깨뜨려주기 위해서는 보다 강력한 금강의 방망이가 필요했다. 그래서 원효는 어떠한 것으로도 깨뜨릴 수도 부러뜨릴 수도 없는 금강삼매(金剛三昧)의 방망이로 그들의 아상을 무너뜨려주고자 하였다. 그는 어떠한 것으로도 녹일 수도 꺾어버릴 수도 없는 금강과 수행의 도저한 경계인 삼매로 단련된 금강삼매의 힘으로 아상을 깨주고자 하였다. 수행자나 기득권을 가진 이들이 빠지기 쉬운 아상은 좀처럼 제거해내기가 쉽지 않다. 허나 이 아상을 깨뜨리지 못하면 영원히 본래면목(本來面目: 자기 본연의 참모습)을 보지 못한다. 그래서 원효는 발상의 전환을 이끌어내기 위해 보다 강력한 수행을 촉구하는 장군죽비(將軍竹篦: 절에서 쓰는 큰 죽비)를 내려쳤던 것이다. 다시 말해서 그들을 향해 던지는 원효의 이 금강삼매의 방망이는 세계 인식의 전회를 촉구하는 경책의 회초리였던 것이다.

이 신언은 무능하고 열등의식에 절어 있으면서도 온갖 기득권을 다 누리고 있는 당시 귀족 승려들을 향한 무서운 질타였다. 그의 이 황룡사 사자후는 자신의 목소리를 담은 육화된 문장과 생각을 존중하는 계기를 마련했다. 즉 새로운 것에 대한 도전과 모험을 거부하고 저절로 주어지는 기득권만을 세습하고자 온갖 권모술수가 어지러이 춤추는 기성 교단에 대한 준엄한 매질이었다.

이것은 동시에 사고의 대전환을 통해 창조적 사유를 빚어내기를 촉구하는 일갈이었다. 원효는 남의 것을 그대로 모방하거나 답습하는 것이 아니라 새로운 사고를 가지고 자신의 삶이 배어 있는 육화(肉化)된 목소리로 주장할 것을 일깨워주었다. 즉 주어(主語: 主體)를 가지고 자신의 생각, 자신의 가슴으로 느낄 것을 촉구하였다. 남의 말이나 글을 맴맴 외워

원효 진영(원적사 소장)

서 전하는 앵무새가 아니라 자신이 몸소 피와 땀을 흘려서 얻은 소식을 청자들에게 전하라는 인식의 전환에 대한 일갈이었던 것이다. 다시 말하면 원효는 구태의연한 신라사회의 낡은 껍질에서 벗어나 새로운 가능태로의 탈바꿈을 촉구한 것이다. 그러한 탈바꿈은 그의 활달한 문체와 인간 이해의 측면으로 나타났다.

그는 전체에 대한 통찰을 통해 보편적 인간의 모습을 보여주고자 했으며, 탁절한 문장력을 통해 그의 메시지가 다양한 인간들의 피부에 전달되도록 했다. 그러기 위해서는 다양한 언어구사와 문장의 형식이 필요했다. 그래서 그는 앞문장의 끝머리를 뒷문장의 첫머리에 잇는 문체인 승체법(承遞法)을 즐겨 사용하였다. 승체법은 바로 이러한 맥락에서 시도된 새로운 스타일이었다. 동시에 그것은 뭇삶들에 대한 원효의 대비심의 표현이었다.

새로운 패러다임을 만들어내다

원효는 자신의 이름 그대로 첫새벽을 열어나갔다. 아무도 현실적 고뇌의 무게를 담당하려고 자청하지 않을 시기에 그는 그 무게를 등에 지고 나아갔던 것이다. 낡은 정치권, 구태의연한 기성 제도권 불교계를 전회시킬 사고의 전환틀을 만들어나갔던 것이다. 그러한 사상적 고투의 과정은 외로웠다. 아무도 관심을 가지지 않고 눈여겨보지 않을 때, 그만이 새로운 패러다임을 만들어내고자 고투하는 그 고독감을 어찌 다 말할 수 있겠는가? 선구자들이 겪는 외로움을 원효 역시 피해가지는 못했을 것이다.

그는 당주계(당성)의 땅막에서 경험했던 깨달음의 과정을 돌이켰다. "마음이 일어나므로 만법이 일어나고, 마음이 사라지므로 땅막과 무덤이 둘이 아니다"라는 통찰을 생각했다. 그렇다면 그 마음은 어떠한 마음인가? 일심(一心)이었다. 한마음이었다. 바다처럼 만강(萬江)을 다 갈무리하는 넉넉한 마음, 거울처럼 만상(萬象)을 다 감싸안는 따뜻한 마음, 삼국의 모든 인민들이 한 민족, 한 핏줄임을 비추어볼 줄 아는 일미(一味)의 큰마음이었다.

그런데 이 한마음, 큰마음이 어느 정황에 갇히게 되면 왜 그렇게 작아지고 고정되어버리는가? 분별심 때문이었다. 어떠한 경계를 있는 그대로 보지 못하고 크다거나 작다거나 하며, 좋다거나 나쁘다고 하는 편견의 시선 때문이었다. 즉 사물이나 대상에 대한 치우친 생각이 바로 현실적 인간들의 병이었다. 다시 말하면 눈앞에 나타난 대상을 원수와 동포, 미움과 어여쁨, 더러움과 깨끗함 등 이항대립의 눈으로 바라보기 때문이었다.

그러면 그 대립은 어떻게 생겨났는가? 전체에 관한 통찰이 결여되었기 때문이다. 부분을 보고 전체를 보았다고 하고, 나는 옳고 너는 잘못되었다 하는 상대적 세계 이해 때문이었다. 어느 사물의 반쪼가리만을 봄으로써 나머지 한쪽을 보지 못하는 오류에서 비롯되었다. 원효는 이 대립을 어떻게 극복할 것인가를 고민했다.

원효는 『대승기신론』을 읽으면서 일심의 의미를 발견했다. 일심은 부처의 참다운 뜻이며, 지극히 공평하여 사사로움이 없는 마음이었다. 거기에서 원효는 자신의 생각을 가다듬었다. 그러면서 거기에서 다양한 주장(異諍)을 극복할 논리방식을 만들어냈다. 그것은 곧 모든 것의 근거인 일심에 입각하여 부정(破·奪)과 긍정(立·與)을 아우르는 화회법이었다.

그는 어떠한 고정된 사고에서 벗어나 세계를 인식해야 함을 정연한 논리방식으로 정리하기 시작했다. 그것은 사물의 총화인 세계에 대한 새로운 이해방식이었다. 그것에 대한 명료한 인식이 없다면 이 사바세계에 더 이상 굴욕을 지불해가며 살아가야 할 이유가 없었다.

그의 『금강삼매경론』도 일심(一心) 이문(二門)을 중심으로 한 화회의 논리방식을 사용하고 있다. 먼저 그는 그의 알라야식에 던져진 피사체(영상)는 생과 멸의 입장에서 보면 '하나이면서도 둘이며'(一而二), '둘이면서도 하나인'(二而一) 것임을 통찰했다. 그것은 곧 진(眞)과 속(俗)이 둘이라는 분별이 없으면서(無二, 自利)도 하나를 고집하지도 않는(不守一, 利他) 것이었다. 원효는 일심의 원천으로 돌아감(歸一心源)과 뭇삶들을 널리 이롭게 함(饒益衆生)이라는 두 기치(旗幟)를 아우름으로써 전체적 통찰이 가능하다는 것을 간파했다.

전체에 대한 통찰 속에서는 분별심이 일어나지 않는다. 거기에는 어떠한 차별상이 다 가라앉은, 있는 그대로 바라보는 모습(如實知見)인 일심만이 있을 뿐이다. 깨끗함(眞)과 더러움(俗)이 둘이라는 분별이 없으면서도 이느 하나를 고수하지 않으며(眞俗無二, 不守一), 둘이 없기 때문에 곧 일심(由無二故, 卽是一心)이라는 것이다. 다시 말하면 하나를 고수하지 않기 때문에 그 본체(體)를 들어 둘로 삼으니 이것을 일심이문이라 한다(不守一故, 擧體爲二, 如是名爲一心二門)는 것이다.[36]

이 일심이문의 구조는 진과 속의 입장에서 본 것이지만, 자리(自利)와 이타(利他)라는 양면성에서 파악하면 모두가 일심으로 포섭된다. 때문에 마음의 깨끗함(淸淨)과 더러움(染汚)이라는 양면성을 종합적으로 파악해보면 일심 안에 다 포괄되는 것이다. 어떠한 정황에 따라 하나만을 바라봄으로써 잠시 나머지 하나를 잊어버리는 것일 뿐, 원래 깨달음과 나눔은 둘이 아니다. 그래서 귀일심원(眞 : 自利)과 요익중생(俗 : 利他)이 둘이 아니지만 그렇다고 하나라고 고집하지도 않는다는 것이다.

원효 논법의 특징은 자신을 고집하지 않으면서도 자신의 주장이 없는 것이 아니고, 남의 주장을 들어주면서도 남의 주장만을 따르지도 않는다는 것이다. 다만 모든 것을 지극히 공정한 부처의 뜻인 일심에 부합시키는 논리방식으로 일관되는 것뿐이었다. 즉 부처의 뜻인 보편타당성에 입각할 뿐 어떠한 고정성을 가지고 논리를 전개해가지 않는다는 것이다. 그러한 고정성은 사물의 총화인 세계에 대한 집착을 불러일으켜 분별심을 이끌어내기 때문이다.

그런데 원효는 이러한 일심 패러다임과 화회의 논리방식을 무애라는 실천행법으로 정립시켰다. 일심의 발견과 무애의 실천행도는 중생을 이롭게 하기 위한 것이었다. 그것은 곧 보살의 삶의 지표인 상구보리(上求菩提), 하화중생(下化衆生)의 다른 표현이었다.

깨달음의 길이란 다름 아닌 일심의 원천으로 돌아가는 것이며, 중생을 이롭게 하는 길이란 중생의 괴로움을 덜어주고 즐거움을 건네주는(拔苦與樂) 것이다. 그런데 그 귀일심원과 요익중생이 둘이 아니지만 하나라고 고수하지도 않으며, 하나를 고집하지도 않지만 둘이라고도 하지 않는다는 것이다. 이것은 곧 원효의 인간 이해와 세계 인식의 틀이며 연기적 삶의 방식 그 자체인 것이다. 때문에 한마음이 지니는 두 모습인 진여문(眞)과 생멸문(俗)의 여동적 구조가 성립되는 것이다.

원효는 이러한 논리방식으로 깨달음과 나눔에 대해 설명한다. 『금강삼매경론』에서는 본각(本覺: 누구나 지니고 있는 본래의 깨달음)과 시각(始覺: 무명에 의해 가려졌다가 어떠한 계기에 의해 비로소 회복되는 깨달음)이라는 두 측면을 전개하면서 통합하고, 수립하면서 타파하고, 부여하면서 탈취하고, 허용하면서 불허하는 등의 이항대립을 화회의 논리를 구사하면서 일심(一心)과 일미(一味)와 일승(一乘)과 일각(一覺)으로 귀결

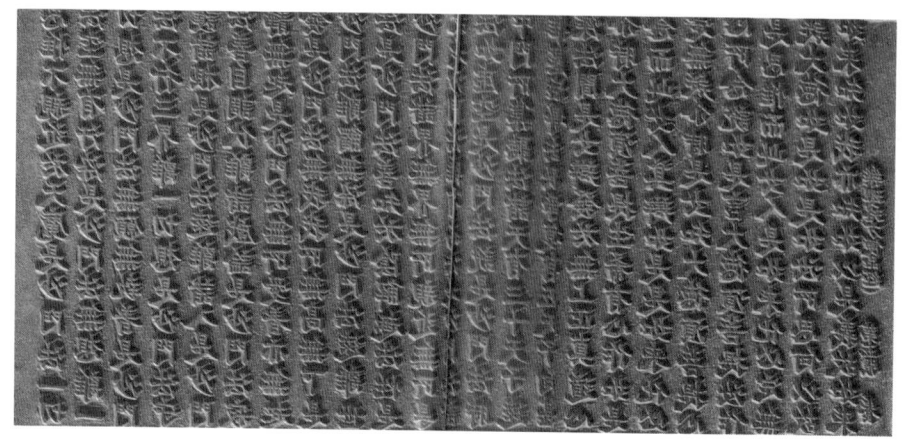
원효의 저술 일부가 판각된 해인사 팔만대장경판

시키고 있다. 이 모두가 하나라는 '일성'(一性)의 입장에서 포섭된다. 십
중법문(十重法門)과 일미관행(一味觀行)을 종(宗)과 요(要)로 삼는다는
점에서도 그러하다. 모두가 다(多)와 일(一)의 화쟁회통을 통해 일미와
일승으로 귀결되기 때문이다.

　원효의 패러다임은 바로 이 일심(一心)이었다. 화쟁회통이 그의 패러다
임이 아니었다. 화쟁회통은 일심의 근원으로 돌아가는 방법이며, 무애는
일심의 구체적 표현행위였던 것이다. 그 일심이 뭇삶들 속에 투영되어 외
재화될 때 요익중생이 되는 것이며, 일심이 보살의 마음속에서 내면화될
때 곧 귀일심원이 되는 것이다.

　따라서 원효가 새롭게 제시한 패러다임은 바로 이 일심을 통한 건강한
사회(淨土) 만들기에 모인다고 할 수 있다. 정토란 다름 아닌 이 일심이
빚어내는 건강한 사회인 것이다. 정토는 다른 곳에 있는 것이 아니다. 서
방 10만억의 불국토를 지나 있는 것이 아니다. 또 정토는 이미 만들어진
것이 아니라 지금 우리들이 함께 만드는 것이다. 원효가 말하는 정토는

이미 청정해진 땅(淨의 형용사적 의미)이 아니라 불국토를 청정하게 하자(淨의 동사적 의미)는 적극적인 보살행이 요구되는 정토인 것이다. 다시 말하면 대승의 보살이 오랫동안의 수행을 완성하고 나서 마침내 얻은 과거형의 정토가 아니라 우리가 마땅히 청정하게 해야 할 현재·미래형의 정토인 것이다. 원효가 말하는 정토의 공간은 바로 다른 곳이 아닌 신라사회 안이었던 것이다.

정토란 자신을 넘어서는 어떠한 보편적인 진리를 위해 기꺼이 자기 한 몸을 던지며 살아가는 사람들이 많은 사회이다. 자기를 넘어선다는 것은 쉬운 일이 아니다. 언제나 인간과 세계를 연기(緣起) 패러다임으로 바라보고 실천해야만 가능하다. 즉 인간과 세계에 대한 사무친 통찰을 통해 연기의 본래 의미를 발견해야만 가능한 삶인 것이다.

자신을 넘어선다는 것은, 자신의 존재성을 연(緣: 조건)이라는 타자를 통해 규정하는 원리(緣起)를 온몸으로 껴안고 실천하며 살아가는 것이다. 자신이 버리지 않은 휴지 한 조각을 지속적으로 줍는 일이 어디 쉬운 일인가? 소박하게 말하면 정토에 사는 사람은, 아니 정토를 만드는 사람은, 이렇게 자신이 하지 않은 잘못에 대해서도 연기적 세계 인식에 의해 그것을 바로잡는 일에 자신이 기꺼이 동참하는 삶을 사는 것이 아니겠는가?

일심에서 바라보면 나와 남이 따로 없는 것이다. 보살은 연기 패러다임을 통한 보편적 인간 이해의 지평에서 탄생하는 것이다. 따라서 원효의 인간과 세계 이해방식은 바로 일심을 통해 구성되고, 일심에 의해 전개되는 것이다.

거사의 삶, 보살의 삶

거사의 어원은 가하파티(gahapati)로서 상공업에 종사하는 거부(巨富), 장자(長者), 자산가들을 일컫는 말이었다. 그러다가 불교용어로 흡수되어, 재가에 살면서 붓다의 가르침을 몸소 실천하는 사람을 일컫게 되었다. 불교사에서는 인도의 유마거사가 거사로서의 삶의 한 정형이지만, 중국에서는 방온(龐蘊, ?~808: 唐의 거사, 震旦의 유마거사)거사, 이통현(李通玄, 635~730: 『新華嚴合論』의 저자) 장자 등이, 우리나라에서는 신라의 소성(小姓: 元曉, 617~86)거사, 부설(浮雪, 7세기)거사, 고려의 청평(淸平 李資玄, 1061~1125: 楞嚴禪 제창)거사, 조선의 청한 설잠(淸寒 雪岑, 金時習, 1435~93), 월창(月窓 金大鉉, ?~1870: 『禪學入門』의 저자)거사, 이침산(李枕山, 19세기), 박난주(朴蘭洲), 경허 성우(鏡虛 惺牛, 1846~1912), 한용운(韓龍雲, 萬海 奉玩, 1879~1944), 최범술(曉堂 崔凡述, 1904~79)거사, 최근의 백봉(白峯 金基秋, 1908~85)거사, 이희익(李喜益, ?~1995?)거사 등이 있었다.

이러한 거사들은 모두가 다 넉넉한 가풍을 우리에게 보여주었다. 거사는 산림에 은둔한 처사와는 다른 삶의 방식을 지니고 사는 사람이다. 거사는 오탁의 재가에 있으면서도 진흙에 물들지 않고(處染常淨), 불 속에서도 타지 않는 연꽃(火中蓮)과 같은 삶을 사는 사람이다.

원효 역시 스스로 소성거사로 자칭하고 시정 속으로 뛰어들어가 가난뱅이나 코흘리개까지도 불교를 알게 하는 보살행을 우리에게 보여주었다. 보살행은 자신의 신분이나 권위의식으로 가능한 것이 아니다. 오늘날의 말로 한다면 대학을 나오거나 안 나오거나, 높은 자리에 있거나 있지 않거나의 문제가 아니다. 핵심은 인간과 세계에 대해 얼마만한 애정이 있느냐의 문제인 것이다. 뭇삶들에 대한 동체대비의 마음의 유무와 그 정도에 있는 것이다. 그러한 대비심의 물결이 일어나야 보살행이 가능한 것이다.

벌거숭이 인간의 모습

무릇 출가수행자는 어느 국가나 민족에 매이지 않는 삶을 산다. 동시에 그 국가의 통치자에 종속되거나 그 나라 민족의 제노에 얽매이지 않는 삶을 산다. 다만 통치자 역시 고통받는 현실적 인간으로서 동일하게 바라보고, 그 고통을 덜어내고 즐거움을 줄 대상으로 여길 뿐이다.

중국 여산(廬山) 혜원(慧遠, 335~417: 東晉의 대표적 학승, 백련결사 주도)의 「사문불경왕자론」(沙門不敬王者論)이 그것을 잘 보여준다. 출가 사문은 왕된 자를 공경하지 않는다. 왜냐하면 수행자는 자신이 구현할 깨달음의 세계 속의 주인공이 되기를 지향하지만 국왕은 이미 만들어진 세간의 주인공이기 때문이다. 즉 가는 길이 다른 것이다. 왕이란 세속을 통치하는 군주일 뿐 수행자의 입장에서 보면 그 역시 제도해야 할 인간이다. 수행자는 왕의 권력에 매여 신하가 되는 삶을 살아서는 아니 된다. 그런데 이러한 주장도 불교가 그들을 움직일 수 있는 권위가 있을 때의 일일 뿐 후대에 가면 출가수행자 역시 그들의 신하로 종속되고 만다.

　인간은 보다 나은 삶을 살기 위해 어떠한 환경(제도)을 만들었다. 그러나 그 환경(제도)이 오히려 인간을 종속시키고 있다. 그래서 인간들은 자신이 만든 환경을 탓하며 그 환경의 노예가 되고 있다. 여기에 인위의 역설이 있다. 본디 자연 속에 살던 인간이 그 자연을 배반하고 어떠한 인위를 가해 편리를 위한 무엇을 만들었다. 허나 역설적이게도 그 인위로 만든 환경(제도)에 의해 도리어 인간 스스로가 구속되고 있다.

　국가는 실체가 아닌 허체다. 국가의 주인은 누구인가? 통치자가 주인은 아니다. 그도 가정으로 돌아오면 한 가장일 뿐 국가의 실체는 아닌 것이다. 그러면 국가와 민족을 넘어서는 출가수행자는 그 허체인 국가에 종속되어야만 하는가? 여기에서 종교와 국가의 관계 정립이 요청되는 것이다.

　신라 불교 대중교화의 선구자였던 혜숙·혜공·대안화상 등은 바로 이러한 제도에 매이지 않았던 사람들이다. 먼저 그들은 왕으로 상징되는 국가권력에 매이지 않는 자유자재한 삶을 살았다. 당시의 국가체제가 그러한 삶을 용인했기 때문이지만, 그때의 신라사회는 그만큼 인간에 대한 넉넉한 이해의 지평이 정립되어 있었던 것이다. 그러한 삶의 방식이 가능했고 통용될 수 있었던 것은 순전히 불교적 사유방식이 보편화되었기 때문이다.

　출가란 집이 있는 곳(信家, 正信)에서 집이 없는 곳(非家)으로 나아가는 것, 즉 집이 있는 곳에서 바른 신앙생활을 하다가(正信) 어떠한 계기로 발심을 하여 집이 없는 곳으로 나아가는 행위인 것이다. 그래서 숲속에서 머리와 수염을 깎고 수행의 옷가지를 두르고 자신의 본래면목을 참구하여 다시는 윤회의 몸(後有)을 받지 않기 위해 자신을 단련시키는 것이다. 그러한 정신으로 나아간 이들이 출가수행자들이다.

원효의 앞시대 또는 당대의 지성들인 이들 고승들은 바로 이러한 삶을 살았던 것이다. 일체의 허위와 가식이 없는 벌거숭이 인간의 모습, 적나라한 인간의 모습을 지니고 살았던 것이다. 인간과 세계에 대한 진솔한 이해방식을 통해 현실적 인간들을 교화하고 이끌어갔던 것이다. 왕실 중심으로 전개된 귀족불교의 교단과는 달리 가항(街巷)을 중심으로 붓다의 가르침을 전개했던 서민대중불교의 성자들은 아상과 아집으로 똘똘 뭉쳐 있던 당시 귀족 승려들에게 인간과 세계 이해방식의 전회를 촉구하였던 것이다.

출가자에게는 자신들의 출신성분이 중요한 것이 아니다. 사문 석자(釋子)의 문에 들어오면 그 이전의 계급이나 이름은 모두 다 버리고 새로운 법명을 받고 새로운 삶을 사는 것이다. 불문(佛門)에서는 나이나 학력이 중요한 것이 아니라 이 문 안에 누가 먼저 들어왔느냐를 기준으로 삼는다. 그러한 정신으로 출가를 했던 수행자들이라면 귀족생활이 웬 말이며, 높은 승직이 웬 말인가? 깨달음은 어떻게 획득해야 하며 중생은 어떻게 제도해야만 하는가?

권력이나 보직(소임)을 얻기 위해서는 온갖 권모술수를 다 쓰고 사는 이들을 진정한 수행자라고 할 수 있겠는가? 그러한 삶을 살면서 어떻게 고통받는 현실적 인간들의 짐을 덜어주고 즐거움을 줄 수 있겠는가? 원효의 화두는 바로 이것이었다.

그는 한때 분황사(芬皇寺) 서재의 묵향 속에서 문자향(文字香)과 서권기(書卷氣)에 젖어 있었다. 그런데 『화엄경소』를 지을 때였다. 제4「십회향품」을 풀이하는데 도저히 그 자리에 앉아 있을 수가 없었다. 보살행은 문자향에 있지 않고 서권기에 있는 것이 아니라는 자각이 일어났다. 원효는 그 순간 자신의 저술작업이 깨달음과 나눔이라는 두 축을 성취하는 데

원효 영정(분황사 소장)

원효의 집필성지인 분황사의 우물

아무런 도움이 되지 못한다면, 팔만대장경도 모두 고름 닦는 휴지요, 밑 닦는 휴지 조각이라는 자각이 떠올랐다. 붓을 끊고 문을 박차고 나왔다.

붓을 끊고 자리를 박차고 일어났던 원효의 뇌리에는 고통받는 인민늘의 얼굴이 떠올랐다. 열 가지 회향의 내용은 모두 다 중생들과의 만남을 통해서 그렇게 살고 실천해야 할 과제였다. 그래서 분황사의 서재를 뛰쳐나왔던 것이다. 그 해답은 적나라한 인간의 모습, 사람 사는 냄새가 나는 모습을 통해 그들을 이해하고 그들과 함께하는 삶을 사는 것이었다. 기쁨을 함께하면 곱이고, 슬픔을 함께 하면 반이듯이, 그들이 기뻐할 때 더불어 기뻐해주고(隨喜), 그들이 아파할 때 함께 아픔을 나눠주는 것(隨悲)이었다.

그러기 위해서는 벌거숭이 인간의 삶 그 자체가 필요했다. 소박한 모습, 진실한 인간 이해 방식이 급선무였다. 삼국 전쟁으로 얼룩진 인민들의 마음을 따뜻하게 감싸줄 것은 바로 보살의 대비심이었다. 인민들에게는 그 대비심의 물결이 무엇보다도 절실했다. 인민들 사이에 팽배해 있는 위화감을 화해시킬 넉넉한 마음(一心), 따뜻한 마음(一心), 한마음(一心)이 필요했던 것이다. 그러한 큰마음(一心)이 바로 보살의 마음이었으며, 부처의 마음이었다.

모든 것의 근거이자 부처의 뜻인 이 일심을 통해 원효는 그들과 하나가 되고 그들과 반이 되었다. 이 일심으로 그들을 어루만지고 깨끗한 세상, 건강한 사회(淨土)를 함께 만들어가기로 했다. 정토는 저 10만억 리 떨어져 있는 서방에 있는 것이 아니라 바로 이곳, 신라가 바로 정토임을 일깨워주었다. 일념(一念)으로 '나무아미타불'을 열 번만 부르면 이 사바세계가 정토가 되고, 신라사회가 건강해진다고 일깨워주었다. 따라서 원효는 당시 인민들로 하여금 일심의 정토를 구현시켰던 것이다.

무애의 노래를 부르며

분황사 서재를 뛰쳐나왔던 원효는 저잣거리와 산속, 시골 등을 중심으로 다양한 층의 인민들을 만났다. 그는 전쟁으로 갈라진 인민들의 마음을 감싸주기 위해 어디든지 가지 않은 곳이 없었다. "일체에 걸림없는 사람이 한 길로 삶과 죽음을 벗어났느니"라는 『화엄경』의 게송을 만나면서 무애의 삶을 살기로 작정한 터였다. 생사에 걸림없으니 얼마나 자유로웠겠는가? 원효는 무애박을 치고 무애춤을 추며 무애가를 불렀던 것이다. 걸림없는 대자유인! 원효가 궁극적으로 살고자 했던 삶이었다.

갖가지 무애행을 통해 무수한 이적을 남기고 인민들의 고통을 덜어주었다. 이후 그 이야기들은 설화로 윤색되어 의미의 공간을 풍부하게 넓혀왔다. 그러면 그러한 설화를 통해서 그를 만나보자.

다음은 『송고승전』 「원효전」에 보이는 '각승(角乘)연기설화'다. 이것은 원효의 역저가 된 『금강삼매경론』의 소의경전인 『금강삼매경』과 원효의 저술 연기설화이다.

신라왕의 왕후(王后)가 심한 종기(癰腫)에 걸렸는데 아무런 의약도 효험이 없었다. 왕과 왕자와 신하들이 산천의 영험스런 사당에 기도하여 이르지 않은 곳이 없었다. 어떤 무당(巫覡)이 "사람을 다른 나라에 보내어 약을 구해와야 고칠 수 있다"고 말했다. 왕이 사자(使者)를 보내어 바다 건너 당나라로 가서 의약을 구해오게 하였다.

바다 가운데에서 문득 한 노인이 파도를 헤치고 나타나 훌쩍 배 위로 올라와서는 사자를 맞이하여 바닷속으로 들어갔다. (사자가) 보니 장엄하고 화려한 궁전이 있었다. 용왕을 알현하였는데 이름은 검해(鈐海)였다. (용왕은) 사자에게 "너희 나라 왕비는 청제(靑帝)의 셋째딸이다. 우리 궁중에 『금강삼매경』(金剛三昧經)이 있으니, 이각(二覺: 本 · 始覺) 원통(圓通)의 보살행을 보인 경이다. 이제 그대 나라 왕후의 병에 의탁해서 상승(上乘)의 인연(增上緣)을 짓고자, 이 경을 내놓아 그대 나라에 유포하려고 한다"고 말하고는 30장(紙)쯤 되는 뒤섞인 흐트러진 경전을 사자에게 주면서, "이 경이 바다를 건너다가 마사(魔事)에 걸릴지도 모른다"고 하였다.

(이에) 용왕은 칼로 사자의 장딴지를 찢고는 그 속에 경을 넣고 봉하여 약을 바르니 감쪽같았다. 용왕이 말하기를 "대안(大安)성자로 하여금 이 흐트러진 경의 차례를 바로잡아 책을 매게 하고, 원효법사를 청하여 경소(經疏)를 짓고 강석(講釋)하게 한다면 부인(왕후)의 병은 틀림없이 낫게 된다. 가령 설산의 영약(아가타약)도 이보다는 못하다"고

심한 종기로 앓아 누운 신라의 왕비

왕비의 병을 고치고자 영약을 구하러 용궁으로 가는 사자

하였다. 바다 위까지 용왕의 전송을 받은 사자는 다시 배를 타고 귀국하여 왕께 보고하였다.

그때 왕이 보고를 듣고 기뻐하며 먼저 대안성자를 불러들여 경의 차례를 정하고 성책(成冊)하도록 하였다. (그러나) 대안은 헤아릴 수 없는 사람이었다. 특이한 차림새로 항상 장판(市廛)에 있으면서 동발(銅鉢)을 치며 '대안!' '대안!'이라고 소리쳤기 때문에 사람들이 그를 대안이라고 불렀다. 왕의 부름을 받은 대안은 "왕의 궁궐에 들어가고 싶지 않으니 경만 가져오라"고 하였다. 가져온 흐트러진 경을 대안은 차례대로 배열하여 8품으로 만들었는데 모두가 부처님의 뜻에 합치되었다. 그리고 나서 대안은 "빨리 가져가서 원효로 하여금 강석하게 하라. 다른 사람은 안 된다"고 하였다.

원효가 그 경을 받은 것은 바로 그의 고향에 있을 때였다. 그는 사자더러 "이 경은 본각(本覺)과 시각(始覺)이라는 두 각을 종(宗: 근본)

『금강삼매경』의 순서를 잡고 있는 대안화상

으로 삼고 있다. 내가 각승(角乘)을 지을 수 있도록 안궤(案几)를 마련해달라" 하고는, 두 뿔 사이에 붓과 벼루를 두고 처음부터 끝까지 소달구지에서 경소(經疏) 5권을 조성하였다. 그래서 왕의 청에 의해 황룡사에서 강설하기로 하였다.

그때 경박한 무리가 그 새로 지은 소를 훔쳐가버렸다. 그래서 원효는 왕에게 사실을 알리고, 사흘을 연기하여 다시 소를 써서 세 권을 짓고 약소라 불렀다 해서 왕과 신하 및 출가자와 재가자가 구름같이 법당을 에워쌌다. 이에 원효가 열변을 토하는 데 위의가 있고, 얽힌 것을 푸는 데 법칙이 있으며, 찬양하여 손가락을 퉁기고, 소리는 허공을 울렸다. 원효가 다시 큰 소리로 말하기를, "지난 옛날 100개의 서까래를 가려낼 때에는 비록 내가 참예하지 못했지만, 오늘 아침 하나의 대들보를 가로지를 곳에 선 나만 감당할 수 있었도다!"라고 하였다. 그곳에 자리했던 명덕(고승)들은 부끄러워 얼굴을 숙이고 마음속으로 참회하였다.

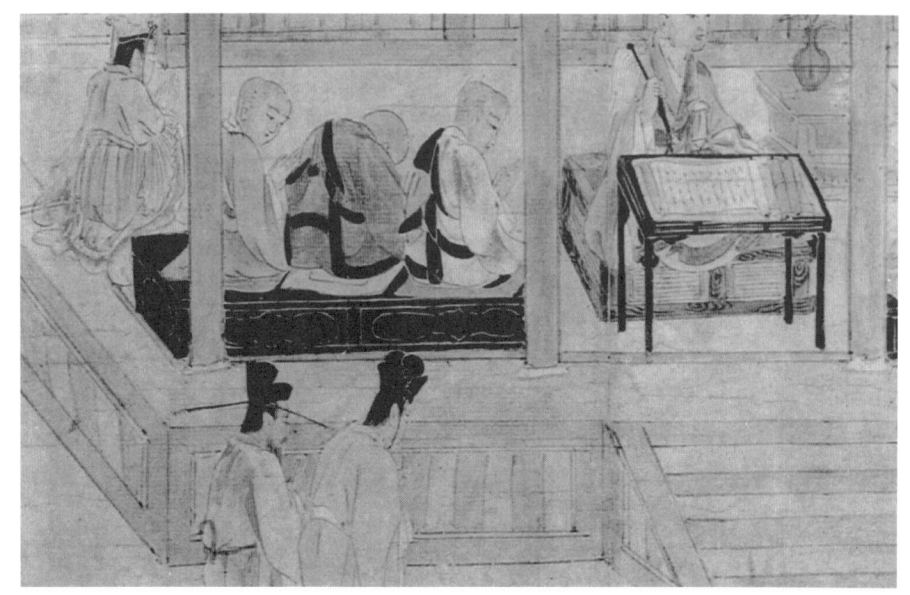

『금강삼매경』의 주석서를 지어 황룡사에서 강론하는 원효

……『소』에는 광본과 약본 두 본이 있는데 모두 신라에서 유행하였다. 약본소가 중국에 수입되었는데 나중에 번경(翻經) 삼장이 『소』(疏)를 『논』이라 고쳤다는 것이다.[37]

『송고승전』「원효전」의 이 기사는 「원효전」이라기보다는 '『금강삼매경』의 연기설화'라고 할 정도로 약 3분의 2 정도의 기사가 이 경과 논의 유래에 대해 기록하고 있다. 이 글에는 원효의 강설이 어떠했는지 잘 나타나 있다. 원효의 강론은 뜻풀이가 정연하고 설명의 소리가 법당 내의 대중들을 공감시켰다.

이 설화는 그의 역저인 『금강삼매경론』의 각승연기설화이다. 각승(角乘)이란 이 경이 가장 강조하는 깨달음에 관한 은유이다. 즉 불교가 시종

일관 강조하는 깨달음에 관한 것이다. 그 깨달음은 본각과 시각이다. 여기에서 말하는 '각'(角)은 깨달음을 나타내는 '각'(覺)과 발음이 같은 효과를 노리고 있다. 그래서 깨달음의 두 면인 본각과 시각을 소의 두 뿔로 형용한 것이다. 그런데 왕비의 병은 무엇일까? 또 그 왕은 어느 때의 왕이며 용왕의 이름 검해는 무엇을 상징하는가? 이 연기설화는 도저한 상징으로 처리되어 있어 그것을 풀이해내기가 간단하지 않다.

이 연기설화의 동기가 되고 있는 왕비의 병은 무엇을 상징하고 있는가? 왕비의 병은 바로 중생들의 병이 아닐까? 왕비의 병뿐만 아니라 모든 병을 다 없애버리기 때문에 무거(無去)라고 한다는 아가타약이란 또 무엇을 상징하는가? 원효가 지은 『금강삼매경론』에서는 아가타를 이렇게 설명하고 있다.

아가타란 무거(無去) 또는 멸거(滅去)로 번역되는데 이것은 약의 이름이다. 능히 모든 병을 다 없애버리기 때문에 무거라 한다. 이 보살도 또한 이와 같아서 능히 중생들의 모든 번뇌의 병을 다 고치기 때문에 이 약명을 이름으로 삼은 것이다.[38]

이 글에 의하면 능히 중생들의 모든 번뇌의 병을 다 고치기 때문에 아가타(滅去 : 不死藥)라고 하는 것이다. 그것도 보살이 보살행을 통해 모든 병을 다 없애버리는(無去) 것이다. 보살이 매개되지 않는다면 이 번뇌의 병들을 다 고칠 수 없다. 이 경론은 보살행을 매개함으로써 훨씬 더 역동적으로 전개되고 있다.

그런데 이 경을 지은 이는 누구이기에 용궁이란 무대가 설정되어 있으며, 검해 용왕은 왜 대안에게 성책(成冊)의 명을 내리고 원효에게 경소를

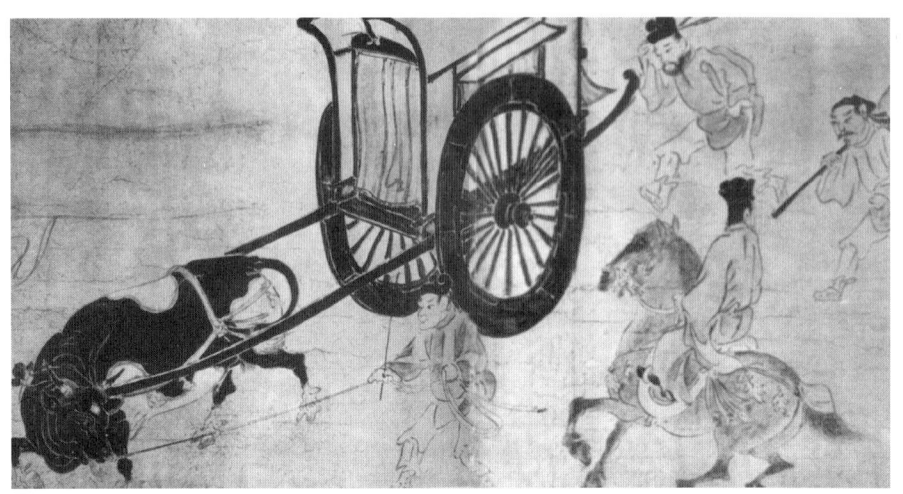

원효의 강론을 들으러 황룡사로 행차하는 신라왕의 어가

짓고 강론하게 했는가? 또 당시 제도권 불교계에서 경원시하고 있던 원효가 어떻게 이 경의 강석을 계기로 왕실 중심의 귀족불교권을 일깨울 기회를 얻게 되는가? 이러한 상상들이 쉽게 풀리지는 않는다. 다만 여기서 분명히 알 수 있는 것은 이 연기설화의 최종 승자는 원효라는 사실이다. 제도권 안에 들어가지 못했던 원효가 제도권 불교의 상징인 황룡사와 최고권력자 앞에서 경전 중의 경전인 『금강삼매경』을 강론한다는 사실은 일상적으로는 도저히 상상하기 어려운 일이다.

그가 황룡사 큰 법당에서 구름같이 모인 대중들을 향해 금강삼매의 향기를 발산하는 모습은 가히 장관이 아닐 수 없다. "지난날 100개의 서까래를 구할 때에는 비록 내가 끼이지 못했지만, 오늘 하나의 대들보를 구하는 곳에서는 나만이 할 수 있구나!"라는 이 사자후를 보면 통쾌하기 그지없다. 인왕백고좌 법회에는 사람됨이 나쁘다고 추천을 받지 못했지만, 『금강삼매경』을 강론할 때에는 오직 그만이 주석서를 지어 사자후를 토할 수 있었던 것이다.

이 설화는 원효의 유아독능성(唯我獨能性)을 부각시키는 설화이기도 하지만 원효의 무애가풍의 한 절정이라 아니할 수 없다.

원효의 무애가풍은 여기에서 그치지 않는다. 이른바 '밥상을 던져 무리를 구한다'(擲盤而求衆)는 설화는 초지(初地: 보살수행의 첫단계인 환희지)보살의 신통력을 느끼게 한다. 소반(밥상)을 던져 대중을 구했다는 설화는 여러 곳에 전하지만 특히 경상남도 양산군(전 동래군) 장안면 불광산에 자리한 척판암(擲板庵)에 고스란히 전해 내려온다.

언젠가 이 암자에 원효가 머물고 있었다. 어느 날 원효가 저녁에 공양을 막 들려고 할 때였다. 자신의 혜안으로 살펴보니 중국의 오래된 큰절이 막 허물어지려고 하였다. 그런데 그 절에는 때마침 천 명의 학승들이 저녁 공양을 시작할 때였다. 그냥 두면 그 학승들은 모두 압사당할 위험에 직면해 있었다. 그 순간 원효는 자신의 밥상(소반) 위의 그릇들을 재빨리 내려놓고 급히 중국의 고찰 쪽을 향해 소반을 던졌다.

그때 당나라의 그 절에서는 천 명의 학승들이 저녁 공양을 하고 있었는데 갑자기 절마당 위에 이상한 물체가 날아와 윙윙 소리를 내며 맴돌고 있었다. 그것을 그 절의 공양주가 제일 먼저 보고 학승들에게 알렸다. 천 명의 학승들은 공양을 하다 말고 모두가 이 놀라운 광경에 이끌려 절마당으로 몰려나왔다. 그러자 공중을 빙빙 돌던 이 물체는 절 바깥 초원을 향해서 천천히 돌면서 학승들을 유인해갔다. 천 명의 학승들이 절 바깥까지 다 나왔을 무렵 갑자기 그 큰절이 무너져버리는 것이었다. 학승들이 놀라서 뒤를 돌아보니 자신들이 공양을 하던 절이 모두 내려앉아버렸다. 순식간이었다. 그들의 등에는 땀이 흠뻑 배었다. 그

원효가 머물렀다는 전북 부안의 원효방

순간 그 물체도 풀밭 위에 떨어졌다.

학승들은 떨어진 물체로 몰려들었다. 그것은 나무밥상이었다. 그런데 그 밥상에는 '해동 원효가 밥상을 던져 대중을 구하노라'(海東元曉擲盤救大衆)고 씌어 있었다. 학승들은 그제야 모든 사실을 알고 해동 신라를 향해 합장 공경의 예를 올렸다. 그렇게 수도 없이 예배를 하며 고마움을 표하는 동안 그 밥상은 다시 허공으로 솟아올라 서서히 동쪽으로 가는 것이었다. 천 명의 학승들은 그 밥상을 따라 천천히 원효가 머무르는 신라 땅으로 오게 되었다.[39]

초지보살(初地菩薩)[40]이었던 원효의 혜안이 아니고는 이룰 수 없는, 중생을 이익되게 하는 행(饒益衆生行)이다. 그들은 시공을 넘어서 일어나는 사실을 어떻게 보았을까? 이 설화는 여기에서 끝나지 않고 다시 다음의 '화엄벌(천성벌)설화'로 이어져 윤색된다. 조선조 말 범해 각안선사가 편집한 『동사열전』에 보면 동래 금정산에 원효암과 화엄벌이 있다고 기록되어 있다. 그런데 여기에는 천성산 화엄벌에 얽힌 이야기가 희미하게 전해오고 있다.

원효가 밥상을 던져 목숨을 건진 천 명의 대중들은 소반을 따라 해동 신라로 왔다. 원효는 천 명 대중들의 수도처를 찾아나오다가 현재의 양산군 하북면 용연리에 이르렀다. 때마침 원적산 신령이 마중을 나와 "이 산에는 천 명이 수도할 곳이 있으니 이곳에 머무르소서" 하였다. 그래서 이곳을 '무리들이 방문해온 곳'(衆訪來)이라 했다. 원효는 산신령이 이끄는 대로 갔는데 현재의 산령각 입구에서 산신령은 자취를 감추었다.

원효는 왼쪽 골에 들어가서 대둔사를 창건하고, 상·중·하 내원암과 89암자를 창건하여 천 명의 대중을 가르치고 도를 닦게 하였다. 천명 대중을 산꼭대기에 모아놓고 『화엄경』을 강설하였기 때문에 그곳을 화엄벌이라고 하였다. 또 대중들이 각 암자에 흩어져 있어서 중산항 높은 곳에 큰북을 설치하고 대중을 모을 때 이 북을 울렸다고 하여 이 봉우리를 집북봉이라 한다. ……천 명의 대중들 중 988명이 이 산에서 도를 깨달았으므로 원적산 이름을 천성산이라 적기한다고 한다. 나머지 잡역에 종사하던 12명 중 8명은 대구 동화사로 가서 깨달음을 얻었으므로 그 산이름을 팔공산(八公山)이라 하고, 또 4명은 문경 대승사로 가서 깨달음을 얻었으므로 그 산이름을 사불산(四佛山)이라고 적기한다.[41]

그야말로 후세에 많이 각색된 설화이기는 하지만 이 자체로도 원효의 무애행을 읽어낼 수 있다. 이들을 먹이기 위해 양식을 걸식하러 간 원효가 시주에게 쌀을 공양받을 때, 발우에 아무리 담아도 넘치지 않고 계속해서 담게 한 신통력을 보여 그 많은 대중을 먹여 살렸다는 설화에 이르러서는 원효의 위신력을 되돌아보지 않을 수 없다. 모두가 초지보살로서의 보살행이라 아니할 수 없다.

화엄에서는 흔히 10신(十信)을 드러내지 않는다. 왜냐하면 믿음은 이미 전제되어 있기 때문이다. 그래서 화엄에서는 삼현(三賢)인 10주(十住: 十解)·10행(十行)·10회향(十廻向)과 10성(十聖)인 10지(十地)에다 등각(等覺)과 묘각(妙覺)을 총괄하는 42위의 보살 수행계위를 설정한다. 그러나 다른 교학에서는 10신을 포함시켜 52위 내지 53·57위의 수행위계를 설정한다. 여기에서 원효는 이 네번째 단계의 보살지인 10지의 초지에 해당되는 환희지(歡喜地)보살이라는 것이다. 환희지는 처음으로 참다운 중도의 지혜를 내어 불성의 이치를 보고 견혹(見惑)을 끊으며 능히 자리이타(自利利他)하여 진실한 희열에 가득 찬 지위이다. 이 화엄벌설화는 보살의 대비심을 나투었던(나타냈던) 원효가 환희지보살의 계위에서 행한 무애가풍인 것이다.

이어서 '물을 뿜어 불을 껐다'(噀水而撲焚)는 설화를 살펴보자. 이 설화는 '서당화상비'의 조각(碑片)에 나오는 이야기로서 아마도 고선사(高仙寺)에서 있었던 일이라 추측된다.

당나라 성선사(聖善寺)에 화재가 났을 때였다. 원효가 이것을 혜안으로 보고 자신이 거처하는 방 앞에 있는 작은 연못의 물을 입에 머금고 뿜어서 불을 껐다.[42]

원효 사후 100여 년 뒤에 세워진 「고선사 서당화상탑비명」(경복궁 소장)

　원효가 고선사에 있을 때 있었던 일이라 여겨진다. 원효는 몇몇 주요 절에 머물렀던 듯하다. 주로 황룡사와 분황사, 오어사(吾魚寺: 경북 포항 소재), 사라사(娑羅寺), 초개사(初開寺), 고선사와 혈사 등이다. 이 중에서도 황룡사는 주석 사찰은 아니었던 듯하고, 주로 분황사가 그의 집필지였다고 할 수 있다. 오어사는 혜공과의 교유시절에 방문한 절이고, 사라사는 자신이 태어난 곳에 세운 절이며, 초개사는 자신이 살던 집을 개조한 절이다. 그의 행장을 기록한 비가 세워진 고선사는 그가 만년에 잠시 머물렀던 절이라 생각된다. 왕성 가까이에 있었다는 혈사는 그가 입적할 때 마지막 머물렀던 절이다.

　원효가 고선사에 얼마나 머물렀는지 모르지만 그의 행장이 기록된 비

덕동댐 조성으로 옮겨진 고선사 3층석탑(경주 박물관 소재)

가 이 절에 세워졌다는 것은 그의 삶의 이력에서 이 절이 지니는 중요성을 간접적으로 보여준다. 허나 지금은 덕동댐의 건설로 물에 잠겨버렸다. 이 설화는 앞의 '척반구중' 설화와 서사구조가 많이 닮아 있지만, 이것 역시 원효의 자유자재한 무애가풍이 두루 퍼져서 후대에 윤색된 설화일 것이다.

다음으로는 『삼국유사』「의해」편에 실려 있는 '말하지 않던 사복'(蛇福不言) 조목의 이야기이다.

신라 경사(京師: 慶州)의 만선북리(萬善北里)에 사는 한 과부가 지아비 없이 잉태하여 아이를 낳았다. 아이가 나이 12세가 되어도 말과 기동을 못하였다. 때문에 사동이라고 불렀다. 어느 날 그 어머니가 죽었다. 그때 원효대사가 고선사에 있었는데 원효가 그 아이를 보고 맞아 예하였더니 사복이 답례를 하지 않고, "그대와 내가 옛날 경을 실었던 암소가 지금 죽었으니 같이 가서 장사지냄이 어떠한가?" 하였다. 원효가 "좋다" 하고 같이 집에 왔다.

(사복은) 원효로 하여금 포살 수계를 행하게 하였다. 원효는 그 시체 옆에서 빌어 가로되, "나지 말지어다. 그 죽음이 괴롭도다. 죽지 말지어다. 그 남이 괴롭도다" 하였다. 사복이 그 말이 번거롭다 하였다. 원효가 고쳐 이르기를, "죽음과 삶이 괴롭도다" 하였다. 둘이 시체를 메고 활리산 동쪽 산록으로 갔다.

원효가 이르기를, "지혜의 호랑이를 지혜의 숲에서 장사지냄이 좋지 않겠는가" 하였다. 사복이 게를 지어 "옛날 석가모니불이 사라수 사이에서 열반에 들어갔으니 지금 또한 저와 같은 자가 있어 연화장 세계에 들어가고자 하노라" 하고 띠풀 줄기(茅莖)를 뽑으니, 그 아래에 휘황찬

경주 덕동호에 잠긴 고선사지

란하고 훌륭하게 누각이 장엄된 세계가 나타났는데 인간세상과 달랐
다. 사복은 어머니의 시체를 등에 업고 그 화장세계 속에 들어가니 그
땅이 본래처럼 아물어 아무런 흔적도 없었다.[43]

일반적으로 이 사복이 원효의 제자라고 나온 기록은 없으나 다른 기
록에 나오는 여러 정황을 종합해 살펴보면 제자임이 분명하다. 원효는
아홉 제자를 두었다고 한다. 그런데 그 아홉 명의 이름이 다 드러나지 않
는다. 이 설화의 등장인물인 사복과 쟁관법(錚觀法)으로 닦아 서방으로
올라간 엄장, 분황사의 현륭, 고선사의 만선화상 정도만이 원효와 관련
된 이름으로 나타날 뿐이다. 그것도 확실한 제자라고 단정할 수도 없지
만 말이다.

또 『송고승전』 「원효전」에 지극히 간략하게 '여러 곳에 몸을 나타냈

다'(數處現形)는 이야기가 전해온다.

　　수없이 많은 곳에 몸을 나타내어 (뭇삶들의 괴로움을 덜어주었다).[44]

　몸을 100개로 나누어 보살행을 한 원효. 『삼국유사』 「의해」편 '원효불기'조에서는 "일찍이 송사(訟事)로 인해 한 몸을 100그루 소나무에 나누어 현신하였다"고 하였다. 이것은 초지보살로서의 걸림없는 보살행을 나타내는 표현이리라. 그는 10신, 10주, 10행, 10회향, 10지, 등각, 묘각으로의 보살 수행위에서 10지 중 초지인 환희지에 해당되는 보살이었다. 원효는 초지보살의 10대원(十大願)을 세우고 수없이 많은 곳에 몸을 나타냈으며, 어느 송사로 인해서는 한 몸을 100개로 나누어 현실적 인간들의 고통을 덜어주었던 것이다.

　원효가 어디에서 입적했는지는 잘 모른다. 그가 혈사에서 입적했다고는 하나 그 혈사가 어디인지 비정할 수도 없다. 다만 그가 떠나기 전 '여섯 곳에 입멸을 알렸다'(六方告滅)는 이야기만이 전해올 뿐이다.

　　(대중교화를 위해 헌신하다가 혈사로 돌아온 원효는 자신이 이 사바세계를 떠날 날을 예감하고) 동서남북 상하의 육방에다 자신의 입멸을 알렸다.[45]

　동서남북의 사방과 상하의 두 방향을 향해 자신의 입멸을 알리고 떠난 원효. 일반적으로 그가 소성거사로 환속한 것처럼 말하지만, 혈사에서 입멸했다는 것은 그가 다시 혈사로 돌아와 출가수행자 생활을 했음을 보여준다. 오랫동안 출가를 넘어서 재가적 삶을 살았던 그였지만 입적할 때까지 한 번도 그는 출가수행자임을 부정하지 않았다. 위의 '육방고멸'의 이야기는 바로 생사에 자유자재한 무애인 원효가 떠날 때 우리에게 보여 준 모습이다.

　그의 스승이자 모든 경소(經疏)를 지을 때에는 언제나 찾아가 논구(論 究)를 했다는 혜공과의 이야기는 잘 알려져 있다. '너는 똥을 누고 나는 물고기를 누었다'(汝屎吾魚)는 이 설화는 적나라한 두 고승의 면목을 보 여주고 있다.

　　하루는 혜공과 원효가 냇가에 가서 물고기를 잡아먹다가 돌 위에다 똥 을 누었다. 혜공이 가리키며 희롱하기를 "너는 똥을 누었지만 나는 물고 기를 누었다"고 하였으므로 오어사라 하였다.[46]

　경북 포항의 오어사에 전해오는 이야기이다. 원효가 여러 경전들의 주 식서를 지을 때에는 언제나 혜공화상에게 가서 질의하고 더불어 어우러 져 놀았다고 한다. 이 이야기에서 우리가 알 수 있는 것은 '똥'과 '물고 기'가 나타내고 있는 고도의 상징이다.

　똑같은 물고기를 먹고도 원효는 똥을 누었지만 혜공은 물고기를 그대 로 누었다는 이야기는 참다운 불교 수행의 길에 시사하는 바가 많다. 즉 여기서 똥찌꺼기란 글이나 쓰면서 문자놀음을 하는 저술가 원효를 경책 하는 말이고, 물고기는 모양을 내지 않고(無相) 언제나 뭇삶들을 일깨워 주는 혜공 자신을 말하고 있는 것이다.

　물고기는 목어의 축소형인 목탁이나 절의 추녀 끝에 매달린 풍경을 상 징한다. 이것을 풀이하면, 수행자들의 가장 큰 적인 수마(睡魔)를 쫓아버 리기 위해 밤중에도 잠을 자지 않는 물고기(풍경, 목탁)가 되어 세상의 뭇

헤공과 원효가 토론을 벌였던 오어사 전경

삶들을 일깨워주는 목탁(고승)의 보살행을 나타내는 이야기이다. 똑같은 물고기를 먹고도 원효는 똥찌꺼기를 배설했지만, 혜공은 물고기를 먹고도 산 채로 배설하였다. 불살생을 제1계로 여기는 불교에서 혜공의 삶은 우리에게 깊은 의미를 던지고 있다. 그런데 이 설화는 원효 중심으로 후대에 윤색되어, '너'를 혜공으로 보고 '나'를 원효로 보기까지 한다. 이렇게 생각하게 된 것은 아마도 원효의 위대함 때문이리라. 우리는 여기에서 두 무애인의 경계의 정도를 읽을 수 있다.

다음은 『삼국유사』 「감통」편에 실려 있는 '광덕·엄장'조의 이야기이다.

문무왕 때 사문 광덕과 엄장이 있었는데, 두 사람은 막역한 벗이 되어 일찍이 서로 약속하였다. "먼저 안양(安養: 淨土)으로 돌아가는 사람이 알려주어야 한다." 광덕은 분황사 서편 동네에 은거하며 부들로 미투리를 삼아 생업을 하면서 처자를 끼고 살았고, 엄장은 남악(南岳) 암자에 깃들여 화전(火田)에 씨를 심고 쇠붙이로 갈았다.

어느 날 석양 그림자가 붉은 빛을 드리우고 소나무 그늘이 고요히 저물어갈 즈음 들창 밖에서 소리가 들려왔다. "나는 이미 서방으로 가게 되었으니 그대는 잘 머물렀다가 빨리 나를 좇아오라." 엄장이 문을 밀치고 나가 돌아보니, 구름 밖에 하늘음악 소리가 나고 광명한 빛이 땅에 닿았다. 그 이튿날 돌아와 광덕의 집을 찾았더니 광덕은 과연 이 세상을 떠났다. 곧 그 아내와 더불어 유해를 거두고 함께 장사할 터를 마련하였다. 일을 끝낸 뒤에 엄장은 광덕의 아내에게 말했다. "남편께서 이미 돌아갔으니 나와 함께 사는 것이 어떨지요?" 광덕의 아내가 대답했다. "좋소이다." 드디어 함께 머물렀다.

밤에 자다가 정을 통하려 하였을 즈음 광덕의 아내는 말하였다. "법사께서 정토를 구하는 것은 '나무에 올라 물고기를 구함'과 같소이다." 엄장은 놀라고도 괴이히 여겨 물었다. "광덕이 이미 그렇게 되었는데 나와 함께한들 무슨 방해로움이 있으리요." 광덕의 아내는 말하였다. "우리 남편은 나와 동거한 지 10년에 일찍이 하룻밤도 잠자리를 같이 해본 일이 없었거늘 하물며 더러운 접촉을 했을라고요? 다만 밤마다 몸을 단정히 하고 바로 앉아 한결같이 '아미타불'을 염하였을 뿐, 더러는 십육관법(十六觀法)을 지어 관법이 익숙해진 뒤에 밝은 달빛이 지게문에 들어올 즈음, 때로는 그 빛을 타고 그 위에 가부좌를 하였답니다. 그의 정성이 이러하였으니 비록 서방으로 아니 가려 한들 어디로 간단 말입니까? 대개 천리를 가려는 자는 첫걸음에 규칙이 정해지는 법이니, 이제 법사의 관법은 동으로는 갈 수 있겠으나, 서쪽으로 간다 함을 알 수 없소이다."

엄장은 부끄러워 물러가 원효법사에게 나아가서 갈 길을 간절히 구하였더니, 원효는 쟁관법(錚觀法)을 지어 유도하였다. 엄장은 몸을 조촐하게 하고 스스로 책망하여 한결같이 관법을 닦아서 역시 서방으로 올랐다. 쟁관법은 「원효법사본전」과 『해동고승전』 중에 실려 있다. 광덕의 아내는 곧 분황사의 여종이요, 19응신(應身)의 하나였다.[47]

원효는 쟁관법으로 애욕에 물든 수행자 엄장을 일깨워준다. 그런데 원효가 엄장에게 일러준 쟁관법이 어떤 것인지 자세히 알 수 없다. 위에서 말한 「원효법사본전」이나 『해동고승전』에는 쟁관법에 관한 부분의 기사가 남아 있지 않기 때문이다.

관법이란 일체법을 관찰 조명하는 것이다. 즉 관법의 '법'은 '법계'(法界)를 의미하므로 '관법계'(觀法界)란 법계에 깨달아 들어간다는 것을 나타낸다. 다시 말해서 관법이란 지혜로써 제법의 본성과 표상(性相)을 분별하여 비추어보며, 연기적으로 형성되는 일체의 법을 관찰 조명하는 것을 말한다. 그런데 쟁관법이라고 하면 쟁(錚)을 통한 관법이 된다. 쟁이란 징을 말한다. 그렇다면 쟁관법이란 지혜로써 쇳소리가 나는 징을 두드리며 일체법을 관찰 조명하는 것일까?

엄장이 부끄러워 물러나와 원효에게 득도의 요체를 요청했을 때 제시된 것이 쟁관법이었다. 물론 여기서 쟁(錚)자가 정(淨)자의 잘못이라고 해도 관계없다. 그렇다면 원효는 이 정관법을 지어 엄장을 지도한 것이 될 것이다. 엄장은 스스로 자신의 마음을 뉘우쳐 자책하며 일념으로 관을 닦아 서방으로 갔다. 그것은 한순간 애욕에 눈이 멀었던 수행자 엄장을 일깨워준 부정관(不淨觀), 즉 인간의 육체가 추하고 더러운 것임을 관상(觀想)하여 탐욕의 번뇌를 멸하는 관법이었을까? 그 부정(不淨)을 통해

원효와 의상이 순례했던 관음신앙의 기도처 낙산사에 있는 해수관음입상

정(淨)으로 유도하는 관법이었을까? 히여튼 이 지료만 기지고는 십게 속단할 수 없다. 다만 우리는 이 기사를 통해 원효의 자유자재한 무애가풍을 읽을 수 있다.

『삼국유사』「탑상」편 '낙산의 두 보살 관음(觀音) 정취(正趣) 조신(調信)'조에 나오는 설화는 원효의 인간적인 모습을 읽게 한다.

의상의 뒤를 이어 원효가 낙산사를 순례하기 위해 왔다. 처음 그 남쪽 들녘에 이르렀을 때 흰옷을 입은 한 여인이 논에서 벼를 베고 있었다. 원효가 희롱으로 그 벼를 좀 달라고 청하자 여인은 벼가 흉년이 들었노라고 역시 희롱조로 대답했다.

원효가 길을 걸어 다리 아래에 이르러서다. 한 여인이 월수(月水)가

원효와 의상이 순례했던 관음신앙의 기도처 낙산사 홍련암

묻은 빨래를 하고 있었다. 원효가 그 여인에게 마실 물을 청하자 여인
은 월수를 빨아낸 더러운 물을 떠서 바쳤다. 원효는 그 물을 내쏟아버
리고 다시 냇물을 떠서 마셨다. 그때 들에 서 있는 소나무 위에서 한 마
리 파랑새가 '제일 좋은 것(醍醐: 佛性)을 그만두는 화상'(休醍醐和尙)
이라 부르고는 홀연 간 곳 없이 사라지고, 그 나무 아래엔 한 짝의 신이
벗겨져 있음을 보았다.

　원효는 드디어 낙산사에 이르렀다. 관음좌 아래에 앞서 보았던 그 벗
겨진 신의 다른 한 짝이 놓여 있었다. 원효는 비로소 앞서 만났던 그
여인들이 바로 관음의 진신임을 알았다. 그때 당시 사람들은 들에 선
그 소나무를 '관음송'이라 불렀다. 원효가 그 굴에 들어가 다시 관음
의 진짜 얼굴(眞容)을 보려고 했으나 풍랑이 일어 들어가보지를 못하

원효를 일깨워준 파랑새가 앉았던 관음송

고 떠났다.[48]

이 설화에 의하면 원효는 아직 성인의 지위에 이르지 못한 것으로 그려져 있다. 이 기사를 가지고 의상 계통에서 원효를 폄하하기 위한 의도로 적은 기록이라고 하는 학자들도 있지만 그렇게만 볼 수는 없을 것이다. 원효 가풍의 무게중심이 티끌세상과 함께 어우러진 동진(同塵)에 있음을 안다면 성(聖)을 지향해가는 의상과 성(聖)과 속(俗)의 통일을 지향해가는 원효의 시선이 다르기 때문일 뿐이기 때문이다. 따라서 우리는 이것을 가지고 원효의 격이 의상에 비해 떨어진다고 해서는 아니 된다.

원효와 여인과 관련된 이야기는 여러 가지이다. 그 중에서도 이 설화에서 보이는 것은 원효의 무애자재함이다. 비록 원효가 벼를 베는 여인이나 빨래하던 여인처럼 두 번이나 등장한 여인들이 관음의 화신이었음을 알지 못한 것으로 그려져 있지만 그것은 그의 가풍이 보여주는 한 모습일 뿐이다.

요석공주와의 인연이나 엄장이 광덕의 아내에게 빠져 구제를 요청했을 때 보여주는 모습에서 알 수 있듯이 우리는 이성에 빠진 원효의 모습을 좀처럼 상상해볼 수 없다. 원효에게 "여인이 세 번 예를 하자 천신(天神)이 이를 막았으니, 이는 애법(愛法)에 빠지지 않았음을 나타낸 것"이라는 「고선사서당화상탑비」(高仙寺誓幢和上塔碑)[49]의 글은 이성에 연연하지 않았던 수행자 원효의 초연한 모습을 보여준다. 원효는 단지 초지보살답게 행동했을 뿐이다. 이 조목에서 우리는 지극히 인간적인 모습으로 그려져 있는 그를 볼 수 있다.

신라와 당나라가 한참 통일전쟁으로 연합군이 되었을 때의 일이다. 신라에서 청한 당나라의 원군이 평양성 교외에 주둔하고 있으면서 급히 군

월전 장우성 화백이 그린 김유신 표준
영정

량을 보내달라는 편지를 신라 조정에 보내오자 문무왕은 신하들을 모아
놓고 대책을 묻는다. 김유신이 계책을 아뢰게 된다. 그래서 김유신은 군
사를 일으켜 당군과 연합하여 통일전쟁을 수립하고자 하였다.

군사를 일으켜 당군과 연합하려는 계획으로 김유신은 연기(然起)와
병천(兵川) 두 사람을 당나라군 진영에 보내어 그 만날 기일을 물었다.
당군의 장수 소정방은 종이(紙)에다 난새(鸞)와 송아지(犢)를 그려 돌
려보냈다. 신라군에선 그 그림의 의미를 풀 수 없어 사람을 보내어 원
효에게 물어보았다. 원효는 그림을 해석하여, "빨리 군사를 돌려라. 송
아지와 난새를 그린 것은 둘이 끊어짐을 말하는 것이다"(謂畫犢畫鸞二
切也)라고 일러주었다. 이에 유신은 군사를 돌려 패강을 건너기로 하
고, "늦게 건너는 자는 목을 베리라"는 군령을 내렸다. 군사들은 앞을

다투어 강을 건넜다. 군사의 절반쯤이 건넜을 때 고구려군들이 공격해와 아직 건너지 못한 자들을 죽였다. 다음날 유신은 반격하여 고구려군 수만 명을 잡아죽였다.[50]

이 이야기를 가지고 일부 학자들은 반절법(反切法: 한자에서 두 자음을 반씩 따서 한 소리로 만들어 음을 표하는 방법)에 의해 '속히 그 병사를 돌이키라'(速還)고 풀이하고 있지만, '화독화란'(畫犢畫鸞)을 가지고 반절법으로 읽는다면 '혹환'이 되지 '속환'이 되지 않는다. 아무리 반절법을 적용시켜 풀이해보아도 '속환'이 될 수가 없다. 굳이 반절법을 적용해야 한다면 '화독화란'이 아니라 '화독'의 '화'(畫)자가 자형이 비슷한 글 '서'(書)자가 되어야 '서독'(書犢)으로부터 '속'이 되는 것이다. 그렇다면 송아지는 그림으로 그린 것이 아니라 글씨로 '독'(犢)자를 쓴 것이어야 한다. 그런데 『삼국유사』 현행 유통본의 기록은 분명히 '화독'이다. 이것을 굳이 반절에 의한 '속환'이라고 우긴다면 이는 견강부회에 지나지 않게 된다.

『삼국유사』의 기록인 '화독화란'을 글자 그대로 해석하면 이렇게 될 것이다. 원래 소의 새끼인 송아지(犢)와 봉황의 새끼인 난새(鸞鳥)는 그 어미에게서 '떨어지게 되어' 있다. 따라서 두 새끼의 속성을 활용하여 '떨어지라'는 의미를 암호로 사용했던 것이다. 소정방(당고종 19년이라면 아마도 李勣의 암호일 것이다)의 글자대로 풀이하면 '고구려의 매복작전에 걸려들었으니 빨리 병사들을 후퇴시켜 그곳(浿江)을 벗어나라'는 의미의 암호임이 분명할 것이다. 원효의 '속환기병'(速還其兵)이라는 풀이는 바로 이러한 사실에 대한 암호풀이였던 것이다. 이것 역시 50대 초반에 접어든 원효의 무애행의 한 모습일 것이다.

정토를 향하여, 낮춤의 미학

원효의 삶은 무애의 실천을 통해 질적 승화를 도모한다. 그의 삶은 일체의 굴레에서 벗어난 해탈한 자의 소박한 모습을 보여주고 있다. 즉 그는 자유의 실천(無碍)을 통해 모든 사람과 만나며 그 만남 속에 자기를 투영시키고 있다. 『삼국유사』에 나타난 다음의 기록은 원효의 삶을 질적으로 전환시킨 또 하나의 계기가 된다.

원효는 이미 계율을 저버리고 설총을 낳은 뒤에는 속복으로 갈아입고 자기를 스스로 일컫기를 "지극히 하찮은 근기를 지닌"(小性／姓) 사내(居士)라 하였다. '어느 날' 우연히 어떤 광대가 큰 탈바가지를 가지고 춤추고 희롱하는 것을 보니 그 형상이 너무도 빼어나고 기발하였다. '원효는' 그 탈바가지의 모습을 따라 불구(佛具)를 만들었다. 『화엄경』에 나오는 "일체에 걸림없는 사람이 한 길로 삶과 죽음을 벗어났느니"라는 구절을 따서 이름하여 '거리낌이 없는'(無碍) 도구라 하였다. 이에 노래를 지어 세상에 유포시켰다. 일찍이 불구(佛具)를 가지고 많은 촌락에서 노래하고 춤추며 교화하고 읊고 돌아왔으므로 가난뱅이나 코흘리개 아이들까지도 모두 부처의 이름을 알게 되었고 일제히 "나무아미타불"을 부르게 되었으니 원효의 법화(法化)는 컸던 것이다. 그가 태어난 마을 이름(栗谷: 밤실)을 '부처님 땅'(佛地)이라 하고, 절이름을 '불법을 처음 연'(初開) 절이라 했다. 스스로 원효라 일컬은 것은 대개 '부처님해'(佛日)를 처음으로 (이 땅에) 빛나게 한다는 뜻이다. 원효 또한 우리말(海東의 말)이니 그때의 사람들이 모두 신라말(鄕言)로 이를 일컬어 새벽(始旦)이라 하였다.[51]

수행자 원효(塞部)는 자신을 한없이 낮추었다(小姓居士). 그러면서도 스스로 불국(佛國)의 이른 새벽(始旦)이 되고자 했다. 원효는 이 땅에 처음으로 불일(佛日)을 빛내고자 했다. 땅막과 무덤이 둘이 아님을 통찰한 원효는 분황사로 돌아와 미친 듯이 저술작업을 감행한다. 초인적인 저술작업을 통해 그는 인간에 대한 무한한 애정을 표현해냈다. 보다 쉬운 언어로 불법을 광범위하게 전하고자 한 그의 무수한 저서는 별도의 주석서를 필요로 하지 않을 만큼 쉽고 완벽한 교과서였다. 쉬운 문장을 운율과 리듬에 실어 자유자재한 문체로 써내려갔다. 그가 그렇게 쓸 수 있었던 것은 깨달음 이후의 무애(無碍)한 삶의 방식에 의해서였다. 인간에 대한 무한한 애정과 걸림이 없는 삶의 스타일이 그의 초인적 저술을 가능하게 한 원동력이었던 것이다.

"일체에 걸림없는 사람이 한 길로 삶과 죽음을 벗어났다"는 『화엄경』의 이 게송은 바로 원효의 가풍이 되었다. 일체에 걸림이 없으려면 얼마만큼 닦아야 하는가? 얼마만큼 닦아야 한 갈래길(一乘, 一道)에서 삶과 죽음을 벗어날 수 있는가? 이것은 수행자들의 오매불망인 생사(生死)문제가 아니겠는가? 자나깨나 잊을 수 없는(寤寐不忘) 이 화두가 자나깨나 한결같은(寤寐一如) 경지가 되기 위해서는 어떻게 해야 하는가?

원효가 속복을 입고 머리를 기른 것은 모두가 대중교화를 위한 방편이었다. 당시의 선지식들은 대중교화를 위해 속복을 입고 머리를 길렀다. 대중들에게 보다 가까이 다가가기 위해서였다. 그들은 대중들과 동일한 공간과 시간 속에 살면서 어떻게 하면 자신을 잃지 않고 살아갈 수 있는가를 몸소 보여주었다. 혜숙 · 혜공 · 대안화상 등이 그들이었다. 원효 역시 마찬가지였다.

그의 이름인 새부(塞部: 새벽)와 같이 그는 이 땅의 새벽, 모든 가능성을 머금고 동터오르는 으뜸새벽(元曉)이고자 했다. 위의 글은 이 땅에 새로운 새벽을 열겠다는 그의 뜻이 잘 나타난 문장인 것이다. 이것은 무애라는 실천행을 발견하고부터 나타나는 그의 인간과 세계의 이해 방식이었다.

그는 요석과의 만남을 통한 삶의 전환의 모습을 무애행으로 보여주었다. 일심과 무애는 당시 인민들의 갈라진 모든 마음들을 이어주는 다리였다. 원효는 이 무애를 통해 귀족과 서민의 거리를 없애고자 했다. 귀족들에게는 욕망의 절제를 통해 소유와 집착을 최소화하기를 촉구했다. 그리고 서민들에게는 인간 존중의 가르침인 불법을 배워 현실적 고통을 최소화할 수 있게 했다. 다시 말해서 원효는 연기법(緣起法)에 대한 이해를 통해 귀족 승려들이나 서민들에게 욕망을 절제하고 참다운 인간을 발견하기를 촉구했다.

참다운 깨달음은 반드시 사회적 실천으로 드러나게 마련이다. 원효의 깨달음은 바로 중생과 부처, 인민과 귀족이 둘이 아니라는 통찰이었다. 중생심의 마음에서 바라보면 모두 다 불성을 지닌 존재이므로 차별이 있을 수 없는 것이다. 원효의 통찰은 마음속의 상대적 이분을 넘어서는 심식(心識)의 전환인 깨달음, 바로 그것이었다. 다시 말해서 그의 깨달음은 의식으로부터 독립된 객관적 실재에 대한 모든 차별상을 극복한 인식의 전환이었던 것이다. 사물의 총화인 세계에 대한 있는 그대로의 시선, 즉 무분별지를 통해 바라보았다. 그 깨달음의 내용은 일심의 발견이었으며, 그 일심은 곧 대비심의 실천으로 나타났다. 그리고 이 대비심은 다양한 주장들을 회통시키는 화회와 해탈인의 모습인 무애로 표출되었다.

(그의) 발언은 미친 듯 사나웠고 예의에 얽매이지 않았으며, 보여주

는 모습은 상식의 선에 어긋났다. 그는 거사와 함께 주막이나 기생집에도 들어가고 지공(誌公)[52]처럼 금빛 칼과 쇠지팡이를 지니기도 했으며, 혹은 주석서를 써서 『화엄경』을 강의하기도 하고, 혹은 사당에서 거문고를 타면서 즐기고, 혹은 여염집에서 유숙하기도 하고, 혹은 산수에서 좌선하는 등 계기를 따라 마음대로 하는 데 일정한 규범이 없었다.[53]

『송고승전』은 이와 같이 어디에도 걸림없이 자유자재한 원효의 모습을 보여주고 있다. 그의 무애의 모습은 그가 보여주는 문장의 스타일에서도 마찬가지이지만, 길거리에서 사랑을 구하는 노래를 부를 때나, 빨래하는 여인에게 말을 걸 때나, 냇가에서 혜공과 함께 고기를 잡아먹을 때나, 사복의 죽은 어미를 장사지낼 때나, 분황사에서 『화엄경소』를 지을 때나, 황룡사에서 『금강삼매경』을 강의할 때 사자후를 토하는 원효는 몸을 100개로 쪼개어 온갖 곳에 그 모습을 나투는(나타내는) 것이었다. 그의 몸가짐이 어느 정도였으면 찬녕이 위진 남북조 시대 이래 무애자재의 주요 관용어구가 된, '지공과 같이 걸림이 없었고', '배도(杯度)[54]와 같이 신이(神異)했다'고 『송고승전』에 기록했겠는가?

그는 고요하나 언제나 움직이는 모습(靜而恒動威)을, 행동하되 늘 고요한 덕(動而常寂德)을 잃지 않기를 사람들에게 권고했으며 자신도 동시에 그렇게 살았다. 대중교화의 한 방법이기도 한 무애의 방식은 세상 사람들과 만나는 과정이었다. 그의 저술작업이나 사상적 고투 못지않게 이 무애행은 원효의 삶의 질적인 전환을 가져왔다. 원효의 위대함은 바로 여기에 있었던 것이다. 원효의 이러한 무애 실천행이 없었다면 오늘의 원효는 있을 수 없었다.

광대나 백정, 기생이나 시정 잡배들과의 어울림, 깊은 산골의 밭매는

사당에서 거문고를 켜는 자유인 원효

노인이나 몽매한 사람들과의 어우러진 삶은 살아 있는 생명체에 대해 무한한 애정을 몸서리치게 느끼는 계기가 되었다. 방방곡곡을 떠돌며 춤 추고 노래하면서 만난 무수한 대중을 불법으로 교화하는 동안 거리의 아 이들이나 부인네들까지도 그를 모르는 사람이 없었다. 모두가 소중한 생 명체라는 것을 원효는 절실하게 깨달았다. 그는 호리병 하나를 들고 귀 족과 천민의 분열된 마음을 통일하고자 했다. 그리고 삼국을 통일하고 자 했다.

　특히 그가 즐겨 춘 무애무(無碍舞)는 강렬한 상징적 의미가 내포된 춤 이었다. 두 소매를 흔드는 것은 인간을 묶어세우는 마음의 장애(煩惱障, 煩惱碍)와 무지의 장애(所智障, 所智碍)를 끊어야 한다는 것을 형상화한 것이며, 다리를 세 번 들었다 놓았다 하는 것은 삼계(三界)로부터 벗어나야 한다는 것을 형상화한 것이다. 자라처럼 몸을 움츠린 것은 뭇삶들을 따른다는 몸짓이었으며, 곱사처럼 등을 구부린 것은 모든 것을 다 거둬들인다는 뜻이었다.

원효는 현실세계의 온갖 장애로부터 벗어나는 길은 주체(我)와 객체(法, 존재)가 실체가 없이(空) 평등하고 차별이 없다고 보아 삼계의 불타는 집에 얽매이지 않아야 한다고 했다. 즉 욕망이 일으키는 고통을 벗어나려면 집착을 버려야 한다고 역설했다. 그는 현실적 고통은 모두 자신의 욕망으로부터 비롯되었음을 갈파하고 모든 사람들에게 그 타는 목마름을 버리기를 촉구했다.

땅막과 무덤의 차별상이 일으키는 고통 속에서 처절하게 깨달았던 알라야식의 전환! 무수한 전쟁터에서 바라보았던 주검들의 절규, 시골과 골목거리와 장터거리에서 만난 남녀노소들의 삶의 모습을 통해 그는 인간 본연의 모습을 통찰하였다. 그 통찰의 내용은 일심과 화회와 무애의 길을 잇는 일련의 과정으로 표현되었다. 즉 인식의 전환을 통해 원효가 깨달은 일심은 곧바로 대승(大乘)의 마음으로 전개되어 화회라는 방법으로 나타났다. 그리고 일심과 화회의 구체적 실천은 원효의 무애행으로 나타났다.

그의 삶의 질적 전환을 가져온 이 일련의 과정은 어떠한 이념이나 이데올로기도 '인간'의 깃발 아래선 무기력할 수밖에 없다는 사실을 보여주는 것이었다. 원효는 국토의 분열도 마음의 분열도 모두 이 유기체인 인간, 즉 생명을 지닌 존재에 대한 사무친 이해의 부족에서 나오는 번뇌 덩어리(煩惱障)임을 깨달았다. 다시 말해서 모두가 인간 이해의 빈곤에서 생겨난 마음의 병임을 깨달았다.

그래서 원효는 모든 중생들을 감싸안으면서 그들이 바라고 원하는 대

로 될 수 있도록 교화해나갔다. 보다 쉬운 교학을 전개하여 그들로 하여
금 인간을 존중하는 생명사상인 불법(佛法)을 낮은 데로 내려다놓았다.
그는 기존의 불법 이해방식을 수정하여 누구나가 가까이할 수 있는 양식
과 매체로 대체시키고자 했다.

원효는 「무애가」(無碍歌)와 「미타증성가」(彌陀證性歌) 등을 지어 서민
대중들로 하여금 현실생활 속에서 불법에 보다 쉽게 접근하게 했다. 그리
고 간단한 염불을 만들어 누구나 인간의 존엄성을 발견하고 불법을 알게
했다.

또 원효는 정토(淨土)신앙을 통해 부처의 이름을 널리 알려 서민들의
현실적 고통을 덜어주고자 했다. 그 방법으로서 '칭명염불'(稱名念佛)을
주창하여 '나무'(南無)의 염불을 보편화시켰다. 만나는 사람마다 아미타
불의 명호를 외우게 하여 사바세계의 온갖 번뇌와 고통을 벗어나 깨끗한
국토(淨土)에 태어나기를 발원하게 했다.

그 국토는 저 10만억 국토를 지나 있는 극락이 아니라 이곳에서의 정
토(此方淨土), 내 마음 안에서의 정토(一心淨土, 唯心淨土)라 일깨워주었
다. 다시 말해서 그는 살아 있는 모든 생명체들이 지극히 맑은 마음으로
아미타불의 본원력(本願力)에 순종하면 정토에 태어날 수 있다는 것을
가르쳐주었다. 그리고 정토의 의미에 대해 보다 자세하게 전해주었으며,
그 정토는 다름 아닌 이곳 신라 땅임을 일깨워주었다.

정토란 정불국토(淨佛國土) 또는 청정불국토(淸淨佛國土)의 준말이
다. '정토'에는 '불국토를 청정하게 한다'는 뜻과 '청정한 불국토'라는
의미가 동시에 담겨 있다. '국토를 청정하게 한다는 것'(淨의 동사적 의
미)은 현실적 인간들의 노력에 의해 불국토를 맑고 깨끗하게 만들어간
다[55]는 의미이다. 즉 중생이 사는 이 세계를 맑고 깨끗한 곳으로 만든

다는 것은 부처의 교화활동(중생제도)과 대승불교의 수행자인 보살의 활동을 전제로 말하는 것이다.

그렇지만 '청정한 불국토'(淨의 형용사적 의미)라는 것은 범부들의 노력에 의해 맑고 깨끗하게 만들어갈 것도 없이, 대승의 보살이 오랜 세월 동안의 수행을 완성하고 마침내 성불하여 만든 청정한 세계이다. 다시 말해서 여기서의 정토는 이미 수행을 끝내고 나서 만드는 맑고 깨끗한 불국토를 나타내는 것으로서 부처의 경계에서의 정토를 말하는 것이다.

불교의 정토에는 주존불을 중심으로 하여 크게 두 갈래로 나뉜다. 아미타불을 주존불로 하는 (아)미타정토(彌陀淨土)와 미륵불을 주존불로 하는 용화세상인 미륵정토(彌勒淨土)이다. 미륵정토는 미륵보살이 하생과 상생의 과정을 통해 성불하는 과정으로 이어진다. 원효는 미륵을 총체적으로 파악하여 불제자인 미륵, 미륵보살, 미륵불의 유형으로 분류하고 상생, 하생, 성불에 이르기까지 석가불과 같은 팔상(八相)의 행적으로 분석한다. 이는 불제자인 미륵이 미래에 부처가 될 수기(授記)를 받고 여러 보살수행(미륵보살)을 통하여 미륵불로 전이되는 과정을 보여주고 있다.

원효는 그의 『미륵상생경종요』(彌勒上生經宗要)에서 중간치기 사람들(中品人)을 위해 설해진 관행인과(觀行因果)를 설하면서 자신의 정화(淨化)가 중생의 생천(生天)을 위한 원(願)보다 중요함을 강조한다. 또 관행에서는 두 종류의 관(二觀)과 세 종류의 행(三行)을 설명하면서 네 종류의 과(四果)를 논하고 있다. 그는 여기에서 두 관과 세 행을 통해 네 과가 점차적으로 성취된다고 하며, 특히 제3과에서 제4과로 넘어갈 때 미륵의 감응이 있다고 한다. 제4과의 설정은 중간치기(中品人)가 상치리(上品人)가 될 수 있는 가능성을 제시하는 것이다. 그는 또 도솔천을 어떤 한정된 공간으로 파악하지 않으며 결국 보살의 수행으로 감득되는 마음의 세계임을 암시하여 상생원리를 불교의 근본원리에 접근시키고 있다.

원효는 미륵하생시의 삼회(三會) 설법이 이승과 범부를 위한 것이며, 대승의 근기는 미륵의 하생을 기다리지 않아도 된다고 말한다. 그는 이 '상생'을 설하는 경전이 대승에 속하면서도 『하생경』과 『성불경』을 소승교라 배척하지 않는다는 입장을 취함으로써 경전 자체의 문구보다는 의리에 중점을 두고 있음을 보여주고 있다.[56]

아미타불의 서방정토는 안락(安樂) · 극락(極樂) · 안양(安養) · 악나(樂邪)라고도 불린다.[57] 산스크리트 '수카바티'(sukhāvati)는 '즐거움이 있는 곳'(樂有)이라는 의미로 쓰인 것이다. 이것을 안락이나 극락이라 한 것은 의미를 중심으로 옮긴 것이다. 정토의 의미가 이러하다면 정토는 어디에 있는가?

여기서부터 서방 10만억의 불국토를 지나서 극락이라 하는 세계가 있느니라. 그 국토에 아미타라 불리시는 부처님이 계시는데 현재도 법을 설하고 계시느니라.[58]

『아미타경』에서 정토는 '지금 여기'가 아니라 '이곳이 아닌 저쪽'으로 설정되어 있다. 사바(穢土)와 극락(淨國), 예토와 정토, 생사와 열반, 중생과 부처가 바로 서로의 짝이지만, 이 경전에서는 인토(忍土)와 안양(安養) 사이의 일념(一念)의 거리가 아니라 '일념 밖에 있는 저기'를 정토로 설정하고 있다. 다시 말해서 상대적 범주로서의 정토가 아니라 절대적 범주로서의 정토를 서방에 설정하고 있다.

그렇다면 『아미타경』에서 정토를 서방에 설정하고 있는 이유는 무엇일까? 거기에다가 10만억의 거리를 두고, 모습이 있는 정토를 세우고 있다.[59] 붓다의 정토는 모든 곳에 두루하다고 했는데, 아미타의 극락정토는 왜 방향을 서방이라 전제하는가? 어느 곳 하나 정토 아닌 곳 없이 모두 불국토라고 했는데 왜 굳이 서방이어야만 하는가?

이것은 아마도 선교방편에 의해 그렇게 설하는 것으로 보아야 할 것이다. 정토는 워낙은 방향이 없는 것인데 중생들이 집착하기 때문에 방향이 없는 곳을 잠시 서방이라고 가리켜 그들을 정토로 이끌어가려고 하기 때문이다. 즉 사물에 대해 분별하기 쉽고 얽매이기 쉬운 현실적 인간들을 짐짓 방향과 지역이 없는 시방세계에서 선교방편을 써서 어떠한 방향을 서방이라 가리킴으로써 진실한 국토로 돌아가게 하는 것이다. 다시 말해서 임시로 방편을 세워 방향을 한정함으로써 공간을 좁혀 현실적 인간들을 정토로 이끌어가기 위함인 것이다.

그런데 동방이나 북방이나 남방이라 하지 않고 굳이 서방이라 한 것은 무엇 때문인가? 해는 동방에서 떠서 서방으로 진다. 그리고 서방은 해가 지는 고요하고 아름다운 곳이다. 해가 뜨는 곳을 부상(扶桑)이라고 하지만 뜬 해가 나아갈 방향, 즉 앞으로 나아갈 어떠한 의지처를 가리키는 방향의 상징으로서 서방이 설정된 것이다. 서방은 동방을 마주하고 있다. 해가 원을 그리며 나아갈 때에도 동쪽에서 서쪽으로 나아가게 마련이다. 그래서 이러한 순리를 생각해서 극락정토의 위치를 서방이라 설정한 것이리라.

염부제 세계에서는 해가 뜨는 곳을 생(生)이라 하고, 해가 지는 곳을 사(死)라고 한다.[60] 해가 지는 곳은 영혼이 들어가는 곳이듯이, 이 서방은 바로 현실적 인간들의 성품이 돌아가야 할 곳임을 나타낸 것이리라.

아무런 고통이 없이 즐거움만 있는 곳! 그곳이 극락이라고 경전에서는 설하고 있다. 괴로움이 없는 곳이 있을까? 즐거움만 있는 곳이 있을까? 이 사바세계 안에서 괴로움 없이 사는 사람이 있을 수 있을까? 더러운 곳에 머무르면서도 언제나 깨끗한(處染常淨) 삶을 사는 연꽃과 같이 범부들이 살 수 있을까? 아마도 끊임없는 번뇌 속에서 삶을 누리는 지극히 현실적인 인간들에게는 "살고 있는 이곳이 마음먹기에 따라서는 정토이다"라고 이해시키기는 매우 어려울 것이다. 그래서 즐거움만 있고 괴로움이 없는 곳으로서의 정토가 서방에 설정된 것이다.

현실적 인간들이 살고 있는 여기는 예토, 즉 사바세계이다. 범부들이 온갖 집착으로 허망하게 분별하는 세간이다. 갖가지 번뇌로 자맥질하는 고통바다이다. 인간들은 온갖 고통을 참으며 살아가는 땅(忍土)에서 고통이 사라진 저 땅(彼岸, 彼土)으로 나아가고자 한다. 이승에서 저승으로 넘어가듯 여기 현실의 고통을 졸업하고 저기의 안락을 꿈꾸는 것이 인간들이다. 현실 속에서 부대끼면서 지치고 깨지지만 저기의 불빛이 있기에 이를 악물고 참고 살아가듯이, 서방은 이곳의 고통을 상쇄시켜줄 희망의 공간으로 설정된 것이다.

또 경전에서 10만억의 거리를 설정한 것은 무엇 때문인가? 10만억이라 함은 바로 이 땅(穢土)과 저 땅(淨國)의 거리를 말하는 것이다. '10만억'이라는 숫자는 무한한 거리를 상징하는 것이다. 물론 정토에서의 시간단위와 공간단위는 현실세계와는 다르다. 즉 도량형이 다른 것이다. 잠의 세계와 깸의 세계는 한순간이라고 여기지만, 사실 하늘과 땅의 차이보다도 긴 시간이다. '잠 못 드는 이의 밤은 길듯이' 잠 속의 세상은 무한급수이다. 부처의 입장에서 보면 이 거리는 너무 가깝다. 그러나 범부의 입장에서 보면 너무 멀다. 범부가 어떠한 차별성에서 벗어나면 부처와 한 자리에서 만난다. 그렇기 때문에 사바가 정토이고 생사가 열반인 것이다.

정토계 경전에서 내영(來迎), 호념(護念), 왕생(往生)이라고 표현하는 것은 바로 범부와 부처가 대립이 없는 경지를 말하는 것이다.[61] 현실적 인간이 어떠한 계기를 통해 잠을 깨면 부처와 대립이 없는 자리에서 하나가 되는 것이다. 그렇기 때문에 멀다고 여기면 몰록(단박에) 더욱 가까워지고, 가깝다고 여기면 몰록 더욱 멀어지는 이 역설적인 거리가 바로 이 10만억의 거리인 것이다. 다시 말해서 이 거리는 너와 나의 관계를 나타내는 것이며, 동시에 여기(주체)와 저기(객체)의 거리인 것이다.

또 『아미타경』에서는 왜 정토를 유형화하는가? 마음속의 정토가 아니라 어떠한 모양을 갖추고 있는 정토로 형상화하는가?

일곱 겹의 난간과 일곱 겹의 그물과 일곱 겹의 가로수가 있는데, 금·은·청옥·수정 네 가지 보석으로 눈부시게 장엄되어 있다. …… 칠보로 된 연못이 있고, 그 연못에는 여덟 가지 공덕이 있는 물로 가득 채워져 있으며 연못 바닥에는 금모래가 깔려 있다. …… 그 연못 속에는 수레바퀴만한 연꽃이 피고, …… 언제나 천상의 음악이 연주되고, 대지는 황금색으로 빛나고 있으며, 밤낮으로 천상의 만다라 꽃비가 내린다. …… 아름답고 기묘한 여러 빛깔을 가진 백학·공작·앵무새·사리새·가릉빈가·공명조 등이 밤낮을 가리지 않고 언제나 화평하고 맑은 소리로 노래한다. …… 사리불이여! 극락세계는 이와 같은 공덕 장엄으로 이루어졌느니라.[62]

정토는 아름다운 빛깔을 지닌 새가 노래하고 일곱 겹의 난간, 그물, 가로수가 있으며, 네 가지 보석으로 장엄되어 있는가 하면, 칠보로 된 연못과 여덟 가지 공덕의 물로 가득 차 있는 공간이다. 천상의 음악이 연주되고 황금색으로 빛나는 대지에는 밤낮으로 비가 내린다. 우리가 사는 상대의 세상에서는 꿈꿀 수 없는 곳이다.

『아미타경』에 따르면 정토는 절대의 세계이다. 인간의 언어와 생각이 끊어진 경계이다. 이러한 세계를 현실적 인간들에게 설명하려면 상징적 처리를 하지 않을 수 없을 것이다. 범부는 최고의 가치를 지니고 있는 유형의 사물을 잣대로 살아간다. 때문에 범부들이 인정하고 있는 가치의 잣대를 원용하여 어떠한 유형의 풍경을 상징적으로 처리한 것이 모습을 지닌 정토로 나타나는 것이다. 이것 역시 범부를 교화하기 위한 선교방편이다.

그래서 원효는 이 극락정토의 장엄의 모습을 열다섯 가지 공덕 장엄의 여섯 가지 문상(文相)을 이분하여 석명문(釋名門)과 변상문(辨相門)으로 설명하고 있다. 그는 이것을 다시 총(總)과 별(別)로 나누어 열네 가지 공덕 장엄은 개별적인 공덕 장엄으로, 한 가지 공덕 장엄은 총괄적인 공덕 장엄으로 풀이하고 있다.

> 사리불이여! 저 국토를 무엇 때문에 이름하여 극락이라 하는가. 그 나라의 중생들은 여러 괴로움이 없고, 단지 여러 즐거움만을 받기 때문에 극락이라 한다.[63]

극락은 오직 즐거움만 있고 괴로움이라고 보아야 할 아무것도 없는 세계를 말한다. 즉 고통이 없는 세계이다. 그래서 극락을 안락(安樂), 안양(安養), 낙유세계(樂有世界)라고도 하는 것이다. 정토는 본원진실의 세계인 극락이다. 이 극락정토에 왕생하는 것이 정토의 본질이다. 왕생의 근거는 아미타불의 48원(願)에 있다. 그래서 중생의 입장에서 보면 먼저

'본원'(本願)이 있어야 하고, '아미타불'이 있어야 하고 또 '극락'이 있어야 한다. 본원이란 붓다에 의해 자각된 자비와 지혜가 바탕이 된 여래의 대비심이 아미타불의 본원이라는 구체적인 모양으로 표현된 것이다. 이것이 뭇삶들을 이끌기 위해 원효가 다가간 여래의 대비원력이었던 것이다.

그런데 정토계 경전에서는 사바세계의 고통과 번뇌에 상대되는 정토의 즐거움을 설하고 있다. 이것은 미혹한 중생을 정토로 인도하기 위해서이다. 어리석은 중생들은 현실의 즐거움에 취하여 보다 나은 미래의 즐거움을 추구하기를 꺼린다. 그래서 끊임없이 윤회의 그물 속에서 벗어나지 못하는 것이다. 이들에게 고통과 번뇌에 상대되는 극락정토의 즐거움을 설하지 않고는 마음을 움직이게 할 수 없다. 왜냐하면 이른바 '놀이에 취해 노는 아이들'을 인도하는 것처럼 범부들을 이끌려면 가시화된 어떠한 풍경이 필요하기 때문이다.

정토란 사바세계의 고통에 상대하는 즐거움이 있는 곳이 아니다. 사바세계의 즐거움은 상대적인 즐거움이다. 그 즐거움에는 괴로움이 동반되고, 괴로움에는 즐거움이 동반된다. 그렇기 때문에 상대적인 즐거움 속에서 살아가는 현실적 인간들은 고진감래의 희망을 믿고 사는 것이다.

하지만 정토의 즐거움은 괴로움이 다해야만 즐거움이 오는 이러한 상대적인 즐거움이 아니라 절대적인 즐거움이다. 다시 말해서 불고불락(不苦不樂)의 즐거움이다. 이 경지는 바로 부처만이 다다를 수 있는 경지이다. 범부의 언어와 생각이 미치지 못하는 그런 경계이다. 때문에 사량(思量)으로 미칠 수 있는 경계가 아니다.

그래서 설하려고 해도 설할 수 없고, 말하려고 해도 말할 수 없는 경계이다. 허나 설하지 않으면 범부중생을 구제할 수 없으므로 모습이 아닌

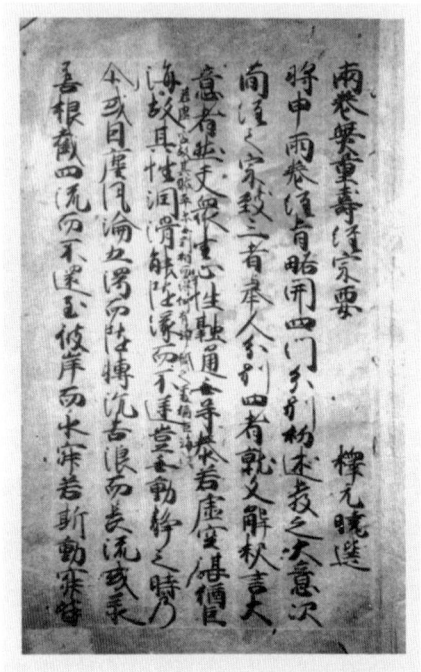

정토계의 대표적 경전에 주석을 가한
원효의 『무량수경종요』와 책함

것(非相)에 모습(相)을 나타내어 설해진 것이 경전에 나타난 정토의 장엄
이다.[64] 그러므로 경전에서 설하는 정토의 장엄은 절대의 경계, 즉 부처
님의 경계를 상징한 것이다. 금이나 은, 그리고 유리 따위가 등장하는 것
은 이것들이 사바세계의 최고 가치를 지녔기 때문이며, 그것으로 그 경계
를 상징한 것은 바로 이러한 이유에서다.

정토가 이와 같다면 원효는 이 정토를 주재하는 아미타불을 어떻게 보
았을까? 원효 역시 정토를 서방이라는 공간에 설정했을까? 그리고 모습
이 있는 정토를 제시했을까?

『아미타경』은 매우 짧은 경전이다. 다른 모든 경전처럼 이 경 역시 서
분(序分)과 정설분(正說分)과 유통분(流通分)으로 구성되어 있다. 그렇다

면 원효는 이 짧은 경에 나타난 아미타 신앙을 어떻게 보았을까? 이 경을 바라보는 원효의 눈은 모든 경론 주석서의 서두에 붙어 있는 대의(大意)에 잘 나타나 있다.

중생 마음의 마음됨은 형상을 떠나고 성품을 떠나서 바다와 같고 허공과도 같다. 허공과 같으므로 형상이 융합되지 않음이 없거늘 어찌 동쪽과 서쪽이 있겠으며, 바다와 같으므로 성품을 보존하지 못하는데 어찌 움직일 때와 고요할 때가 없겠는가.[65]

중생의 마음은 본래부터 형상을 떠나 있고 성품을 떠나 있다. 모습과 성품에 매이지 않으므로 한마음(一心)이 주인공인 것이다. 그래서 중생심은 바로 일심이라고 하는 것이다. 허나 중생들은 자신의 본래마음을 보지 못하고 형상을 만들고 성품을 만들어 집착하기 때문에 고통을 받고 윤회를 반복한다.

『대승기신론』에서 밝히는 일심과 같이 중생심은 바로 대승의 마음(大乘心)이며, 넉넉한 마음이다. 너무나 넉넉하여 바다와 같고 허공과 같다. 그렇지만 중생들은 무명(無明)의 바람에 의해 본각(本覺)이 가려져 불각(不覺)의 상태에 놓여 있다. 어떠한 계기(수행)에 의해야만, 즉 어떠한 인식 전환의 과정을 거쳐야만 불각의 어둠이 가려지고 비로소 깨달음(始覺)을 회복한다. 이 본래의 깨달음(本覺)을 회복하기까지의 과정이 바로 수행이요 인식 전환의 과정이다.

중생의 마음은 어떠한 형상이나 성품을 떠나 있으므로 어떠한 언어나 개념으로 규정할 수 있는 것이 아니다. 이른바 '스스로 그러한'(自然) 것과 같이 방향이나 이동이 없는 것이다. 그럼에도 현실적 인간들은 갖가지 유형의 분별심으로 어떠한 것을 만들고자 한다. 여기에서 고통이 생기는 것이다. 이 고통을 여의려면 이 유형의 분별심을 떠나 무분별지인 반야지혜로 사무치게 자신의 본래면목을 꿰뚫어보아야만 한다.

사바세계(穢土)와 극락세계(淨國)가 본래 한마음(一心)이며, 생사와 열반은 끝내 두 극단이 없다. 그러나 둘이 아님을 깨닫는 것은 매우 어려운 일이며, 하나의 혼미해진 꿈을 버리는 것도 쉽지가 않다. 때문에 큰 성인이 남기신 자취는 멀고 가까움이 있으며, 베푼 가르침을 칭찬하기도 하고 폄하하기도 한다. 나아가서는 석가여래 부처님이 이 사바세계에 출현하시어 오탁의 나쁜 세상을 경계하시고 왕생을 권장하셨으며, 아미타 부처님은 저 극락세계에 계시면서 세 분류로 중생을 왕생하도록 이끌어주신다. 이 경은 바로 두 부처님이 세상에 출현하신 큰뜻이며, 네 무리가 바른길에 들어가는 중요로운 문이다. 정토가 원할 만한 곳임을 보이고 오묘한 덕이 있어 돌아갈 만한 곳임을 찬탄하였다. 오묘한 덕이 있어 돌아갈 만하다는 것은 이 경의 이름을 귀로 들으면 일승(一乘)에 들어가 거스르는 일이 없으며, 입으로 부처님의 이름을 외우면 삼계(三界)를 벗어나 되돌아오지 않으니, 하물며 예배하고 오로지 생각하며 노래불러 찬탄하고 관찰하는 자이겠는가.[66]

『불설아미타경소』의 서두에서 보여주는 대로 원효는 예토와 정토, 생사와 열반을 중생의 마음(衆生心, 一心)으로 파악하고 있다. 그러한 차별상은 모두 마음이 만들어낸 것이라고 말한다. 『대승기신론』에서 보여주는 바와 같이 일심의 두 모습, 즉 진여문과 생멸문에 의해 일심인 중생심은 차별상을 드러낸다. 그래서 진여문의 앵글로 보면 정국(淨國)이지만 생멸문의 앵글로 보면 예토(穢土)이다.

아니 오히려 생멸문의 시각을 뚫고 나아가기에 정국이 있고, 진여문의 시각을 뚫고 나아가기에 예토가 있다. 여기에 바로 중생심의 역동성이 있는 것이다. 다시 말해서 진여문은 생멸문이 있기에 존재하는 것이며 생멸문은 진여문이 있기에 존재하는 것이므로 정토가 예토이며 예토가 정토이다. 다만 일심의 포괄성으로 보지 못하기 때문에 분별지(分別智)로 세계를 인식하여 집착하고 얽매이는 것이라고 원효는 말한다.

그러나 중생들은 예토와 정국이 차이가 없음을 깨닫기가 진실로 어렵다. 뿐만 아니라 하나임을 미혹하게 하는 꿈을 제거하기도 어렵다. 때문에 큰 성인이 남긴 자취에도 멀고 가까움이 있다. 또 그들의 눈높이(根機)에 따라 성인의 가르침을 높이기도 하고 깎아내리기도 한다. 따라서 부처는 그들의 눈높이(眼目)에 따라 왕생하기를 권하거나 이끌고 있다.

석가모니불은 예토에 나투어 중생들의 오탁을 경계하여 왕생하기를 권한다. 그리고 아미타불은 정국을 다스리며 세 부류의 무리를 왕생하도록 이끈다. 이 두 부처는 중생들의 안목에 맞추어 선교방편을 베풀고 있다. 그래서 예토와 정토에 나툰 두 부처의 소임이 각기 동일하다. 모두 다 중생들의 왕생을 위해 노력하고 있는 것이다.

원효는 자신의 『불설아미타경소』에서 『아미타경』의 이름을 들으면 일승(一乘)에 들어갈 수 있다고도 하고, 아미타불의 이름을 외우면 욕계(欲界)·색계(色界)·무색계(無色界)라는 삼계를 벗어나서 다시는 윤회하지 않을 수 있다고 설한다. 그는 근기가 낮은 사람들에게도 보다 손쉽게 정토에 왕생할 수 있는 법을 제시한다.

이 경은 곧바로 삼계를 뛰어넘는 두 가지 청정(淸淨)으로써 그 종(宗)

을 삼는다. 여러 중생으로 하여금 위 없는 도에서 불퇴전위(不退轉位)를 얻는 것을 의취(意趣)로 삼기 때문이다. 무엇을 이름하여 이종청정(二種淸淨)이라 하는가? 『정토론』에서 설하는 것과 같이 이 청정에는 두 가지가 있다. 첫째는 기(器)세간 청정이며, 둘째는 중생(衆生)세간 청정과 그에 대해 자세히 설한 것이다.[67]

원효는 또 극락세계는 기(器)세간과 국토(國土)세간이 청정하므로 괴로움은 없고 즐거움만 받는 등의 열네 가지 공덕이 있어 삼계(三界) 육도(六道)를 넘어설 수 있다[68]고 말한다. 그래서 경의 이름을 듣고 부처의 이름을 외우는 손쉬운 방법으로도 극락에 왕생할 수 있다고 말하는 것이다. 즉 10념(念) 염불로 극락에 왕생할 수 있다는 것이다.

계속해서 원효는 극락의 세계는 윤회하지 않는 세계이며 극락에 왕생함으로써 정정취(正定聚: 성불하기로 결정된 근기)에 오르게 된다고 생각하였다. 다시 말하면 원효는 극락에 왕생하는 두 가지 청정한 과보(果報)로서 의보(依報: 마음과 몸이 의지하는 제반 환경조건, 국토, 가옥, 의식 등)의 과보와 정보(正報: 중생의 마음)의 과보의 청정함을 전제하고 의보(국토) 청정의 공덕과 정보(마음) 청정의 공덕으로 나누고 있다. 정보 청정의 공덕은 주(主)공덕, 반(伴)공덕, 대중(大衆)공덕, 상수(上首)공덕으로 나누어 설하고 있다.

주공덕이란 광명(光明)이 무량하고 수명(壽命)이 무량한 부처의 공덕이고, 반공덕이란 성문 제자들과 같은 권속의 공덕이다. 대중공덕이란 불퇴위(不退位)에 머무르는 왕생인의 공덕이고, 상수공덕이란 왕생인 가운데 무수한 일생보처(一生補處) 보살의 공덕이다.

이와 같이 원효는 의보 청정의 공덕뿐만 아니라 정보 청정의 공덕을 통해 의보와 정보의 청정이 서로 연기(緣起)됨으로써 정토 왕생이 가능하다고 말한다. 이것은 아미타 신앙을 통해서 정토에 왕생하려면 의보의 청정뿐만 아니라 정보의 청정을 통해 비로소 극락왕생을 할 수 있다는 것이다.

그러면 원효는 정토를 어떻게 보는가? 원효는『아미타경소』에서 의보의 청정 공덕과 정보의 청정 공덕으로『아미타경』의 정설분(正說分)을 분과(分科)하고 있다. 아미타불이 정토의 정보라면 정토는 중생들의 의보가 되기 때문에 이렇게 분과하고 있는 것이다.

원효는『아미타경』에서 설하는 대로 과연 극락을 차방(此方)이 아닌 타방(他方)으로 보았을까? 여기서부터 10만억 리 떨어진 서방에 극락을 설정하고 있는『아미타경』의 가르침을 그대로 따랐을까? 원효 역시 극락에 왕생함으로써 성불할 수 있음을 이미 말했다. 그러나 그 극락을 정말로 타방세계에 현존하는 공간으로 설정하였을까? 여기에 대한 해답을 해명하는 작업은 곧 원효의 정토관을 엿볼 수 있는 계기가 될 것이다.

원효는 이미 그의『무량수경종요』에서 정토를 네 가지로 나누어 설명하였다. 첫째는 금강(金剛) 이하의 보살이 있는 곳은 과보토(果報土)라 부르지 정토라 하지 않으며,『인왕경』에서 설하는 것처럼 삼현(三賢: 十住, 十行, 十廻向)과 십성(十聖: 十地)이 머무르는 과보토에는 오직 한 부처가 거주하는 곳만을 정토라 한다고 했다. 둘째는 팔지(八地: 不動地) 이상의 보살이 머무는 곳만을 정토라 했다. 셋째는 대지(大地: 보살지의 높은 지위)에 들어간 보살이 머무는 곳만을 청정세계라 하지 이승(二乘)이 섞여 사는 곳은 청정세계라 하지 않는다. 넷째는 정정취(正定聚: 성불하기로 결정된 근기)만이 사는 곳을 정토라 하며, 사정취(邪定聚: 성불할 만한 소질이 없어 더욱 타락해가는 근기)·부정취(不定聚: 성불할 일정한 향방이 없는 근기) · 정정취(正定聚)라는 3취중생이 사는 곳은 예토[69]라 한다고 했다.

원효는 이 네 정토를 각각 『무량수경』· 『인왕경』· 『섭대승론』· 『유가사지론』을 인용해서 금강→팔지 이상→환희지 이상→정정취로 단계를 낮추어 결국 이승정위(二乘頂位) 이상과 보살초발심주(菩薩初發心住) 이상이면 정정취이고, 이 정정취가 머무르는 곳이면 아비발치(阿毘跋致, Avinivartanīya)의 극락정토라 했다.[70]

그리고 원효는 다시 위의 4문 가운데에서 제1문인 부처가 머무르는 곳만을 타수용토(他受用土)라 하고 나머지 3문은 자수용토(自受用土)에 짝짓고, 3문이 유색(有色)임은 말할 것도 없고 자수용토에 대해서도 유색이니 무색이니 하는 설이 동일하지 않다[71]고 하면서 중도제일의제(中道第一義諦)에 근거하여 회통하고 있다.

원효의 이와 같은 논리는 극락이 타수용토이며, 물질로 이루어진 국토임을 말하고 있는 것이다.[72] 그렇다면 과연 극락이 우리가 사는 여기에는 설정될 수 없는 것일까? 정말로 물질적인 공간이 여기가 아닌 다른 어느 곳에 현존한다고 설명할 수 있을까?

원효는 『아미타경』에서 묘사하는 극락 장엄 공덕을 크게는 두 부문(釋名門 · 辨相門)으로 나누고, 경문의 모습(文相)을 여섯 부문으로 나누어 설명하고 있다. 그리고 별총(別總)의 15가지 공덕을 두 부분으로 나누어 하나는 14가지 공덕에 대해 별도로 설명하고, 나머지 한 가지 공덕은 이 열네 가지 공덕을 총괄적으로 설명하고 있다.

• 제1문

無諸難功德成就: 無有衆苦但受諸樂(뭇 괴로움이 없어야 즐거움만

받음)

• 제2문

莊嚴地功德成就: 七重欄楯羅網行樹(일곱 겹의 난간, 그물, 가로수)

• 제3문

① 莊嚴水功德成就: 池水金沙(칠보로 된 연못과 못바닥의 금모래)

② 種種事功德成就: 階道樓閣有金銀等(못가의 금은 등의 보배로 된 계단과 누각)

③ 莊嚴妙色功德成就: 莊嚴如輪靑色靑光等(푸른 색깔의 연꽃 광채)

• 제4문

① 妓樂功德: 常住天樂(천상의 음악이 언제나 있음)

② 寶地功德: 黃金爲地(황금으로 된 땅)

③ 雨華功德: 六時雨花(언제나 꽃비가 날림)

④ 自在功德: 乘通遊行(다른 불국토에 다니며 부처에게 꽃공양 함)

⑤ 受用功德: 飯食經行(다른 불국토에서 돌아와 공양 후 경행함)

• 제5문

① 變化功德: 化作衆鳥說妙法(아미타불의 위신력으로 뭇새로 변해 설법함)

② 大義功德: 無惡道等之名體(惡道 등의 헐뜯고 싫어함이 없음)

• 제6문

① 莊嚴虛空功德成就: 種種鈴發響宣吐妙法音(보배나무와 그물이 소리를 냄)

② 莊嚴性功德: 正道・大慈悲出生善根(正道와 大慈悲를 설해 善根을 드러냄)

원효는 이 여섯 문상(文相)을 석명문(釋名門)과 변상문(辨相門)으로 나누어 설명하면서 명문에 2가지 문상의 공덕을, 상문(相門)에 4가지 문상의 공덕을 짝짓고 있다. 그리고 총괄적인 면과 개별적인 면으로 열다섯 가지 공덕을 변별하고 있다. 즉 그는 열네 가지 공덕과 이들 열네 가지 공덕으로 인해 삼계(三界)와 육도(六道)를 뛰어넘는 것까지를 합한 열다섯 가지 공덕으로 극락세계를 설명하고 있는 것이다.

그러나 이러한 흐름만을 보고 원효가 극락을 서방에 현존하는 공간으로 설정했을 것이라고 단정할 수는 없다. 왜냐하면 앞에서도 언급한 바와 같이 원효는 『아미타경소』의 대의에서 이미 사바(穢土)와 극락(淨國)이 본래 일심(一心)이라고 선언했기 때문이다. 이어 그는 생사와 열반의 두 경계는 없다고 했다. 왜냐하면 모두 일심의 작용이기 때문이다. 즉 상대적 이분(二分)은 모두가 인간의 마음이 만들어낸 차별상이며, 그 차별상은 알라야식의 전회를 통해서 회통해야 하는 것이다.

그렇지만 현실적 인간들은 이 둘 사이의 경계가 본래 없다는 것을 깨닫기가 좀처럼 어렵다고 했다. 그리고 미혹의 꿈을 없애버리기가 쉽지 않다고 했다. 그래서 예토니 정토니 하고, 생사니 열반이니 하는 것이다. 다시 말하면 그들은 어떠한 상대적 이분을 통해서만 세계를 인식하려 하기 때문이라는 것이다.

여기서 우리가 알 수 있는 것은, 원효는 그의 저술에서 정토와 예토가 본래 둘이 아니라는 전제에서 정토를 묘사하고 있기 때문에 정토를 타방에 설정한 것이라 볼 수는 없다는 점이다. 다만 『아미타경』에서 설하는 서방정토설에 위배되지 않는 범주 내에서 모습을 지닌 극락정토의 열다섯 가지 장엄 공덕을 나누어 설명했을 뿐이다.

또 그가 『무량수경종요』에서 불지(佛智)인 대원경지(大圓境智)를 설명하는 데에서 밝힌 대로 "모든 경계가 끝이 없지만 모두 다 한마음 안에 들어가는 것"[73]이라고 말한 것에서 그의 정토관을 엿볼 수 있다. 다시 말하면 원효는 정토든 예토든 일체의 대상세계는 모두 부처의 지혜를 벗어날 수가 없으며, 그 부처의 지혜는 일심과 같다고 보는 것이다.

원효는 아미타불이 머무르는 극락정토를 타방의 공간에 실재한다고 보지 않고 '한 마음이 일어나 만든 세계'라고 본다. 한마음이 주인공이 되어 만든 세계이기 때문에 대상화된 정토 역시 마음의 작용이 만들어낸 것임에 틀림없다. 때문에 정토라는 공간은 유형의 공간이 아니라 한마음이 그려내는 무형의 공간인 것이다. 즉 중생심인 일심이 어떠한 계기에 의해 잠시 진여문(淨土)과 생멸문(穢土)의 측면을 나타내지만, 결국 사바와 극락이 어떠한 계기에 의해 다시 일심에서 원용되는 것이다. 다시 말하면 정토와 예토는 본래 일심의 작용에 의해 구현되는 것이기 때문에 정토가 서방에 설정된 것이 아니라는 것이다.

원효는 앞에서 이미 얘기했듯이 불국토는 원용해서 동쪽과 서쪽이 없을 뿐만 아니라, 예토와 정토가 본래 일심이며 생사와 열반도 끝내는 같은 것이라고 했다. 이러한 주장에 의하면 예토, 즉 내가 살고 있는 바로 이 신라가 정토요, 불국토요, 극락정토라는 그의 신념을 엿볼 수 있으며, 다만 일승(一乘)과 삼승(三乘)의 근기에 따라 극락정토를 달리할 뿐이라는 것이 원효의 생각이었다.[74]

따라서 원효가 생각한 정토는 서방에 설정된 공간으로서의 정토라 단정할 수 없으며, 10만억의 거리를 두고 있는 정토도 아니다. 동시에 유형의 정토도 아니다. 원효가 말하는 정토는 일심의 정토, 즉 마음이 그려내는 정토이므로 자성의 본각(佛性)을 깨달은 경계가 극락정토이다. 다시 말해서 정토와 예토가 하나라는 것은 근기가 뛰어난 이를 위한 설이며,

정토가 서방에 있다는 것은 근기가 낮은 현실적 인간들을 위한 설이라는 것이다.

그래서 근기가 낮은 이들은 '나무아미타불'의 호념을 통해 서방극락정토에 왕생하여 성불을 위한 노력을 게을리하지 않아야 한다는 것이다. 그것이 바로 안심(安心)과 평안(平安)으로 가는 길임을 원효는 역설했던 것이다. 이것은 『아미타경』의 가르침과 다르지 않다.

여기에서 원효의 위대함을 볼 수 있다. 즉 근기가 낮은 이들을 위해서는 『아미타경』에서 설하는 것처럼 방향과 지역의 모습을 보여주는 서방극락정토설을 수용하며, 근기가 높은 이들을 위해서는 일심 안에서의 극락정토설을 제기함으로써 현실적 인간들에게 그들의 안목을 높일 것을 촉구하고 있는 점이다. 물론 자력문 안에서만이 아니라 타력문 안에서도 이렇게 근기의 층차에 따라서 '서방극락정토설'을 설하기도 하고, '일심극락정토설'을 설하기도 한다. 원효의 정토관은 바로 이 역동성에 그 묘미가 있는 것이다.

붓다의 가르침은 살아 있는 것들의 성불(成佛)을 목표로 하기 때문에 보살의 대비심과 부처의 위신력을 필요로 하지 않을 수 없다. 성불로 가는 길은 자력문이라는 어려운 길도 있지만, 보다 쉬운 타력문이라는 염불왕생의 문(門)도 있다. 평생을 가슴속에 대자비심의 물결로 가득 채웠던 원효는 아미타 신앙을 통해 현실적 인간들이 성불할 수 있는 길을 열어주고자 했다.

10념(念) 염불을 통해서, 즉 부처의 지혜를 통해서 극락정토에 왕생함으로써 성불을 하는 것처럼 정토는 서방에 설정된 공간으로만 한정되지 않는다. 의보로서의 청정만이 아니라 정보로서의 청정도 극락정토에 왕생하는 한 방법임을 알 수 있다. 문제는 자신의 근기에 따라 어떠한 수행을 하느냐에 따른 것이지 결과를 놓고 미리 얘기할 수 있는 것은 아니다.

자신의 힘으로 본래면목을 깨닫는 상근기를 위한 자력문은 선정(禪定: 止觀) 등을 통해서 가능하지만, 자신만의 해탈을 추구하는 것은 잘못된 수행법이다. 범부와 이승(二乘) 또한 집착과 두려움을 없애고 중생을 구제하려는 마음을 일으켜 보리(菩提)에 들어가는 것이 선(禪)인 것이다. 능력도 없고 배경도 없는 낮은 근기를 위한 타력문은 본인에게 어떠한 인식 전환의 계기가 필요하며, 그들 스스로의 근기에 맞추어 아미타불의 서원력에 힘입지 않을 수 없다.

비록 타력에 의지한다고 하지만 불교에서의 타력(他力)은 자력(自力)을 전제로 한 타력이라는 점에서 다른 타력과는 다르다. 무작정 가만히 있으면 어느 다른 누가 구제의 길을 제시해주는 것이 아니다. 원효는 중생들의 근기에 따라 선정을 통한 노력도 권하지만 안목이 부족한 이들에게는 그들의 근기에 맞게 10념 염불을 통해 부처의 가피를 입어 극락에 왕생할 수 있다고 하였다.

그래서 원효는 『아미타경』에서 설하는 것과 같이 정토를 서방에 설정하는 것을 부정하지 않는다. 이것은 아직도 근기가 낮은 사람들은 예토와 정토가 본래 하나임을 알지 못하기 때문에 방편적으로 그들을 극락으로 인도하기 위해서 방향과 지역을 한정하는 것이다. 그래서 그들로 하여금 정토왕생을 향해 환희(歡喜) 발심(發心)하도록 권유하는 것이다. 그러나 근기가 무르익은 이들에게는 정토와 예토가 본래 하나이며 생사와 열반이 본래 하나라고 가르친다. 대상에 관한 상대적 이분의 시선은 일심의 작용에 의해서라고 말한다. 그리고 원효는 모두가 마음의 작용에 의해 일어나는 것이므로 일념으로 수행하라고 권유한다.

즉 일승(一乘)의 입장에서 보면 극락정토는 연화장세계해(蓮花藏世界

海)에 속하지만, 삼승(三乘)의 입장에서 보면 자신의 근기에 따라 감응하므로 방위를 나타낼 수 있다고 보았다.[75] 때문에 일승의 근기를 향해서는 자력문과 같은 높은 수행법을 설하지만, 삼승 이하 이승의 근기를 향해서는 타력문과 같은 쉬운 수행법을 설한다. 중생들은 모두 불성을 갖추고 있어 성불할 수 있다. 그러나 그들이 미혹하여 삼계 육도에 윤회하기 때문에 고통을 받는다.

그래서 이들을 위해서 보다 손쉬운 신앙이 필요하게 되었다. 즉 부처의 수승(殊勝)한 위신력과 보살의 대비력, 그리고 칭명염불(稱名念佛)에 의해 극락에 왕생하여 정정취에 오를 수 있다고 하였다. 부처의 지혜를 믿지 않는 이들은 극락의 변두리 땅에 태어나 500년 동안이나 부처를 만날 수도 없고 설법을 들을 수도 없게 된다. 때문에 부처의 지혜를 믿고 10념의 염불을 통해 극락에 왕생해야 한다고 말한다. 그래서 아미타불의 서원력에 의해 모두 다 성불할 것을 권유한 것이다.

원효는 아미타 신앙의 힘으로 극락왕생하는 것이 바로 성불하는 것이라고 말한다. 그는 근기가 낮은 이에게는 극락정토가 서방이라는 방향과 지역을 지니지만, 근기가 높은 이에게는 일심 극락정토와 같이 한마음 안에서 벌어지는 세계가 곧 극락이라고 말한다. 그래서 결국 자신의 근기에 맞추어 극락정토에 왕생하여야 하며, 그런 의미에서 정토는 역동적인 공간인 것이다. 원효가 바라보는 정토는 이처럼 일심의 정토이며, 역동적인 공간으로서의 정토인 것이다.

원효는 보편적 인간에 대한 이해를 무애를 통해 구현하고자 했다. 살아 있는 것들이면 누구나 지니고 있는 생명의 존엄성을 환기시킴으로써 귀족적 삶을 사는 사람들에게는 좀더 욕망을 절제하기를 촉구했다. 그리고 인민의 삶을 살고 있는 사람들에게는 좀더 용기와 신념을 가지고 살기를 요망했다. 그리고 통치자들에게는 국토확장정책과 같은 욕망을 절제하도록 일깨웠다.

원효는 그가 발견하고 실천한 일심과 화회와 무애의 과정을 통해 귀족적 삶이나 인민적 삶 모두가 생명의 당체(當體)에서 바라보면 평등하여 차별이 없으며 막힘도 없고 거리낌도 없음을 드러내 보여주었다. 그는 보편적 인간이 지니고 있는 자유로운 모습을 보여주었으며, 당시 사람들에게 그들 스스로가 본디부터 지니고 있는 자유로운 모습을 스스로 환기시키고 복원시키도록 유도했다. 다시 말하면 인간이면 누구나 지니고 있는 주어(主語: 주체)를 언제나 잃지 않고 사는 삶을 권장하고 촉구했다.

따라서 원효가 보여준 무애는 해탈한 자의 소박한 모습이었다. 그것은 곧 소유와 집착에 얽매이지 않는 자유인의 모습이었다. 어떠한 명예나 계율이나 지식이나 권위로부터도 자유로운 모습이었다. 그는 무애행(無碍行)을 통해 일심과 화회의 구체적인 모습을 보여주었으며, 그 모습은 자신을 한없이 낮추는 것으로 나타났다. 그가 자칭한 소성(小姓/性)거사는 그가 보인 하심(下心)의 극치였던 것이다.

원효는 일체의 굴레에서 벗어난 인간이었으며 벌거숭이 인간의 모습을 체득한 선지식이었다. 그는 무애를 통해 모든 욕망을 버리면 자유인이 될 수 있다는 것을 보여주었다. 완전히 해탈한 자의 모습은 지극히 상식적인 인간이 머금고 있는 평범한 모습임을 일깨워주었다. 그리고 그러한 인간은 있는 그대로 대상을 바라보고 일체의 가식과 위선이 사라진 진솔한 모습 그대로를 드러낸다는 것을 보여주었다.

결론적으로 말하면 원효의 무애는 바로 이 일심과 화회의 실천적 모습이자 원효의 삶이 필연적으로 나아갈 귀결점이었던 것이다.

일심의 노래

　불교의 대장경을 한마디로 줄이면 '심'(心) 한 글자라고 말할 수 있다. 그래서 이 마음이 무엇인가를 찾는 것이 불교인들의 삶의 역사였다. 그것이 한마음(一心)이든, 참마음(眞心)이든 선을 닦는 마음(禪心)이든 오직 마음(唯心)뿐이든 모두가 '마음'으로 묶여 있다.

　마음은 무엇인가? 인식과 업력의 주체인 알라야식(識)은 어떻게 생성되고 활동하는가? 원효의 삶과 생각을 더듬어보면 바로 이 일심, 즉 불교의 심체(心體)인 심(心: 제8식) · 의(意: 제7식) · 식(識: 제6식)의 성격을 분석하는 과정이었다. 그러다가 『대승기신론』에서 이 일심을 발견하고 자신의 사상적 화두로 채용했던 것이다. 그리하여 모든 것의 근거인 일심은 원효의 패러다임으로 수용되어 그의 전 사상의 중심 개념이 되었다. 그는 부처의 뜻인 이 일심에 근거하여 모든 논리를 진행시켰다.

　일심은 모든 사물들을 다 감싸안는 거울과 같이, 무수한 강줄기들을 다 머금는 바다와 같은 큰마음이며 한마음이다. 당시의 삼한일통(三韓一統)을 위한 전쟁으로 인해 벌어진 민심과 적대감들을 감싸안을 수 있는 이념은 무엇이겠는가? 원효에게 그것은 부처의 뜻에 부합되면서도 모든 것의 근거가 되는 일심이었던 것이다. 원수와 동포, 죽음과 삶이라는 이항대립을 극복할 근거도 역시 일심이었다. 찢어지고 갈라진 깊은 골을 메울 이념은 일심이 아니고는 달리 모색하기 어려운 것이었다.

원효는 부처의 뜻이자 모든 것의 근거인 이 일심을 통해 자신의 사상을 정립하고자 했다. 그가 뭇 주장들을 회통시키기 위해 모색했던 화회(和會) 역시 바로 일심으로 돌아가기 위한 방편이었으며, 그러한 노력의 구체적 표현이 바로 무애(無碍)의 행위였던 것이다. 무애행이 자리할 수 있는 근거는 바로 일심이었다. 원효가 이해한 계율관을 살펴보면 잘 드러나듯이 그는 계체(戒體)와 계상(戒相)을 명료하게 이해하고 있었다.

그가 요석과 인연을 맺고 아이까지 낳았다고 해서 파계했다고 본다면 이는 짧은 생각이다. 그는 일심이라는 부동의 계체를 견고하게 지켰을 뿐이다. 겉으로는 자신을 지키던 계로부터 일탈한 것처럼 보인다 할지라도 그는 한 번도 계체로부터 벗어나지 않았던 것이다. 그러한 계체의 견고함은 바로 부처의 뜻인 일심이라는 중심고리가 움직이지 못하게 꽉 움켜쥐고 있었기 때문이다. 그러나 계상은 얼마든지 자유자재로 드러날 수 있다.

시정에 들어가 술을 마시고 사당에 들어가 거문고를 켜고 저잣거리에서 춤을 추어도 거기에는 일관된 절도가 있었던 것이다. 그 절도는 바로 일심이 단단히 묶고 있는 계체의 확고함이 만들어내는 것이다. 그러한 계체의 확고함에 대한 이해 없이 어찌 계상으로만 사람을 평가할 수 있겠는가? 원효가 이렇게 견고하게 자신을 지킬 수 있었던 것도 자신의 사상을 구축하는 이 일심이라는 중심고리 때문이었던 것이다.

계(戒)라는 것은 자신의 삶을 다스리는 개인적인 잣대이다. 그것은 조직(승가)을 이끄는 율(律)과는 달리 자신이 변화시킬 수 있는 것이다. 그러나 변화시킬 수 있는 것은 계의 겉모습(계를 응용하는 작용)이지, 계의

원효 영정(일본 고산사 소장의 일본 국보)

본체(계가 지니고 있는 근본성격)까지 바꿀 수 있는 것은 아니다. 원효는 바로 개차법(開遮法)을 통해 이 계상을 자유자재로 원용한 것이지 이 계체를 변화시킨 것이 아니었다.

그런데 그 계상을 활용한 것도 일심이며 계체를 부동으로 묶어둔 것도 일심이었다. 일심이라는 견고한 틀을 부정하고는 계상도 다 무용지물이 되는 것이다. 출가수행자에게 바로 이 계체는 결코 양보할 수 없는 것이다. 그러나 계상의 측면에서는 얼마든지 역동적일 수 있다. 현실적 인간들을 구제할 수 있는 측면에서는 소소한 계(輕戒)는 더 큰 계(重戒)를 위해 얼마든지 자리를 양보할 수 있는 것이다. 포용과 양보, 다시 말하면 큰 것은 작은 것을 감싸안을 수 있지만, 작은 것은 큰 것을 머금을 수 없는 것이다. 이것들은 모두 일심이라는 모든 것의 근거에서 비롯되는 것들이다.

따라서 일심은 원효사상의 핵심술어이다. 그가 도달하고자 했던 귀일심원(歸一心源)은 요익중생(饒益衆生)과 더불어 그의 사상의 대표적 모토가 되었다. 일심의 근원으로 돌아가는 것과 중생을 이익되게 하는 것이 다른 것이 아님을 그는 행동으로 보여주었다. 원효는 이러한 부단한 노력을 통해 문장력과 통찰력, 즉 사변력(이론)과 보살행(실천)의 화회를 현실 속에 실현하고자 했던 것이다.

백 개의 서까래와 한 개의 대들보

집을 지을 때, 마지막 지붕을 올리기 위해서는 반드시 기둥을 가로지르는 대들보와 서까래가 있어야만 한다. 대들보는 용마루를 받치는 집의 핵심이다. 대들보를 올리지 않고는 집을 지을 수가 없다. 그것이 절집이든 일반집이든 마찬가지다. 원효가 "어젯밤 100개의 서까래(椽)를 가려낼 때에는 비록 내가 들지 못했지만, 오늘 아침 하나의 대들보(棟)를 가로지르는 곳에서는 나만이 할 수 있구나!"라고 스스로 대들보임을 자임한 것은 바로 이러한 집의 원리를 잘 알고 외친 것이었다. 그는 자신과 대들보를 전이(轉移)의 비유로 차용했던 것이다.

이 말은 곧 자신의 사상적 패러다임을 기존의 것들과는 다른 새로운 것으로 정립하겠다는 선언이기도 하다. 기존의 서까래와 같은 쪼물쪼물한 사유방식이 아니라 전체를 움직일 수 있는, 인간과 세계를 통합하는 대들보의 사상을 만들어내겠다는 선언인 것이다. 여기에서 원효의 독창성을 읽어낼 수 있다.

원효는 언제나 사상의 흐름에서나 인간 이해의 지평에서나 곁가지가 아니라 늘 중심줄기에 있었던 것이다. 자신의 지조와 정조를 헌신짝처럼 버리고 강한 자에게 기생하는 곁가지 인생들이 아니라, 스스로 갈고 닦은 실력을 통해 지조와 절개를 지키며 하나의 대들보가 되기를 다짐한다는 것은 백척간두에서도 한걸음 나아가려는 불굴의 의지가 없이는 불가능한 일이다. 깨달음을 얻었다고 거기에 자만하지 않고 치열한 자기부정과 자기비판을 통해 한걸음 더 나아간다는 것은 보살행을 지향하는 인간이 아니면 불가능한 일이다. 이른바 돈오(頓悟) 무심(無心)해야 하는 것이다.

그 시대 사람들의 관심과 이해(利害)의 한복판에 자리하며 산다는 것은 간단한 문제가 아니다. 왜냐하면 언제나 부조리한 현실을 지키기 위해 뜬 눈으로 밤을 지새우는 파수꾼 같은 삶을 살아야만 하기 때문이다. 뿐만 아니라 그 시대에 대한 이해(理解)와 인간들에 대한 이해 속에서 어떠한 새로운 지평을 제시할 통찰력을 지녀야만 하기 때문이다.

원효는 인간과 세계에 대해 연기적 통찰을 함으로써, 인간이 대응하는 세계에 대한 마음(心)과 마음작용(心所)의 모습이 일심 안에서 꿈틀대고 스러지는 것임을 간파하였다. 현실적 인간들은 그러한 세계에 대해 끊임없이 분별하고 아우성침으로써 세계의 실체를 명료하게 파악하지 못하기 때문에 고통스러운 삶을 사는 것이다. 그들은 세계를 있는 그대로의 시선으로 보지 못하고 언어를 통해 분별하고 마음작용을 던져 괴로워하는 것이다. 어떻게 하면 그들이 사물을 있는 그대로 보게 할 수 있을까? 어찌하면 분별심을 제거하고 있는 그대로의 모습과 만나게 할 수 있을까?

그러기 위해서는 먼저 진리에 대한 확신이 있어야만 했다. 자기가 지니고 있는 마음이 곧 부처임을 믿고 섬길 수 있어야 했다. 자기 안에 있는 일심이 바로 여래장이고 중생심이며 대승의 마음임을 일깨워주어야만 했다. 그렇게 일깨워주는 것이 바로 원효의 일과였다. 그것은 곧 살아 있는 모든 것들 하나하나에게 자신이 부처임을 알게 하는 실로 놀라운 보살행이었다.

원효가 그럴 수 있었던 것은 평소에 갈고 닦은 인간과 세계에 대한 넉넉한 이해의 지평 때문이었다. 인간과 세계에 대한 따뜻한 대비심이 없었다면, 이러한 일이 이뤄질 수 없었다. 살아 있는 모든 것들이 먹고 사는 '물'이 되고자 하는 보살의 대비심이 아니면 불가능한 일이었다. 모두가 일심, 즉 현실적 인간들을 다 감싸안는 따뜻한 마음, 넉넉한 마음이 그 원천이었다.

넉넉한 마음, 따뜻한 마음

원효가 정립하고자 했던 것은 보편적 인간학이었다. 그 보편학은 살아 있는 모든 것들이 지니고 있는 무한한 가능성에 대한 통찰 위에서 정립될 수 있었다. 그것은 인간에 대한 깊은 이해의 지평 위에서 있는 것과 있어야 할 것 사이의 간극을 없애는 것이었으며, 살아 있는 모든 것들의 생물학적 조건의 동일성에 대한 이해의 과정이었다. 그의 통일학은 바로 이 보편학이었다. 이 보편학은 시간과 공간을 넘어서서 보편적 인간들이 공유하고 있는 어떠한 생각의 이해 위에서 성립될 수 있었다.

마음의 분열을 통해 세계의 분열이 일어남을 통찰한 원효는 동시에 마음의 통일을 통해서 세계의 통일이 가능함을 통찰하였다. 땅막과 무덤이 둘이 아님을 깨달음으로써 보편적 인간의 모습을 통찰한 원효는 살아 있는 것들이 지니고 있는 일심에의 발견을 통해서 갈라진 국토와 민족, 그리고 분열된 마음을 본래의 자리로 회귀시킬 것을 모색하였다.

군주의 국토팽창정책에 의해 인민이 병들고 지쳐 있음을 통찰한 원효는 삼국이 본래 한 뿌리였음을 일심과 일미(一味)의 모티프를 통해 당시 인간들의 분열된 마음을 향해 새로운 인식 전환의 칼날을 던졌던 것이다. 모든 갈라진 물줄기들이 바다에 들어가 소금기를 지닌 한맛이 되듯이, 거울이 모든 형상들을 다 받아들이듯이 원효는 마음의 통일(一心)을 통해 분열된 마음들을 감싸안고자 했다.

보살의 대비심이 뭇삶들의 아픔을 다 감싸안듯이 원효는 대승의 마음인 일심으로 마음의 분열을 다 끌어안고자 했다. 삼국의 통일은 바로 이 일심의 고리를 통해 감싸안을 수 있음을 원효는 우리에게 보여주었다. "중생이 앓으니 보살이 앓는다"는 유마거사의 명제가 "중생의 병이 다 나으면 보살의 병도 낫는다"는 명제로 옮겨질 수 있었던 것은 바로 보살의 대비심 때문이었다. 동체대비(同體大悲)! 살아 있는 모든 유기체들을 내 몸과 같이 여기고 그들이 기뻐하면 함께 기뻐해주고 그들이 아파하면 함께 아파해주는 마음이었다. 이른바 "기쁨을 함께하면 곱이고 슬픔을 함께하면 반이다"라는 것은 나누는 기쁨을 삶의 극치로 아는 보살의 원행 (願行)에 기인하는 것이었다. 그러한 큰마음이 바로 일심이었던 것이다.

마음의 통일(一心) 없이 무슨 일을 이룰 수 있겠는가?

원효가 우리에게 던지는 무언의 이 한마디를 자신의 삶의 화두로 삼아 용맹정진해나갈 때 온갖 욕망은 자발적으로 절제되고 통일은 성취될 수 있을 것이다. 일심과 화회와 무애로 표현되는 원효의 일관된 삶의 모습은 바로 이러한 마음의 통일에서 모든 것이 비롯됨을 우리에게 보여주는 것이다.

원효의 삶에서 일심은 곧 살아 있는 모든 것들의 '마음의 통일'을 상징한다. 그가 분열된 온갖 마음들을 통일하기 위해 모색한 중요 술어가 바로 『대승기신론』에 나오는 이 일심인 것이다. 즉 원효에게 일심은 그의 모든 생각의 갈래들을 묶는 벼리이며 모든 것의 근거이다. 다시 말해서 원효가 보여주는 일심(一心)은 넓은 마음이며 부처의 뜻에 부합되는 것이다. 그 마음은 동시에 넉넉한 마음이며 따뜻한 마음이다. 원효는 갈라져 있는 뭇 주장들을 한데 모아 넉넉한 마음으로 회통시켰다. 그 회통의 계기는 보살의 대비심이며 대비심의 구체적 표현이 곧 이 일심인 것이다. 그가 일심을 어떻게 정의하고 있는가를 그의 저서에 나타난 생각의 윤곽을 통해 더듬어보자.

일심이란 무엇인가? 더러움과 깨끗함의 모든 법은 그 성품이 둘이 아니고, 참됨과 거짓됨의 두 문은 다름이 없으므로 하나라 이름하는 것이다. 이 둘이 아닌 곳에서 모든 법은 가장 진실되어(中實) 허공과 같지 않으며, 그 성품은 스스로 신령스레 알아차리므로(神解) 마음이라 이름한다. 이미 둘이 없는데 어떻게 하나가 있으며, 하나도 있지 않거늘 무엇을 두고 마음이라 하겠는가. 이 도리는 언설을 떠나고 사려를 끊었으므로 무엇이라 지목할지 몰라 억지로 일심이라 부르는 것이다.[76)]

무릇 진리에는 방향성이 없다. 진리는 동서남북이나 천지에 있는 것이 아니다. 동쪽에도 있을 수 있고 서쪽에도 있을 수 있다. 진리에는 고정성도 없다. 진리는 동쪽이나 서쪽에만 있는 것이 아니다. 저 하늘에 있거나 땅에 있는 것도 아니다. 진리는 역동적이며 숨쉬는 유기체와 같이 꿈틀대는 성질을 지니고 있다. 그래서 진리를 어떠한 고정된 무엇으로 형용하려고 하면 아니된다. 원효가 정의한 일심도 고정된 개념이 아니다. 더러움과 깨끗, 참됨과 거짓됨이 둘이 아니듯 진리는 어떠한 경계에 의해 그 외연이 결정되는 것이 아니다.

중생은 본래부터 깨달은(本覺) 존재이다. 이미 본래부터 깨달은 존재이기에 더 이상 깨달을 것이 없는 존재이다. 그러나 무명의 바람에 의해 잠시 번뇌의 파도에 흔들려 진리를 제대로 보지 못하는 것(不覺)이 중생이다. 그래서 수행을 통해 무명의 바람만 가라앉히면 잔잔한 바다처럼 비로소 깨달음(始覺)이 확연히 드러난다. 그러므로 진리는 어느 한순간, 한 시점에서만 바라보면 왜곡된다.

진리는 인간들의 망막 위에 덧씌워진 색안경에 의해 왜곡되곤 한다. 존재하는 현실적 인간들은 그대로 사물의 총화인 세계를 파악하지 못하고 자꾸 언어나 문자를 통해 분별하여 바라보려고 한다. 따라서 진리는 왜곡되고 굴절되어 그 본디의 모습을 명료하게 볼 수가 없다.

일상의 색안경을 벗고 '있는 그대로' 대상을 파악할 때 진리는 올곧게 드러난다. 일심은 이언절려(離言絶慮), 즉 모든 언설을 떠나고 사려가 끊어진 마음이다. 원효는 일심을 정의하면서 이러한 일체의 왜곡이나 언설의 횡포로부터 진리를 해방시키려 한다. 그 해방의 과정이 비록 지난하더라도 원효는 끝내 진리를 왜곡 없이 있는 그대로 드러내려 한다. 그 진리의 드러난 모습이 원효에게는 곧 일심인 것이다. 원효는 다시 이 일심을 이렇게 정의한다.

합해서 말하면 생(生)은 곧 적멸(滅)이 되나 멸을 고집하지는 않고, 멸이 곧 생이 되나 생에 머무르지는 않는다. 생과 멸은 둘이 아니고, 동(動)과 적(寂)은 다름이 없다. 이와 같은 것을 이름하여 일심(一心)의 법(法)이라 한다. 비록 실제로는 둘이 아니나 하나를 지키지는 않고 전체로 연을 따라 생(生)하고 동(動)하며, 전체로 연을 따라 적멸하게 된다. 이와 같은 도리로 말미암아 생이 적멸이고 적멸이 생이며, 막힘도 없고 거리낌도 없으며, 동일하지도 않고 다르지도 않다.[77]

불교에는 싸움이 없다. 다툼은 상대가 있어야만 가능하다. 그런데 불교에서는 상대를 인정하고 논리를 전개하기 때문에 싸움이 일어나지 않는다. 상대를 인정하게 되면 그의 주장까지 진지하게 들어주게 된다. 그렇게 되면 상대의 의도를 정확히 파악하게 된다. 따라서 싸움이 일어날 수가 없다.

붓다가 『잡아함경』에서 "나는 세간과 더불어 싸우지 않는데 세간이 나와 더불어 싸운다"고 한 말은 오늘 우리에게 엄청난 울림으로 다가온다. 모든 싸움은 상대를 인정하지 않거나 상대의 의도를 파악하지 못해서 일어난다. 상대를 인정한다면 상대방이 가지고 있는 오류나 한계도 인정하기 때문에 지나친 감정적 대립을 지양할 수 있다. 때문에 상대를 자극하는 발언은 무의미해진다.

그렇다고 해서 불교에서 자신의 의견 개진이 허용되지 않는 것은 아니다. 또 그 의견들은 싸움을 위한 논리의 공격이 아니다. 다만 주체를 실은 자신의 생각을 올곧게 주장할 수 있다. 그러한 다양한 주장을 허용하는 장이 불교의 장이다.

그런데 원효는 이러한 다양한 주장을 한 줄기 길로 회통시킨다. 즉 삶과 죽음, 움직임과 고요함 등의 상대적 이분을 과정으로만 허용할 뿐 끝내는 한 길로 통합시킨다. 그의 화회법은 바로 이 다양한 주장을 일심으로 회통시키는 방법론이다. 그 주장이 긍정이든 부정이든 가리지 않고 상대적 편견을 아우르고 새로운 통합의 길을 제시한다. 화회는 바로 이 화쟁과 회통을 통한 모색의 결과이다. 원효는 말한다.

이와 같이 일심은 통틀어 일체의 더럽거나 깨끗한 모든 법의 의지하는 바 되기 때문에 제법의 근본인 것이다.[78]

일심은 갈라진 모든 물결들의 시원지이며 존재하는 모든 것들의 의지처이다. 군주들의 영토확장의 욕망도 결국 이 일심에서 비롯되는 것이다. 어떻게 하면 일심에 근거한 군주들의 욕망을 절제하게 할 수 있을까? 좀더 자신의 욕망을 절제하면 할수록 '인간'의 생명을 존중하고 '인권'을 고양시키는 것 아닌가? 군주 1인의 욕망으로 얼마나 많은 사람들이 희생을 치러야만 하는가?

원효는 삼국이 국토팽창정책에 의거해 주장하는 다양한 정략들조차도 결국 '삼한일통'(三韓一統)이라는 기치 아래 묶어버린다. 원효는 진제(眞諦)의 입장도 속제(俗諦)의 입장으로 환원한다. 그에게 진여문은 생멸문에 포용되며 생멸문은 동시에 진여문에 포용된다. 그는 인민의 삶이나 귀족의 삶을 중생심으로 묶어세운다. 중생심은 곧 일심이다. 일심은 대승(大乘)의 마음이다.

그에게 진리는 어떠한 방향이나 이분(二分)을 허용하지 않는다. 진리는 언제나 그 자리에 있다. 사물의 정면만이 아니라 이면을 정확히 파악하면 그 본질을 꿰뚫게 된다. 그래서 진리는 겉모습으로 드러나지 않는다. 진리는 어떠한 겉모습만으로 규정할 수 없다. 진리는 있는 그대로의 모습을 보는 자만이 바로 볼 수 있다. 때문에 진리는 사물의 본질에 눈뜬 자만이 볼 수 있는 것이다. 사물의 본질을 통찰한 자에게만 진리는 살아 있다. 그리고 진리는 다만 살아 있을 때만이 진리이다. 이것이 바로 진리의 생명성이다. 원효는 이 생명성을 일심에서 찾고 있다. 원효는 다시 말한다.

> 여래가 설한 일체의 교법은 일각(一覺)의 맛에 들지 않음이 없다. 일체 중생이 본래 일각이었지만 다만 무명으로 말미암아 꿈 따라 유전하다가 모두 여래의 일미(一味)의 말씀에 따라 일심의 원천으로 마침내 돌아오지 않는 자가 없음을 밝히고자 한다.[79)]

원효는 『대승기신론』의 논리를 빌려 중생들의 본각을 드러내려고 한다. 본래 드러낼 것이 없지만 중생들은 제 어리석음을 스스로 비춰보지 못한다. 따라서 중생들에게는 어떠한 인식 전환의 계기가 필요하다. 원효는 일심을 통해 중생 스스로가 자신을 되돌아보게 만들고자 한다. 그 과정이 바로 보살의 대비심의 실천과정이며 현실적 인간들의 수행과정

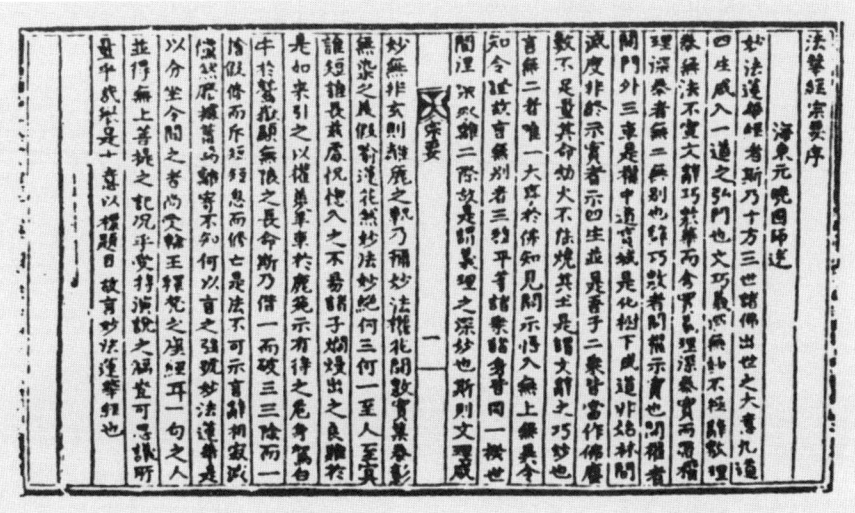

원효의 『법화경종요』 서문(전남 순천 선암사 소장)

이다. '마치 가난한 아들이 자기 본래의 집으로 다시 돌아오듯이' 일심의 본래면목으로 돌아오게 만드는 것은 보살의 실천과정이자 대비심의 표현인 바라밀행이다.

불교의 목적은 뭇 중생들로 하여금 깨달음에 들게 하는 것이다. 그 깨달음은 한결같은 맛(一味)이며 길이다. 갈라진 온갖 지류들도 끝내는 바다에 이르게 마련이다. 강원도 설악산의 솔잎에서 떨어진 조그만 물방울이 시나브로 고여 샘을 만들고 시냇물을 마련한다. 그 물이 한강을 만들어 흐르다가 팔당에서 남한강과 북한강의 합궁을 거쳐 황해로 흘러가듯이 모든 물은 바다로 들어간다. 고구려도 백제도 신라도 한민속의 씻물을 타고 한 줄기 '삼한일통'의 바다로 흘러들어간다. 하나의 민족, 하나의 핏줄은 일미(一味)라는 이 통일성에서 다 녹아난다. 여래가 설한 가르침도 이 깨달음에선 다 한 가지이며 한결같은 것이다. 따라서 원효는 이 일심을 심식(心識)의 주체인 심왕(心王)이라 전제하고 모든 법의 기본적인 원천이라 정의한다.

> 티끌의 통상(通相)을 완전히 파악하므로 이름하여 심왕이라 한다. 그 것은 본래의 일심이 모든 법의 기본적인 원천이기 때문이다.[80]

일심은 모든 것의 근거가 된다. 삶이든 죽음이든 더러움이든 깨끗함이 든 움직임이든 고요함이든 이 모두는 상대적 세계가 의지하는 근거가 된 다. 이와 같이 일체의 의지처인 일심은 인간의 심식으로 인식할 수 있는 모든 가능성의 근거가 된다. 때문에 일심은 현실적 인간들의 삶의 총화 인 일체의 근거인 것이다. 삼국의 분열도 이 일심의 분열에서 비롯된 것 이며 삼국의 통일도 이 일심의 통일에서 비로소 가능한 것이라 파악한 다. 따라서 이 따뜻한 마음, 넉넉한 마음에 의해 모든 갈등의 응어리는 해소될 수 있는 것이다. 우리가 도모하는 일에서 작은 이익에 얽매이지 않고 넓은 마음을 통해 전체적 이익에 동참할 때 우리는 모든 사람들의 이익으로 환원시킬 수 있다. 나눔의 기쁨! 이것이 바로 보살의 존재이유 인 것이다.

원효에게 그의 전 사상체계를 아우르는 핵심술어인 일심은 바로 욕망 의 절제를 위한 모색의 산물이었다. 즉 이웃 나라와 자기 나라 백성들의 고통을 어떻게 하면 줄일 수 있는가를 모색하는 것이 원효의 과제였다. 통치자들의 영토확장정책이 주는 인민의 고통과 인간들의 증오심을 어 떻게 하면 최소화할 수 있는가를 몸부림치면서 물었던 과정이 그의 삶의 역정이었다. 인간들의 욕망, 즉 통치자들의 욕망이 불러일으키는 증오의 씨앗들을 일심이라는 알라야식의 렌즈를 통해 조절하자는 것이 그의 생각이었다.

따라서 원효에게 일심은 중생심이며 알라야식의 미세한 인식(無明業相·轉相·現相)들도 결국 이 일심 속에 포괄되는 것이다. 일심의 생멸문은 알라야식의 불각(不覺)에 짝지어지며 일심의 진여문은 알라야식의 본각(本覺)에 짝지어진다. 원효는 이 생멸문을 통해 수행과 실천을 촉구하며, 그로 인해 시각(始覺)을 터득하도록 일깨운다.

『대승기신론』에 의하면 속제적(俗諦的) 인식도 결국 진제적(眞諦的) 인식을 유도해내는 방편이며, 진제적 인식도 결국 속제적 인식을 이끌어내는 방편이다. 그러한 방편들은 결국 이 일심 안에서 작용하는 것이다. 그러므로 원효는 다시 말한다.

더러운 땅과 깨끗한 나라가 본래 일심이고, 생사와 열반이 마침내 둘이 아니다.[81]

원효는 예토(穢土)와 정토(淨土)가 한마음에서 비롯되며 삶과 죽음이 일심에서 비롯된다고 힘주어 설하고 있다. 원효는 다시 말한다.

모든 경계가 무한하지만 다 일심 안에 들어가는 것이다. 부처의 지혜는 모양을 떠나 마음의 원천으로 돌아가고, 지혜와 일심은 완전히 같아서 둘이 없는 것이다.[82]

모든 경계는 일심 안에 포괄된다. 부처의 지혜도 이 일심의 원천에 포섭된다. 따라서 이 일심과 지혜는 등치(等値)이다. 전(前)5식은 성소작지(成所作智)에, 제6식은 묘관찰지(妙觀察智)에, 제7식은 평등성지(平等性

智)에, 제8식은 대원경지(大圓鏡智)에 짝지어진다. 의식은 전5식에서 제8식까지 이 네 지혜와 짝지어지는 것이다. 전식득지(轉識得智), 식을 돌이켜 지혜를 얻는다! 이러한 짝짓기는 의식에 대한 미세한 분석의 모습을 보여준다.

그는 마음의 분석에 깊은 관심을 보였다. 그것은 곧 현실적 인간들이 지니고 있는 마음에 관해 깊이 천착해 들어간 결과였다. 원효는 특히 생멸심에 대해 자세히 분석하고 있다. '마음의 생멸이란 여래장에 의지하는 까닭에 생멸심이 있나니, 불생불멸(여래장)과 생멸(생멸심)이 화합하여 동일하지도 다르지도 않은(非一非異) 것이 아려야식(阿黎耶識: 알라야식)이다. 이 식에는 능히 일체법을 포섭하고 일체법을 생기게 하는 두 가지 뜻이 있으며, 여기에 각(覺)과 불각(不覺)의 뜻이 있다'는 『기신론』의 문장을 하나하나 분석해 들어간다. 그는 먼저 알라야식이 머금고 있는 깨달음과 깨닫지 못함이라는 두 뜻에 대해 자세히 설명하고 있다.

깨닫지 못함의 뜻에는 마음의 미세한 움직임을 세 가지로 분석해낸 삼세(三細)와 마음의 거친 움직임에 대해 여섯 가지로 분석한 육추(六麤)가 있다.

무명업상(無明業相)·전상(轉相)·현상(現相)으로 나뉘는 삼세는 무명(無明)을 인(因)으로 해서 일어나며, 지상(智相)·상속상(相續相)·집취상(執取相)·계명자상(計名字相)·기업상(起業相)·업계고상(業繫苦相)으로 나뉘는 육추는 경계(境界)를 연(緣)으로 해서 일어난다.[83] 세 가지 미세한 마음의 움직임의 모습(三細相) 중 무명업상은 진여 자성이 무명에 물들어 미세한 마음의 움직임이 처음으로 일어나는 것을 말한다. 육추상(六麤相)의 지상이란 현실적 인간들이 이 삼세 중의 경계상이 마음으로부터 비롯된 것인 줄 모르고 그 경계가 실재하는 것으로 집착하여 좋다거나 싫다는 분별의 마음(智相)을 일으킨다. 이 마음이 제7식인 말나식(末那識, manas)이다. 이 말나식에서 혜수(慧數)라고 하는 심리작용이 생겨나서 '나'(주관)라든가 '내것'(객관, 소유인식, 나를 둘러싼 환경일반)을 분별해낸다.

이와 같이 원효는 현실심을 분석하면서 육추상을 아치(我癡)·아견(我見)·아만(我慢)·아애(我愛)라는 네 번뇌와 상응하는 제7말나식에, 삼세상을 제8아려야식[84]에 짝짓는다. 그래서 현실적 인간들에게 일어나는 마음의 작용들이 어디에서 비롯되고 어디에서 작용하는가를 예리하게 분석해 들어간다. 그래서 거침(麤)과 미세함(細)을 두 가지로 나눈 뒤 다시 추(麤) 중의 추(범부의 경계, 제6식), 추 중의 세(細)와 세 중의 추(보살의 경계, 제7식), 세 중의 세(부처의 경계, 제8식)로 구분하고 있다.

이렇게 원효는 생멸심을 분석하면서 현실심을 구성하고 있는 미세한 작용들을 구분하고 있다. 그는 이 생멸문의 분석을 통해 동시에 진여문에 대해 설명한다. 그리고 일심의 양면성, 즉 청정과 염오라는 대립항을 통해 일심을 설명해 들어가고 있다.

수립(立)과 타파(破), 부여(與)와 탈취(奪), 허용(許)과 불허(不許), 같음(同)과 다름(異), 있음(有)과 없음(無), 가운데(離邊)와 가장자리(非中)의 이항대립이 둘이 아니듯 모든 경계는 이 한마음 안에서 비롯되고 한마음 안에서 다 포용된다. 원효는 모든 것의 근거인 일심을 통해 상대적 이분의 인식을 하나로 회통시키고 있는 것이다. 일심은 곧 중생심(衆生心=如來藏)을 지닌 뭇삶들이 도달해야 할 궁극적인 목표이기도 하다. 동시에 일심은 이미 뭇삶들 속에 내재해 있는 것이다. 어떠한 분별심에 의해 일심의 내재를 알지 못하고 자꾸만 대상화시켜 밖에서만 찾으려고 하기 때문에 고통이 생기는 것이다. 원효는 땅막과 무덤에서의 인식 전환의 과정을 통해 일심을 발견하고 그의 모든 사상의 근거를 바로 이 일심에다 두고 있다.

원효에게 일심은 인간 이해와 세계 인식에 대한 전일적 패러다임이다. 이 일심 패러다임은 『대승기신론』에서 원용한 것이지만 그는 이 일심을 통해 새로운 철학을 구성하였다. 원효는 그의 『열반종요』에서 "불성의 바탕(體)은 바로 일심이다"[85]라는 사자후를 토하고 있다. 그것은 원효가 『기신론』의 여섯 장애(六種染)를 설명하는 가운데 다섯번째의 능견심불상응염(能見心不相應染)을 보살 구지(九地)인 선혜지(善慧地)의 장애로 보고, 십지인 법운지(法雲地)에 들어야만 비로소 그 장애를 벗어날 수 있다[86]고 설명하는 데서도 잘 나타난다. 이것은 그가 일심이문을 설명해나가는 대목에서 『기신론별기』를 먼저 쓰고 지혜를 바탕으로 수도하는 모습을 취급한 『일도장』, 번뇌의 측면에서 그것을 제거하는 방향으로 나아간 『이장의』, 시각(始覺) 4위와 4상(生·住·異·滅)을 통해 심생멸문을 설명하는 『대승기신론소』, 일심이 제9식인 아마라식(阿摩羅識 : 아뢰야식이 미혹을 버리고 깨달음의 모습으로 전환한 청정한 位에 이른 것, 아뢰야식의 淸淨分)이며 등각위와 묘각위를 통해 시각의 4위를 설명하는 『금강삼매경론』, 근본업불상응염(根本業不相應染)이 등각위와 묘각위에서 없어질 것을 암시한 『열반종요』로 자신의 일심체계를 풀이해나가고 있음을 보여주는 것이다.

『대승기신론』에 의하면 대승심(大乘心)이란 '귀경게'에서 나오듯이 대승에 대한 바른 믿음(大乘正信 : 自性淸淨心)이다. 대승은 일체 세간법과 출세간법을 모두 다 머금고 있는 중생심이다. 대승의 체(體)는 중생심의 진여상(相)이며, 이 중생심의 생멸 인연상이 대승의 자체(自體)와 속성(相)과 작용(用)을 능히 보이기 때문에 오직 중생심이 대승의 근거가 됨

을 밝힌 것이다. 이 중생심의 다른 이름은 여래장(如來藏)이다. 원효는
『대승기신론』을 원용하여 이 중생심을 한마음(一心)이라고 규정하고, 자
기 사상의 중심개념으로 사용했던 것이다.

뭇삶들이 누구나 다 가지고 있는 마음이 중생심이라고 볼 때 '한마음'
이라고 표현한 것은 본체론적으로 중생심을 명백히 투시한 데서 가질 수
있는 표현이다. 그러므로 일심은 대승심이며 중생심이며 여래장이다. 좀
더 좁혀 말하면 알라야식이라 말할 수 있다. 원효는 마음의 통일(一心)을
통해 국토의 분열, 민족의 분열, 마음의 분열을 한 줄기 회통의 길로 초점
을 모아갔다. 즉 일심은 바로 생멸문과 진여문을 포괄하는 대승심이며 중
생심인 것이다. 다시 말해서 원효는 삼국의 분열은 결국 분열된 마음의
극복을 통해서 통일이 가능하며, 그 통일은 중생심이며 대승심이며 여래
장인 일심의 회복을 통해서 가능하다고 본 것이다.

원효가 궁극적으로 나아가고자 한 것도 바로 이 갈라진 온갖 마음들을
한 줄기 마음의 통일로 묶어세우는 것이었다. 넉넉한 마음, 따뜻한 마음,
넓은 마음으로 온갖 주장들을 하나로 회통시키려는 것이 원효의 본심이
었다. 그는 이러한 '한마음'을 통해 부정과 긍정의 상대적 대립을 지양하
는 어떠한 통합의 계기를 마련하고자 했던 것이다.

조화와 화해의 미학

인간이 구사할 수 있는 논리방식은 크게 네 가지로 요약된다. 즉 있는 것과 없는 것, 있기도 하고 없기도 한 것, 있는 것도 아니고 없는 것도 아닌 것이 만들어내는 네 가지 논리형식인 4구 논리이다. 즉 긍정, 부정, 긍정종합, 부정종합의 논리이다. 다시 말하면 제1구의 유(有)는 정립, 제2구의 공(空)은 반정립, 제3구의 역유역무(亦有亦無)는 긍정종합, 제4구의 비유비무(非有非無)는 부정종합이다.

이것을 좀더 갈라본 것이 100가지 부정논리인 백비(百非)의 방법이다. 백비는 부정을 거듭할지라도 참으로 사물의 진상을 알기 어려울 때에 써서 중생들이 유무의 견해에 걸림을 없애게 하는 것이다. 불교에서는 다양한 논리를 일컫는 술어를 흔히 이 '사구백비'(四句百非)라 해왔다. 그래서 어떠한 경우의 수를 적용시켜도 결국 이 네 논리에 수렴되며, 동시에 100가지의 부정논리로 전개되는 것이다. 다시 말하면 펼치면 100가지의 논리요, 합치면 네 가지 논리였던 것이다.

현실적 인간들은 분별을 통해 세상을 인식한다. 언어를 통해서나 대상을 통해서나 어떠한 차별의 잣대를 통해 분석하고 갈라본다. 『대승기신론』을 주석한 많은 이들 역시 전체에 관한 통찰의 시각에서 접근하지 못하고 현실적 인간들의 시각을 극복하지 못한 흔적이 엿보인다.

더러는 원천을 바라보면서도 하류에서 머뭇거리고, 더러는 잎을 잡았으면서도 지류를 말하며, 더러는 옷 한 벌을 잘라 소매를 깁고, 더러는 나뭇가지를 잘라 뿌리에 두르기도 하니…….[87)

원효는 여기에서 『대승기신론』을 지은 논주(論主) 마명(馬鳴)보살의 본의를 파악하지 못하고 주변만 맴도는 주석가들을 비판하고 있다. 그들은 전체를 통찰하지 못하고 분별의 시각으로 바라봄으로써 논주의 기의(記意, 시니피에: 달)를 바로 보지 못하고 기표(記標, 시니피앙: 손가락)에만 매달려 있다. 부처의 본의를 파악하지 못하고 온갖 기득권만을 고집하는 이들에 대해 원효는 『보살계본지범요기』에서 '보살백정', '큰 도둑', '콩과 보리도 구분 못하는 숙맥(菽麥)'이라고 통렬하게 비판하였다. 부처의 본의에 대한 올바른 파악은 바로 자신들의 존재이유임에도 불구하고 현실적 인간보다 앞서지 못하는 그들의 인식수준에 대한 원효의 통렬한 비판이었던 것이다.

그들은 차별된 세계인식으로 인한 편향된 시각으로 논의를 세우고 있는 것이다. 그래서 원효는 이러한 부조리한 현실의 정황에 대해 깊은 문제의식을 느끼고 회통을 위한 칼날을 벼리었던 것이다. 그것이 화쟁회통의 논법이다.

다양한 주장을 화회하다

온갖 다양한 주장을 조화와 화해의 미학을 통해 회통시킨 원효는 자기

사상의 핵심술어인 일심(一心)을 더욱더 심화시켜간다. 그 심화의 방법은 화회의 논리였다. 그리고 실천의 방법은 무애의 행위였다. 일심과 화회와 무애라는 세 술어가 원효를 드러내는 가장 대표적인 용어이며, 가장 원효적인 가풍을 읽을 수 있게 한다.

원효는 온갖 다양한 주장을 화회(和會)시켜, 모든 강물들이 바다에 가서 한 맛(一味)이 되듯이, 그의 사상을 『기신론』의 구조와 같이 중생의 마음(衆生心)인 일심으로 회통시키고 있다. 그는 부정과 긍정, 초월과 내재, 있음과 없음, 세움과 깨뜨림, 불화와 조화 등 모든 상대적 이쟁(異諍)들을 원융과 조화의 바다로 끌어들였다.

그가 세운 생각의 주요한 논리적 근거는 『대승기신론소』와 『대승기신론별기』, 그리고 『금강삼매경론』과 『십문화쟁론』(十門和諍論) 등에 자세히 나타나 있다. 그의 87부 180여 권[88](혹은 100부 240여 권)의 저작들이 한결같이 지향하고 있는 것은 모든 가능성을 감싸고 있는 일심, 즉 중생심이다. 살아 있는 모든 것들이 갈무리하고 있는 일심을 그는 이치가 아닌 지극한 이치이며(無理之至理) 그렇지 아니한 큰 그러함(不然之大然)이라고 갈파했다.

그의 많은 저술 중 특히 『대승기신론소』와 『대승기신론별기』는 공(空) 사상에 입각하여 실재론적 견해를 논파하는 중관교의(中觀敎義)와 외계의 실재 자체를 의식의 스크린에 투영된 이미지로 파악하는 유식교의(唯識敎義)의 이론적 문제성을 타개한 것으로 자리매김된다. 그리고 『금강삼매경론』은 실천적 원리로서의 관행(觀行) 조직의 계경(契經)이라 할 수 있으며, 『십문화쟁론』은 그의 특장인 '화쟁회통학'(和諍會通學)의 교과서이다.

또 『기신론소』와 더불어 중국에서 '해동소'(海東疏)라고 일컬어진 그 원효의 화회논법이 담긴 화쟁회통학의 교과서 『십문화쟁론』

의 『화엄경소』는, 그가 이 저술을 짓다가 「십회향품」에서 붓을 끊었다고 할 정도로 심취한 작품이다.

　"일체에 걸림없는 사람이 한 길로 삶과 죽음을 벗어났다"는 『화엄경』의 게송은 바로 원효의 가풍이 되었다. 일체에 걸림이 없으려면 얼마만큼 닦아야 하는가? 얼마만큼 그 넓은 세계를 보아야 한 길(一乘, 一道)의 길에서 삶과 죽음을 벗어날 수 있는가? 이것은 수행자들의 오매불망(寤寐不忘) 아니겠는가? 자나깨나 잊을 수 없는 이 화두가 자나깨나 한결같은 (寤寐一如) 경지가 되기 위해서는 어떻게 해야 하는가? 그의 4종교판에서 화엄을 보현교(普賢敎)로서 맨 마지막에 올려놓았던 것도 실천적 측면에서의 종합적 모습을 견지하고 있는 화엄일승사상의 중요성을 인정했기 때문이다.

『금강삼매경』은 붓다가 금강삼매에 들었다가 선정으로부터 나와 설한 총8품의 경전이다. 원효는 이 경을 풀이하면서 "본각(本覺)과 시각(始覺)의 이각(二覺)으로 종(宗)을 삼는다"[89]고 서두에서 말하고 있다. 그는 소의 두 뿔 사이에 책상을 놓게 하여 시종 우거(牛車, 角乘)에서 이 경전의 소(疏) 5권을 지었다. 그러나 이 광소(廣疏)는 분실되어 후에 약소(略疏) 3권을 다시 저술한 것이 현재 남아 있는 것이다. 이 3권의『금강삼매경론』은 대승의 반야(般若)·공(空)사상이 깊이 투영되어 있으며 완벽하고 강력한 관행(觀行) 체계를 가지고 있다. 중국의 남북조 시대로부터 수대(隋代)까지 불학(佛學)연구에서 문제되었던 거의 대부분의 교리와 학설이 종합되어 있는, 지극히 논서에 가까운 철학성이 투영된 경전의 주석서이다.

서분(序分: 경전을 설하는 인연에 대한 부분)과 정설분(定說分: 경전에서 설하고자 하는 주요 메시지 부분) 그리고 유통분(流通分: 경전의 메시지가 널리 펼쳐지기를 기원하는 부분) 안에 총7품으로 구성된 이 경전을 원효는 크게 4분으로 변별하고 있다. 즉 경의 대의(大意)와 경의 종지(宗旨), 제목 이름과 문장의 풀이로 나누어 치밀하게 해석하고, 관행에 대한 치밀한 분석을 통해 수행에 대한 그의 깊은 성찰을 보여주고 있다. 원효는 경의 종지를 드러내는 제2분과에서 "이 경의 종요는 펼치는 면(開)과 합치는 면(合)이 있는데 합쳐서 말하면 일미(一味)의 관행을 요체(要)로 삼으며, 펼쳐서 말하면 열 가지 법문을 근본(宗)으로 삼는다"[90]고 정리하고 있다.

그는 또 "관행에서 관(觀)은 횡적인 논리로서 대상(境)과 지혜(智)에 공통되는 것이고 행(行)은 종적인 전망이니 인과에 걸치는 것이며, 과(果)는 오법(五法)이 원만함을 말하고 인(因)은 이른바 육행(六行)이 다 갖추어짐을 말한다"[91]고 사자후를 토하고 있다. 원효는 공간론(橫論)으로서의 관은 관할 대상인 소관경(所觀境)과 그 대상의 관할 주체인 능관지(能觀智)에 통하며, 시간론(竪望)으로서의 행은 인과 과에 걸친다고 통찰함으로써 세로와 가로의 회통, 즉 종횡무진한 무애로 화회·회통시키고 있다.

원효는 대승의 바탕(體)이 이루어지는 지점을 '일심의 본원(本源)'으로 향하는 실천수행 위에 설정하고 있는 것이다. 다시 말하면 원효는 이 『금강삼매경』의 주제가 귀일심원(歸一心源)과 요익중생(饒益衆生)을 통해 일미(一味)의 관행(觀行)과 십중(十重)의 법문(法門)으로 회통되고 있음을 보여주고 있다. 원효는 이를 다시 일미관행(一味觀行), 즉 '일관(一觀)으로 귀결됨을 밝히고 있다. 따라서 원효는 그의 일심(一心)사상과 맞물려 그의 통일학을 일승(一乘)·일각(一覺)·일미(一味)·일관(一觀)의 '일성'(一性) 위에서 구현해나갔던 것이다.

또 원효는 『대승기신론』에 대한 주석서를 8,9부(14권?)나 지었을 정도로 이 논서에 몰입했다. 『대승기신론소』와 『대승기신론별기』는 현존하는 원효의 대표적인 『기신론』 주석서이다. 원효는 『대승기신론』 속에서 일심의 발견을 통해 중생심의 두 형태인 생멸문과 진여문이 둘이 아님을 드러내 보였다. 중생심은 곧 대승의 마음이며 동시에 일심이다.

일심은 다시 진여문과 생멸문으로 구성되며 이문(二門)은 다시 삼대(三大)와 사신(四信)과 오행(五行)과 육자법문(六字法門)으로 엮인다. 『기신론』은 일심과 이문의 조직으로 짜여 있다. 이 두 문에 다시 본체(體)·모습(相)·작용(用)의 삼대와 사신(信根本－眞如·信佛·信法·信

僧)과 오행(施門·戒門·忍門·進門·止觀門)과 육자법문(不退方便: 南無阿彌陀佛)의 구조로 이어지고 있다. 특히 이 한마음은 중생의 마음이며 이 한마음에서 진여문과 생멸문이 분과되고 있다는 점에서 주목을 요한다.

『기신론』은 중생이 지니고 있는 마음의 두 측면을 나타내 보여주고 있다. 즉 인간 마음의 오염된 면과 청정한 면이 무명(無明)의 바람에 의해 어떻게 번뇌의 물결을 일으키는지를 보여주고 있다. 또『기신론』은 알라야식의 두 뜻인 본각과 불각, 진여와 생멸, 정법(淨法)과 염법(染法) 등 온갖 상대적 견해들이 모두 알라야식에서 비롯됨을 밝히고 있다. 그리고 『기신론』에서 "심진여(心眞如)는 일법계대총상법문체(一法界大總相法門體)로서 일체 언설을 떠난 것이다"라는 전제는 이 텍스트를 시종일관 지배하는 핵심 주제이다. 그래서 그러한 진여를 언설에 의해 분별하면 첫째는 여실공(如實空: 離言眞如)이고 둘째는 여실불공(如實不空: 依言眞如)이라고 이분해서 설명한다.

이렇게 마음의 진여에 대해 설명한 뒤에는 다시 마음의 생멸(心生滅)에 대해 치밀하게 논구한다. 이는 진여문이 생멸문과 상응관계에 있음을 드러내는 것이다. 다시 말해서 일심의 두 양상인 이문이 일심 속에 내재되어 있음을 보여주는 것이다. 따라서 이 전제 아래서는 생멸문도 진여문에 의해 포섭되며, 진여문도 생멸문에 의해 포섭된다.

이 텍스트에는 알라야식의 화합식(和合識) 가운데에서 미세한 마음(無明業相·轉相·現相)을 없애버리면 그대로 맑고 깨끗한 마음만 남아서 곧바로 일심으로 환귀됨을 밝히고 있다. 즉 알라야식의 스크린에 투영되는 일체의 이미지(영상)를 있는 그대로 보지 못하고 갖가지 형태로 차별함으로써 번뇌가 생기는 것이다. 그러나 알라야식의 화합식 중에서 번뇌를 일으키는 미세한 마음(生滅分)을 없애면 청정한 마음(不生不滅分)이 저절로 드러나는 것이다.

원효는 다시 마음의 근원(心源)이자 깨달음에 이른 경지인 본각을 수염본각(隨染本覺)과 성정본각(性淨本覺)으로 구분한다. 수염본각은 시각(始覺) 쪽에 있는 본각인 수동문(隨動門)의 본각이며, 본래 성정본각은 청정한 본각인 환멸문(還滅門)의 본각이다. 『기신론』에서는 수염본각의 모습인 지정상(智淨相)과 수염본각이 순정지(淳淨智)를 이룰 때의 작용인 부사의업상(不思議業相)으로 나뉜다. 원효는 이러한 분과를 통해서 추상적인 깨달음을 구체적인 깨달음으로 사회 속에 환원시키고자 했다.

원효는 『보성론』에 근거하여 지정상은 자리(自利)를 성취한 것으로서 해탈한 뒤에 번뇌장과 소지장을 다 여의어 일체의 장애가 없는 청정법신을 얻은 것이며, 부사의업상은 타리(他利)를 성취한 것으로 자재한 위력과 행위를 나타내는 것으로 규정한다. 즉 원효는 뭇삶들이 수행을 통해 나아갈 방향을 자리(自利) 이후에 이타(利他)행을 해야 한다는 순서의 선후 관계로 명료하게 제시하고 있다. 다시 말하면 뭇삶들이 자리행을 다 닦으면 이항대립의 울타리를 넘어서 자연히 이타행으로 옮겨간다는 것이다.

이러한 포괄적 구조를 머금고 있는 『기신론』은 원효사상이 머금고 있는 총체성과 상응하고 있다. 아니 오히려 원효의 사상은 『기신론』 위에서 새롭게 구성되고 있다고 해야 할 것이다. 그러나 『기신론』은 이론적 측면에서는 매우 뛰어난 구성력을 지니고 있지만 수행론, 특히 근본무명(智碍)과 같은 장애를 깨뜨리지 못하는 진여(眞如)삼매나 일행(一行)삼매와 같이 지관(止觀)에서는 매우 약하다고 할 수 있다. 즉 대승의 바탕(體)을 설명하는 곳에서 수행론이 부분적으로 나타나 있지만 『금강삼매경론』에

비해 무척 미약한 편이다. 따라서 원효의 『대승기신론소』·『대승기신론
별기』와 『금강삼매경론』은 이론과 실천이라는 면에서 서로 짝으로 존재
하며, 둘 사이는 원효사상을 구성하는 데 불가분의 관계를 지니고 있는
텍스트라고 할 수밖에 없다.

또 그의 대표적인 저서이자 가장 독창적인 저술인 『십문화쟁론』(十門
和諍論, 2권)에서 보여주는 열 가지 법문은 다양한 주장(異諍)을 포용하
는 넉넉한 마음(一心)으로 표출되고 있다. 비록 완본이 남아 있지는 않지
만 최범술·이종익 선생이 복원한 텍스트에 근거하면 이 책에는 온갖 주
장들이 열 가지 법문으로 정리되어 있다.

① 공유이집화회문(空有異執和諍門, 『十門和諍論』殘簡)
② 불성유무화회문(佛性有無和諍門, 『十門和諍論』殘簡)
③ 인법이집화회문(人法異執和諍門, 『十門和諍論』殘簡)
④ 불신이의화회문(佛身異義和諍門, 『涅槃宗要』와 見登之의
　　『起信論同異略集』의거)
⑤ 열반이의화회문(涅槃異義和諍門, 『涅槃宗要』의거)
⑥ 불성이의화회문(佛性異義和諍門, 『涅槃宗要』의거)
⑦ 오성성불화회문(五性成佛和諍門, 『敎分記圓通鈔』의거)
⑧ 삼성이의화회문(三性異義和諍門, 『起信論疏記』의거)
⑨ 이장이의화회문(二障異義和諍門, 『二障義』의거)
⑩ 삼승일승화회문(三乘一乘和諍門, 『華嚴宗要』의거)

그는 이러한 온갖 다양한 주장들을 열 가지로 묶어세워 하나하나씩 논
파해나간다. 원효는 아함교의에서부터 화엄교의에 이르기까지 기존에

논의된 다양한 주장들을 열 가지 유형으로 묶어세우면서 화회의 논리에 입각하여 하나하나 화쟁·회통해간다. 즉 공(空)과 유(有), 인(人)과 법(法), 진(眞)과 속(俗), 일(一)과 이(異), 보신(報身)과 화신(化身), 무성(無性)과 유성(有性), 일승(一乘)과 삼승(三乘), 번뇌장(煩惱障)과 소지장(所智障) 등 이항대립의 명제를 손감(損減)·증익(增益)·상위(相違)·희론(戱論) 또는 연(然)·비연(非然)·역연역비연(亦然亦非然)·비불연(非不然)의 사방(四謗, 四句)의 잣대를 통해 하나하나 정리해나간다. 원효는 여기에서 어느 주장들을 일방적으로 묵살하지 않고 열린 자세로 수용하면서 하나하나 논리적으로 교통정리한 뒤에 자신의 견해를 명료하게 밝힌다.

이러한 방식은 『기신론』을 바라보는 그의 시각에서도 잘 나타난다. 그가 일심을 바라보면서 진여문과 생멸문의 구조에 깊이 천착한 것도 이러한 근거에 의한 것이다. 따라서 『십문화쟁론』은 원효의 치밀한 기질이 투영되고 진지한 생각이 담긴 수승(殊勝)한 저서이며 그의 전사상을 꿰뚫는 주요한 저술이다. 이 저서는 그의 문인들에 의해 당나라에 전해졌으며, 그의 사후에는 인도에까지 전해졌다고 한다.[92]

이와 같이 원효의 대표적 저술 몇 가지에 나타난 그의 생각은 일심(一心), 일미(一味), 일각(一覺), 일관(一觀) 등의 '일성'(一性) 위에서 비로소 화회와 회통의 길로 전개된 것이다. 다시 말하면 원효가 제시한 길은 그의 삶 전체에서 일관된 체계를 지니고 있으며, 그 일관된 틀은 그의 일심과 화회 그리고 무애로 표출되었던 것이다.

부정과 긍정을 아우르는 화회법

화회는 뭇 주장을 회통시키는 원리이다. 일미(一味)의 원리에 의해 다양한 주장들을 조화와 화해를 통해 다 감싸안으려면 '따뜻함'이 필요하다. 화회는 원효의 독특한 방법론이며 부처의 올바른 진리를 알게 하는 것이다. 원효는 백가(百家)의 다른 주장을 지극히 공평하고 사사로움이 없는 부처의 뜻에 근거하여 전개함으로써 모두 화해시키고 있다. 따라서 화회가 가능할 수 있는 토대는 그것이 바로 부처의 올바른 진리 위에 서 있기 때문이다. 원효의 빼어난 작품인 『십문화쟁론』에 나타난 화회에 관한 그의 생각을 들어보자.

> 부처가 세상에 있었을 때에는 부처의 원음(圓音)에 힘입어 중생들이 한결같이 이해했으나 …… 쓸데없는 이론들이 구름 일어나듯 하여 혹은 말하기를 '나는 옳고 남은 그르다' 하며, 혹은 '나는 그러하나 남들은 그렇지 않다'고 주장하여 드디어 하천과 강을 이룬다 …… 유(有)를 싫어하고 공(空)을 좋아함은 나무를 버리고 큰 숲에 다다름과 같다. 비유컨대 청(靑)과 남(藍)이 같은 바탕이고, 얼음과 물이 같은 원천이고, 거울이 만 가지 형태를 다 용납함과 같다.[93]

불교사를 되돌아보면 부처가 살아 있을 때에는 불설만이 진리임을 확고히 믿었으므로 교단 내에서는 다른 이설이 없었다. 그러나 부처가 얼반에 들고 난 뒤부터는 많은 이설이 횡행하여 각기 자신만이 옳고 남은 그릇되다고 주장하게 된다. 계율의 해석 문제에 의해 교단이 분열되었듯이, 원효의 시대에도 이미 정립된 다양한 불교학파들이 자신의 주장만이 옳다고 주장하고 다른 학파의 주장들은 모두 잘못되었다고 역설하고 있었다. 따라서 원효는 중국으로부터 물밀듯이 쏟아져 들어오는 여러 불교 이론들을 정리할 필요성을 느끼고 있었다.

그는 삼론과 천태, 법상, 정토, 계율, 화엄 등의 다양한 주장들을 전체적으로 통찰하여 교통정리해줄 필요가 있다는 것을 알고 있었다. 사실 크게 보면 다양한 주장들 모두가 한 바탕에서 나온 것이지만 어느 일면만 보면 완전히 다른 것으로 파악하는 것이 중생들의 마음씀씀이다. 원효는 이렇게 다양한 주장들을 일정한 체계에 의해 정리할 필요를 느끼고 있었다. 거울이 만 가지 형태를 다 받아들이듯이, 바다가 온갖 물줄기들을 다 받아들이듯이 원효는 부처의 올바른 진리에 근거하여 화회법이라는 독특한 방법론을 제시하였다. 그는 화회법을 통해 부처의 근본 가르침을 올곧게 이해할 수 있도록 했다. 그래서 부처의 근본 가르침에 근거하여 온갖 주장들을 화쟁·회통시키고 있다.

모든 주장들은 어떠한 결론을 모색하게 마련이다. 결론이 없는 과정도 의미는 있다. 그러나 어떠한 주장 자체는 이미 결론의 모색을 위한 주장이며 과정이다. 다양한 주장들이 결론의 바다로 들어가기 위해서는 어떠한 통합의 계기와 논리가 필요하다. 원효는 그것을 일미(一味)로 전개한다. 일미는 같음(同)과 다름(異), 세움(立)과 깨뜨림(破) 등의 상대적 이분을 넘어서서 다양한 주장의 초점을 한곳으로 이끌어가는 실마리가 된다. 마치 모든 강물들이 바다에 들어가 한결같이 소금기의 짠맛이 되듯이 일미는 어떠한 통합의 모색을 위해 전제되는 필수적인 요소이다. 원효는 이러한 통합의 계기로서 화회라는 그의 독특한 방법론을 제시한 것이다.

불교경전의 부분을 통합하여 온갖 흐름의 한 맛(一味)으로 돌아가게

하고, 부처의 뜻의 지극히 공정함(至公)을 전개하여 백가(百家)의 뭇 주장을 화회시킨다.[94]

경과 율과 논을 포괄하는 삼장(三藏)에 깔려 있는 부처의 참다운 뜻은 바로 진리가 머금는 원융성이며 포괄성이다. 연기(緣起)란 바로 이 원융성과 포괄성에 근거한 원리이다. 연기는 나의 존재성을 연(緣)이라는 타자를 통해 규정하는 이법이기 때문이다. 즉 연기는 나를 넘어서는 어떠한 도덕적 질서(연기론＋가치론)이며, 동시에 이것은 내 욕망의 절제를 통해서만 가능한 가치(윤리)론이다. 그러므로 화회는 이 '일미'라는 도덕적 명분을 전제로 한 통합의 원리이자 방법이다. 삼국의 분열이 이 '삼한일통'(三韓一統)이라는 '일'(一)의 의미에 의해 통일의 가능성이 모색될 수 있듯이 이 '일'은 전체성과 완전성을 뜻한다.

화엄의 육상(六相)에서 보여주는 그 전체성(總相)과 개별성(別相)의 모습도 결국 바로 이 '일'의 전제 위에서 보여주는 모습인 것이다. 불교경전의 모든 논의들이 지극히 공정하고 사사로움이 없는 것은 바로 이 '일'의 총상적 포괄성 위에서 전제되기 때문이다. 즉 백가의 다양한 주장들이 화회될 수 있는 것은 바로 이 일미의 원융성 때문이다. 다시 말해서 온갖 흐름들이 돌아가는 의미의 과녁은 부처의 뜻인 일미인 것이다. 원효는 일미를 다시 정의한다.

이것은 이치와 지혜를 모두 잊어버리고, 이름과 뜻이 아주 끊어진 것이니 이것을 일컬어 열반의 그윽한 뜻이라 한다. 다만 모든 부처가 그것을 증득하고서도 그 자리에 있지 않고 응하지 않음이 없고 말하지 않음이 없으니 이것을 일러 열반의 지극한 가르침이라 한다. '그러나' 그윽한 뜻이면서도 한 번도 고요한 적이 없었고, 지극한 가르침이면서도 한 번도 말한 적이 없었다. 이것을 이치와 가르침의 한 맛이라고 한다.[95]

원효에게 열반은 이치와 가르침의 한 맛이다. 열반은 모든 것이 쉰 상태이다. 일체의 일어남이 끊어진 자리이다. 열반은 모든 것이 쉬어버린 상태이므로 평등하며 차별이 없는 것이다. 즉 온갖 주장들이 다 소멸된 상태, 다 쉬어버린 상태인 것이다. 열반은 모든 분별과 작용이 끊어진 상태이며 모든 것이 새로이 시작되는 순간이다.

모든 선입견이나 일체의 상념이 끊어진 자리에서 우리는 참다운 진리를 만날 수 있다. 진리는 언어의 수사나 형용 이전에 이미 '그대로' 존재한다. 본연의 모습으로 진리를 맞이하면 그 당체를 조견할 수 있다. 따라서 그 본연의 모습은 어떠한 불순물이 개입되지 않은 한 맛(一味) 그대로인 것이다. 그래서 삼국 백성들의 분열된 마음도 이 일미(一味)의 자리에서 다시 만나는 것이다. 내 땅(我土)이니 내 것(我所)이니 하는 집착성에서 벗어나 오온개공(五蘊皆空)이라는 제행무상(諸行無常)의 가르침에 대한 통찰 위에서 삼국이 다시 만나는 것이다. 욕망의 확장 전쟁으로 갈라진 국토와 민심이 모든 차별상이 사라진 열반의 상태, 즉 순수무잡한 이 일미 위에서 모두 다 만나는 것이다. 따뜻한 마음 위에서 살아 있는 모든 것들이 서로를 껴안는 것이다. 원효는 이 일미의 길을 열반에 상응시켜 아래와 같이 정의하고 있다.

지금 이 『열반경』을 설할 때에는 바로 한 교화가 끝나는 날이었으며 마침내 모든 부처의 큰 뜻을 나타내 보이려는 데 있었다. 이른바 성도한 뒤로부터 근기를 따라 말한 모든 가르침을 총괄하여 일미의 길을 보여주기 위함이었다. 그것은 널리 이제 둘이 없는 성품(無二之性)에 돌아가는 것으로서 시방삼세의 모든 부처가 다 같은 것이며 그 뜻은 둘도 없고 차별도 없는 것이다. 이것이 모든 부처들이 세상에 나온 큰 뜻이다.[96]

본래부터 깨닫고 있는(本覺) 입장에서 보면 열반이란 너무 평이한 모습이다. 그러나 무명의 바람에 의해 덧씌워져 있는 입장에서 보면 열반은 어떠한 희망의 자리이다. 부처의 태어남과 사라짐을 불각(不覺)의 입장, 즉 아직 번뇌의 장애에 감싸인 모습에서 바라보면 열반은 추구해야 할 그 어떠한 목표이다.

시방삼세의 모든 부처가 한결같이 보여주는 것은 바로 일미의 가르침이다. 진제(眞諦)나 속제(俗諦)도 이 일미 안에서 하나가 된다. 원효는 진제도 속제로 환원하듯이 이 열반도 생사로 환원한다. 이것이 곧 일미라는 평등 무차별의 전제 위에서 제시하는 화회의 방법론이다.

온갖 물줄기들이 바다에서 똑같이 소금기를 드러내듯이 일체의 다양한 논의들도 일미 평등이라는 어떠한 결론의 계기를 통해 통합된다. 즉 상대적 이분을 넘어서는 어떠한 계기는 바로 이 일미라는 모티프를 통해 가능해지는 것이다. 이러한 일미 평등의 길을 보여주기 위해 부처는 이 세상에 몸을 나툰 것이다. 즉 부처는 평등하여 차별이 없는 상태를 일미로 보여주고 있는 것이다. 원효는 다시 이 일미를 일심과 상응시킨다.

열면 헬 수 없고 가없는 뜻이 대종(大宗)이 되고, 합하면 이문(二門) 일심(一心)의 법이 그 요체가 되어 있다. 그 이문 속에 만 가지 뜻이 다 포용되어 조금도 혼란됨이 없으며 가없는 뜻이 일심과 하나가 되어 혼융된다. 이런 까닭에 전개(開)·통합(合)이 자재하고, 수립(立)·타파(破)가 걸림이 없다. 펼친다고 번거로운 것이 아니요, 합친다고 좁아지는 것도 아니다. 그리하여 수립하되 얻음이 없고, 타파하되 잃음이 없다.[97)]

원효가 일심과 일미와 일각의 '일성'(一性) 위에서 전개하는 생멸문과 진여문도 결국 이 중생심에서 출발한다. 즉 중생의 마음은 곧 대승의 마음이며 모든 것을 감싸안는 마음이다. 중생은 이미 깨달은 존재이기에 다시 깨달을 것이 없는 존재이다. 하지만 끝없는 욕망 속에서 살아가는 현실적 인간들은 무명(無明)의 상속심(相續心)에 본심이 가려져 아직 깨닫지 못한 존재이다. 그러나 중생들은 넉넉한 마음(一心)을 지니고 있으며 한 맛의 깨달음(一覺味)을 지니고 있으므로 어떠한 계기(和會)를 통해 일미 평등의 바다에서 모두 다 만날 수 있다.

그러면 어떻게 만날 것인가? 갈등과 증오로 얼룩진 사바세계에서 한 생각 돌이키는 어떠한 계기를 통해 이항대립의 굴레에서 벗어날 수 있는 길을 원효는 제시하고 있다.

화회(和會)는 조화와 화해를 모색하는 인식 전환의 한 방법이다. 다시 말해서 상대적 이분과 이항대립의 갈등을 넘어서는 어떠한 계기가 바로 화회다. 따라서 긍정과 부정을 넘어서는 인식의 전환방법인 화회법은 바로 원효가 제시하는 새로운 논법인 것이다. 이러한 논법을 통해 원효는 삼국의 통일을 인간들의 마음의 통일(一心)로부터 제시해가고 있다. 고구려와 백제 그리고 신라의 통일도 삼국 인민들의 마음의 통일에서 비롯된다고 갈파하는 것이다.

결국 그가 그렇게 지속적으로 고민한 것은 인간이라는 난해한 화두에 대한 물음이었던 것이다. 인간이란 무엇인가? 인간의 의식이란 무엇인가? 그리고 그 인간 의식의 스크린에 투영된 피사체로서의 세계란 무엇인가? 내 의식의 망막 위에 던져진 영상으로서의 존재 역시 내 의식이 만들어낸 것이 아니던가? 그렇다면 내 의식은 어떠한 상태가 되어 있어야 사물의 총화인 세계를 있는 그대로 파악할 수 있는가?

분별과 반야의 차이는 무엇인가? 있는 그대로 사물을 보는 반야 지혜와 그 사물에 대해 던져진 언어나 대상을 쪼개어 보는 분별은 어떻게 만날 수 있는가? 일심이란 무엇인가? 일심의 두 양상인 진여상과 생멸상은 어떠한 계기에 의해 하나로 모이는가?

인간과 세계를 향한 원효의 고뇌는 땅막과 무덤이 둘이 아니라는 알라야식의 전환을 통해 해결되었지만, 그는 일심과 화회를 통해 끊임없이 잇달아 일어나는 의문의 고리들을 하나하나 풀어나가고 있었던 것이다. 화회는 바로 이러한 물음들을 화해시키는 방법이요 논리였던 것이다.

분황사의 묵향과 절필

언어를 바라보는 원효의 눈

원효가 우리에게 보여준 비전은 곧 보편적 인간에 대한 이해였다. 여기서 보편이란 있는 것(存在)과 있어야 할 것(當爲) 사이의 거리의 최소화라는 한 축과 살아 있는 모든 것들의 생물학적 조건의 동일성이라는 한 축을 통해서 설명된다. 즉 '편재(遍在)해 있다'는 것은 시간과 공간을 넘어서, 민족과 종교와 언어와 성별을 넘어서 내재해 있는 어떠한 동일적 요소이다. 다시 말하면 보편[98]이란 어떠한 개물들이 부딪히는 다양한 정황 속에도 언제나 공통적으로 적용되는 교집합적 요소들인 것이다.

보편적 인간 이해란 바로 이 인간이라는 난해한 화두에 대해 열린 지평에서 바라본다는 것이다. 즉 인간이라면 누구나 다 공유하고 있는 모든 이성적 요소와 감성적 요소 전체를 통찰한다는 것이다. 그 통찰의 내포와 외연은 무궁한 것일 수밖에 없다. 원효는 먼저 인간에 대한 전체적 통찰을 통해 넉넉한 이해의 지평을 마련하였던 것이다.

그는 어떻게 인간을 이해해야 하며, 벌거숭이 인간의 모습은 어떠한 것인가를 몸소 보여주었다. 깨달음과 어리석음이 한순간의 마음의 돌이킴에 의해 가능하다는 것을 보여줌으로써 보편적 인간이 지니고 있는 알라야식의 전환을 촉구하였다. 그는 중생과 부처가 따로 있는 것이 아니라 한 생각의 돌이킴에 의해 중생과 부처가 만날 수 있음을 보여주었다.

일심은 바로 이 귀족과 인민이 만나고, 중생과 부처가 만나는 핵심고리이다. 그러면 어떻게 만날 것인가? 그 방법론이 바로 화회다. 화회는 다양한 주장을 다 감싸안는 것이다. "나는 옳고 너는 그릇되었다"(自讚毁他)고 하는 것이 아니라 그가 처한 상황에 따라 적절한 처방전을 내려줌으로써 모두가 옳거나 모두가 그릇될 수 있음을 보여주는 것이다. 무애는 바로 이러한 일심과 화회의 구체적인 모습이다. 다시 말해서 무애는 일심과 화회 위에서 솟아나오는 삶의 모습이다.

원효가 보여준 비전은 바로 인간에 대한 전체적인 통찰이었다. 이러한 보편적 인간학, 즉 보편학은 원효사상의 특징적 모습이다. 다시 말해서 그의 통일학은 바로 이러한 보편적 인간이 추구할 수 있는 모든 가능성에 대한 이해 위에서 정립될 수 있었다. 따라서 그의 보편학은 다름 아닌 그의 통일학이라 말할 수 있다. 그러한 통일학은 인간이라는 특징, 즉 언어를 통해 말하고 문자를 통해 글쓰는 행위를 하는 인간에 대한 포괄적 이해의 지평 위에서 정립되는 것이다. 따라서 그의 언어관은 그의 통일학을 이해하는 실마리가 된다.

인간은 아무리 언어를 부정해도 그 부정하는 방식 또한 언어를 통해서 할 수밖에 없다. 언어를 바라보는 원효의 눈은 명징하다. 원효는 그의 전 사상체계를 세우면서 언어에 대해 남다른 감각을 지녔다. 언어가 지니는 한계에 대해 회의만 한 것이 아니라 언어라는 방편을 적극적으로 활용하는 방식을 취했다.

그의 언어관은 『대승기신론소』에 잘 나타나 있다. 즉 『대승기신론』의 심진여(心眞如)를 '말로 표현할 수 없는'(離言) 측면에서의 진여와 '말로 표현할 수 있는'(依言) 진여를 갈라 설명하는 곳에서 언어를 바라보는 원효의 눈이 구체적으로 드러나 있다. 이 말은 구조주의 언어학의 주요 용어로 표현하면 기표(記標: 能詮)와 기의(記意: 所詮), 즉 시니피앙(손가락: 名)과 시니피에(달: 義)의 관계이다. 즉 말이 지니고 있는 참의미가 바로 기의이며, 말 그것은 바로 기표이다.

원효는 승의(勝義: 참다운 의미, 진실한 도리)적 언어나 세속적 언어의 변별을 지양하고 있다. 승의적 언어나 세속적 언어로 보이는 모습들은 모두 언어를 바라보는 인간의 차별상에 의해 벌어지는 세계의 쪼개진 모습이다. 즉 원효는 이름과 뜻(名義)을 어떠한 차별상에 의해 바라보는 것이 아니라, 서로 어긋남이 없고 변함도 없기 때문에 진실하다는 차원에서 바라보면 모두가 일미 평등하여 '여상'(如相)이라 이름한다고 말한다. 다시 말해서 『대승기신론』에 나타난 '말로 표현할 수 없는 진여'(離言眞如)에 대해 살펴보면, 이러한 '명의'의 평등한 여상은 모든 여래의 본체가 되는 것이기에 '여래의 여상'이라 말하고 있는 저자 마명의 언설을 자기화하는 원효를 발견하게 된다. 여기에서 우리는 언어에 대한 일체의 망념을 여읠 것을 주장하는 그의 언어관을 엿볼 수 있다.

심진여(心眞如)라는 것은 곧 일법계대총상법문체(一法界大總相法門體)이다. 이른바 심성(心性)은 불생불멸인데 일체의 모든 법이 오로지 망령된 생각(妄念)에 의지하여 차별이 있게 된다. 만일 마음의 망령된 생각(心念)을 여의면 곧 모든 경계의 모습들이 없어진다. 이런 까닭에 일체법(一切法)은 본래부터 언설상(言說相)을 여의었고 명자상(名字相)을 여의었고 심연상(心緣相)을 여의어서 결국 평등하여 변이(變異)가 없고 파괴할 수 없는 일심일 뿐이기 때문에 진여라 이름한다. 모든 언설은 가명(假名)이어서 그 실체가 없는 것이니 단지 망령된 생각을 따른 것일지언정 실체를 확보할 수 없기 때문이다. …… 마땅히 알라! 일체법은 설할 수 없고 생각할 수 없기 때문에 진여라 이름지은 것이다.[99]

위와 같은 『대승기신론』의 문장에 의하면 진여는 언어개념의 범주에서 벗어나 있다. 언설상(言說相)과 명자상(名字相)을 여의고 심연상(心緣相)까지 여읜 곳에서 진여는 드러난다. 망령된 생각을 떨쳐버리면 언어로 포장된 모든 차별상들이 다 소멸된다. 일체 존재하는 법은 본래부터 언어가 만든 세계나 개념이 구성한 대상을 벗어나 있다. 그러나 인간은 언어라는 방편으로 사물을 규정하다가 어느새 사물의 본질을 보지 못하고 언어로 뒤덮인 그 방편이 진실인 양 착각한다. 이 망령된 생각으로 인해 존재의 참모습이 가려진다. 그래서 인간들은 '허공꽃'을 향해 욕망의 아우성을 치는 것이다.

원효는 이 문장에 자세한 주석을 붙이며 자신의 생각을 전개한다. 그것은 곧 『기신론』의 문장을 자신의 문장으로 수용하여 치밀하게 풀이해내고 있는 것이다. 먼저 원효는 일법계대총상법문(一法界大總相法門)의 체(體)인 심진여(心眞如)를 언어의 굴레로부터 해방시킨다. 그는 이 문장을 간략한 풀이(略標), 자세한 풀이(廣釋), 되풀이하여 의심을 없애는(往復除疑) 세 단계로 설명한다. 일심이 바로 일법계이기 때문에 진여문이 의지하는 체를 들며, 또 일법계는 진여와 생멸의 두 문을 통틀어 포괄하지만 별상의 문으로 취하지 않고 총상의 문으로 취하기 때문에 '총상법문'이라 한다고 설명한다. 따라서 총상은 삼무성(三無性)이 나타내는 진여를 설명하므로 '대총상'이라 하고, 규범으로서의 참된 이해를 내기 때문에 '법'이라고 하며, 통틀어 열반에 들어가기 때문에 '문'이라 한다고 설명한다. 또 일법계 전체가 생멸문이 되는 것과 같이 일법계 전체가 진여문이 되니 이런 뜻을 나타내기 때문에 '체'라고 하는 것이라고 설명한다.

동시에 진여의 체를 진실성·의타성·분별성이라는 삼성(三性)으로 밝히며, 진여의 이름을 말에 의하여 말을 버리는 것(因言遣言), 일체의 법이 모두 다 참되기 때문에 진여의 체는 버릴 것이 없다는 것, 평등하기 때문에 따로 세울 만한 것이 없이 일체가 모두 다 같다는 것으로 설명한다.

또 어떻게 수순(隨順)하느냐라고 하며 방편을 묻거나, 정관(正觀)에 들어가게 될 수 있느냐라고 올바른 관(觀)을 묻는다. 이와 같이 진여를 일법계총상법문체로서 하나하나 설명해 들어가고 있다. 심생멸문(心生滅門)에 대해서는 다음과 같이 말한다.

　　심생멸이란 여래장에 의하므로 생멸심이 있는 것이니, 이른바 불생불멸이 생멸과 더불어 화합하여, 같은 것도 아니고 다른 것도 아닌 것을 이름하여 아려야식(인식과 업력의 주체인 마음)이라고 하는 것이다.[100]

『대승기신론』에 나오는 이 문장에 대해 원효는 세 구절로 설명한다. 먼저 심생멸의 체를 나타내고(標體), 모양을 분별하고(辯相), 이름을 세우는(立名) 것으로 풀이한다. 그러면서 "여래장에 의하므로 생멸심이 있다"고 한 것은 자성청정심(自性淸淨心)을 여래장이라고 이름하는 것이니, 무명의 바람이 움직여 생멸을 일으키므로 생멸이 여래장에 의지한다고 말한다.

원효는 『기신론』의 일심 이문(二門) 구조에서, 이문에 의해 일심을 풀이해가면서 언어(名言)에 대한 그의 생각을 구체적으로 밝히고 있다. 그것은 청정과 염오라는 마음의 두 측면을 중심으로 분석해 들어가는 것이다.

그는 여기에서 수행(실천)의 문제에 대해 그의 생각을 명료하게 드러내고 있다. 즉 중생의 본래 청정한 마음인 본각에 대해 설명한 다음 무명의 훈습(熏習)에 의해 물든 불각(不覺)에 대해 언급하고 있다. 시각(始覺)은 무명의 바람에 의해 본각이 미혹된 상태, 즉 번뇌로 물든 상태가 어떠한 수행의 계기로 비로소 회복되는 상태이다. 이것은 본각의 훈습력으로 무명 자체를 다시 훈습시킴으로써 미혹한 마음을 밀어내고 깨달음에 일치시키는 작용을 통해 본각과 하나되는 것을 말한다. 이는 『대승기신론』의 "본각에 의하기 때문에 불각이 있으며 불각에 의하므로 시각이 있다"는 주장에 입각하여 자신의 논리를 전개한 것이다. 그는 여기에서 수행의 모티프를 마련하고 있다.

그러면서 원효는 본각과 시각이 상호의존하는 개념임을 설명한다. "만일 내가 본각이 있기 때문에 본래 범부가 없다고 말한다면 끝내 시각이 없을 것이니 무슨 시각(始覺) 작용을 할 범부가 있겠는가? 그 범부도 또한 끝내 시각이 없다면 본각이 없는 것이니 무슨 본각에 의하여 범부가 없다고 말하겠는가?"101)

본각과 시각의 차별상은 바로 무명풍에 의한 불각이라는 매개항을 통해 설명된다. 그 내용은 곧 미혹함에서 보느냐, 깨달음에서 보느냐 하는 시각의 차이일 뿐 '각'(覺)이라는 의미에서는 동일한 것이라고 말한다. 『기신론』의 핵심적 내용 중 하나인 '각'을 통해 전개해가는 원효의 논리를 보면 언어의 양면성, 즉 기표(손가락)와 기의(달)에 임하는 원효의 언어 이해에 대한 긴장과 탄력의 지평을 읽어낼 수 있다.

그는 언어를 떠난 어떠한 개념규정이나 표현은 불가능하다는 것을 잘 알고 있다. 그래서 그는 일체의 법은 설할 수도 없고 생각할 수도 없기 때문에 '진여'라 이름붙인다고 말한다. 여기에 언어의 딜레마가 있는 것이다. 언어를 거부하지만 거부하는 몸짓도 언어의 외피를 빌리지 않고는 안 되는 것이다. 여기에서 바로 방편시설(方便施設) 또는 가설(假說: 假名)이 나오는 것이다. 즉 '굳이 말을 하자니'(假說: upacāra) '진여'다, '일심'이다 하는 것이다. 다시 말하면 '마지못해 이름붙이자니', '억지로 부르자니' '일심'이다 '진여'다 하는 것이다. 이처럼 원효는 언어가 지니고 있는 한계의 통찰 위에서 언어를 자유자재로 원용하고 있다.

원효는 언어에 대한 잘못된 이해 때문에 인간들이 사물의 총화인 세계에 대해 집착하고 논쟁한다고 판단한다. 언어란 진리를 전달하지만 왜곡하기도 한다. 이것이 바로 언어가 지닌 이중성이다. 진리는 언어로 표현할 수 없는 면(離言)과 언어로 표현할 수 있는 면(依言)이 있다. 그러나 언어로 표현할 수 없는 것도 결국 언어를 통해서 말해야만 한다. 인간에게는 언어를 떠나 표현할 수 있는 방법은 없다. 어떠한 기호나 동작 등도 언어의 또 다른 형태이기 때문이다. 따라서 언어에 대한 원효의 핵심적 입장은 언어에 대한 '집착성'에 겨냥되어 있다. 언어의 한계를 알고 그 집착성에서 벗어나면 언어는 좋은 방편이 되는 것이다. 원효는 언어에 대한 집착을 벗어나 그 위에서 언어의 주인공이 되어야 한다고 말한다.

부정은 긍정을 이끌어내기 위한 것이지 부정을 위한 부정이 아니다. 언어란 분별과 차별을 만들어내는 모티프이다. 원효는 분별과 차별을 일으키게 하는 언어를 '언어로써 언어를 버리는'(以言遣言) 상태에 도달시키고자 했다. 화회(和會)의 방법은 바로 이러한 언어에 대한 그의 견해로부터 출발한다.

그는 먼저 긍정과 부정, 중생과 부처, 생사와 열반, 땅막과 무덤 등의 두 편견과 극단을 지양하고자 했다. 이것은 기본적으로 언어의 한계를 인정하고 있다는 것을 보여준다. 그는 부정을 통해 세계에 대한 집착을 버린다. 동시에 부정과 그것(부정)의 부정을 통해 두 극단을 떠나게 한다. 즉 그는 상대적 이분을 넘어선 자리에서 활발발(活潑潑)한 존재의 참모습을 발견한다. 원효는 여기에서 긍정과 부정에 자유자재한 그의 일관된 태도를 보여주고 있다.

예를 들어 원효가 즐겨 쓰는 표현인 "비연(非然)이면 비불연(非不然)이다"라는 것은 "긍정이 아니면 부정도 아니다"는 뜻이다. 즉 원효는 어떠한 것을 설명하면서 긍정과 부정의 상대적 이분을 전제하지 않는다. 또 "비불연(非不然)이면 연(然)이다"는 것은 그것이 긍정으로 나타난다 해도 결정적으로 그런 것이 아니므로 집착하지 않고 보아야 긍정된다는 뜻이다. 즉 이것은 긍정과, 부정의 부정이라는 두 명제가 같을 수 있는 가능성은 주어진 두 명제의 이분에 대한 어떠한 전제 없이 바라봄 위에서 존재의 참모습을 볼 수 있다는 뜻이다.

동의(同意)와 이의(異意)의 관계도 마찬가지이다. 예를 들면 "동의하지도 않고 이의도 제기하지 않으면서 설한다"는 것은 "동의하지 않음으로써 정(情)에 어긋나지 않는다"는 것을 주장하는 것이다. 원효는 같은 생각과 다른 생각이 대립으로 존재하는 것을 용인하지 않는다. 이 말은 진리의 측면에서 말한다면 동의와 이의에서 벗어나 자유롭게 말해야 한다는 것이다. 그래야만 진리는 왜곡되지 않고 전달된다는 것이다. 있는 그대로의 실재를 표현하는 방식은 언어에 대한 집착이 탈각된 곳에서 비롯된다. 따라서 원효는 언어는 알고 쓰면 얼마든지 약이 된다고 말하고 있는 것이다. 달과 손가락의 관계로 설명하면, 손가락에 집착하지 않으면서 달을 보고, 달을 보되 손가락이라는 지시어를 가볍게 보지 않아야 한다는 것이다. 이는 능전(能詮: 설명하는 말)과 소전(所詮: 설명되는 대상)의 관계를 전체적으로 바라보아야 한다는 것일 뿐, 어느 한쪽만을 고집해서는 아니된다는 것이다.

결론적으로 말해서 원효의 언어관은 언어의 한계에 대한 철저한 이해 위에서 나오는 언어의 무한한 긍정이다. 즉 언어는 진리를 전달하지만 왜곡하기도 한다는 투철한 인식 아래 그는 언어를 적극적으로 활용한다. 원효는 진리의 전달에서의 언어의 효용성을 인정하면서 동시에 언어에 대한 집착성을 부정한다. 따라서 언어의 양면성의 통찰 위에서 언어에 자유자재한 입장을 원효는 우리에게 보여주고 있다. 즉 'A면서도 B이며(一而二), B면서도 A인(二而一)' 논리형식 그것이 바로 부정과 긍정의 다양한 주장을 회통시키는 화회법의 내용이다.

문 없는 법을 만나 붓을 끊어버리다

일찍이 원효는 분황사에 머물면서 『화엄경소』를 찬술하였는데 제4 「십회향품」(十廻向品)에 이르러 끝내 붓을 끊고 말았다.[102]

원효의 삶의 과정에는 여러 마디가 있었다. 그 마디마다 어떠한 전환의 울림이 있었다. 그런데 그가 절필까지 하면서 만난 화엄(華嚴)과의 해후는 이후의 삶의 방식에 깊은 울림을 주었다. 삼장(三藏)과 다수의 경론 주석서를 보았지만 화엄처럼 포괄적이면서도 실천적인 가르침은 드물었

대다수 원효의 저술이 지어진 분황사의 모전석탑

다. 가슴 절절이 다가오는 보현(普賢)보살의 원행(願行)처럼 자신을 감동
시키는 것이 없었다. 붓다의 말씀 어느 것 하나에도 간절하지 않은 것이
있으리요마는 화엄처럼 그의 마음을 전회시킨 것은 없었다. 이 절필은
화엄이 이론만으로는 되지 않는다는 원효의 깊은 내면적 통찰에서 벌어
진 사건이다.

　화엄은 보현보살의 원행처럼, 깨달음을 얻기 위해 발심(發心)하고 그래
서 얻은 깨달음을 회향하기를 서원하는 보살이 되기를 촉구하는 경교(經
敎)이다. 그 도저한 가르침을 분황사의 묵향 속에서는 도저히 터득할 수
없다는 사실을 알고 원효는 붓을 끊었던 것이다.[103] 그는 은은히 배어나
는 문자향(文字香)과 서권기(書卷氣)가 그윽히 서려 있는 분황사의 서재
안에서는 도저히 다다를 수 없는 화엄의 세계를 온몸으로 느끼고 자리를
박차고 뛰쳐나갔던 것이다.

회향은 치열한 수행을 통한 깨달음의 경험을 얻기까지의 모든 인연들에게 자신의 성취를 되돌려주는 것이다. 즉 존재하는 모든 것은 실체가 없다는 연기 · 공(空)의 인식을 통해, 연(緣)이라는 타자를 매개하여 성취된 존재의 모든 인연을 그 타자에게 되돌려주는 것이다. 그러한 통찰 앞에서 원효는 분황사의 묵향이 그윽한 서재 안에 더 이상 앉아 있을 수 없었던 것이다. 보살이 취해야 할 열 가지 회향의 내용은 바로 절 안의 골방에서 다 이뤄질 수 없다는 것을 통찰한 결과였다.

너무 넓어서 문이 따로 없는 법(普法), 즉 일체법이 상입(相入) 상시(相是)하여 대소(空間) · 촉사(促奢: 時間) · 동정(動靜: 運動) · 일다(一多: 수량) 등의[104] 범주에 걸림 없이 자유자재한 광탕(廣蕩)한 『화엄경』의 세계 앞에서 붓을 잡고만 있을 수 없었던 것이다. 다시 말해서 보현보살의 가없는 원행의 가르침(普賢敎), 어떠한 울타리가 없는 경계를 드러내는 화엄 앞에서는 문자향으로는 도저히 미칠 수 없는 세계가 있음을 보았던 것이다. 비로자나불(毘盧遮那佛: 진리의 몸으로 형상화된 부처, 화엄경의 主佛)을 대신해 법을 설하는 보현의 가르침인 화엄은 원효의 교판에서도 일승만교(一乘滿敎)로 자리매김되고 있다. 그가 문이 없는 법을 만나 붓을 끊어버린 이유가 바로 여기에 있다. 그러한 그의 이해는 그가 새롭게 정립한 교상판석(敎相判釋: 부처의 교설을 일정한 관점에 의해 구분지은 해석틀)인 4교판(네 갈래로 구분한 교설구조)[105]에 의해서도 잘 나타나고 있다.

7세기 동아시아의 불학은 현장의 신역(新譯) 이래 상당한 역동성을 지니고 있었다. 이미 불학이 자생적인 논리방식에 의해 정착되어 있었고, 무수한 불학자들에 의해 깊이 천착 · 연구되고 있었다. 그 중에서도 그들의 경교(經敎) 이해 방식인 교판(敎判)은 동아시아 여러 불교국에 깊은 영

原夫無障無碍法界法門者無法而無不法非門而無不門也爾乃非大非小非促非奢不動不靜不一不多非大故作極微而無遺以非小故爲大虛而有餘非促之故能舍三世劫波涅槃爲舉體入一刹不動不靜故能生死爲涅槃涅槃爲生死不一不多故一法是一切法一切法是一法如是無障無碍之法乃作法界法門之術諸大菩薩之所入也三世諸佛之所出也二乘四果之聾盲凡夫下士之所芙駕若人得入是法門者卽能不

晉譯華嚴經疏序

원효교판에서 보현교로 자리매김된 『화엄경』의 주석서(疏) 서문

216

향을 미쳤다.

교판이란 교상판석의 줄임말이다. 교판은 불설 전체의 체계적 이해를 위한 해석틀이다. 인도와 서역에서 건너온 많은 전법승(傳法僧)들이 중국으로 불경을 가져와 한역(漢譯)작업을 전개하자 중국인들은 여러 종류로 번역된 불경들을 목록을 통해 정리할 필요를 느꼈다. 즉 전법승과 구법승(求法僧)들에 의해 무수한 경전들이 번역되자 중국인들은 그 경전들 중에서 무엇이 구극(究極)의 불설(佛說)인가를 판단하고자 했다. 그래서 불설 전체를 합리적으로 판정하고 해석하려는 움직임이 일어났다. 이러한 움직임이 바로 교판의 형성과정이다. 이런 의미에서 교판은 인도에도 있었지만[106] 이 교판 역시 지극히 중국적인 산물이라고 할 수 있다. 이후 중국의 교판은 자기 종파(自宗)의 우월성을 드러내는 형식으로 전개된다.

동아시아 불학 이해 방식의 하나인 교판은 원효에게도 역시 중요한 방법론이었다. 그는 교판을 통해 자신이 바라본 경교의 이해틀을 정립해나갔던 것이다. 그러나 기존의 교판과는 판이했다. 원효의 교판은 한 종파의 우월성에 매이지 않고 경전의 보편적인 해석의 틀로서 우리에게 제시되고 있다. 원효의 교판은 전체에 대한 통찰 위에서 정립된 통불교(通佛敎)적 교판으로서 교(敎: 이론)와 관(觀: 실천)을 함께 닦는 체계로 정립된 것이다. 그것은 곧 귀일심원(歸一心源)과 요익중생(饒益衆生)의 축, 다시 말하면 상구보리(上求菩提)와 하화중생(下化衆生)의 축을 동시에 설정하는 체계를 보인 것이다. 원효는 그러한 탄탄한 교판의 정립 위에서 실천의 궁행을 펼쳐나갔던 것이다.

원효는 『대승기신론소』에서 인도 대승불교의 2대 학파인 중관파와 유가파를 다음과 같이 정의함으로써 그의 철학적 근거를 유가행 유식파의

한 갈래인 여래장사상에 두고 있음을 보여준다. 이 근거의 싹은 원효사상의 회통적 입장을 보여주는 것이며 동시에 그의 교판관(敎判觀)이기도 하다.

　『중관론』과 『십이문론』 등은 두루 집착을 타파하고 타파하는 그것 또한 논파(論破)하여 타파하는 것(能破)과 타파되는 것(所破)을 다시는 허용할 수 없게 된 것이니, 이것은 가고는 편재하지 못하는 논(往而不遍論)이다. 『유가론』과 『섭대승론』 등은 철저하게 깊음과 얕음을 세우고 법문을 판별하여 자기가 세운 법을 융통스럽게 버릴 길이 없게 된 것이니, 이것은 주고는 탈취하지 못하는 논(與而不奪論)이다.[107)

　이러한 그의 정의는, 반야중관학은 부정의 미학을 전제로 하고 유가유식학은 긍정의 미학을 전제로 한다는 것이다. 즉 중관학은 부정(破)만 할 뿐 긍정(立)할 줄 모르고, 유식학은 긍정(與)만 할 뿐 부정(奪)할 줄 모른다는 것이다. 그런데 『기신론』을 중심으로 한 여래장은 그의 깨끗함(眞)과 더러움(俗)이 둘이라는 분별이 없으면서도 어느 하나만을 고수하지도 않는다(眞俗無二, 不守一)는 논리방식인 것이다. 따라서 원효는 깨끗함(淸淨)과 더러움(染汚), 자리와 이타, 부정과 긍정이라는 이항대립을 극복할 어떠한 대안을 제시하고자 한다. 그래서 그는 『대승기신론』에서 새로운 논리방식을 발견하고 이 『대승기신론』을 다음과 같이 평가한다.

　이제 이 논은 지혜롭고 어질며 현묘하고 광박하여 수립하지 않음이 없으면서 스스로 버리고(無不立而自遣), 타파하지 않음이 없으면서 도리어 허용한다(無不破而還許). 다시 허용한 것은 저 간 자로 하여금 극(極)에 이르러서는 두루 섬을 나타내고, 스스로 버린다는 것은 이 준 자가 궁극에 이르러서는 빼앗음을 밝혀준다. 이것이야말로 모든 이론(理論)의 조종(祖宗)이요, 뭇 쟁론의 평주(評主)라고 하지 않을 수 없다.[108]

그는 긍정과 부정을 아우르는 화회법을 구사하는 텍스트로서 이 여래장의 대표적 논서인 『대승기신론』에 시선을 주고 있다. 이는 이 논서가 긍정과 부정에 자유자재하기 때문이다. 그래서 그의 논리는 이 『기신론별기』와 『대승기신론소』에서 출발하고 있음을 볼 수 있다. 그러나 그의 전 사상적 논리가 『기신론』만을 전제하고 있는 것은 아니다. 그는 이 『대승기신론별기』와 『대승기신론소』를 통해 일심사상의 이론적 토대를 마련하고, 『금강삼매경론』을 통해서 일심사상의 실천적 측면을 보완하고 있으며, 『화엄경소』를 통해 일심사상을 화엄일승사상으로 종합하고 있기 때문이다.

'대승에 대한 믿음을 일으키는 논'인 『대승기신론』은 그의 사상 형성에 중요한 영향을 주었다. 원효는 『기신론별기』·『소』(疏)·『사기』(私記)·『대기』(大記)를 통해 『기신론』을 주석하였고, 『기신론종요』·『요간』(料簡)을 통해 핵심되는 내용을 추려 요약하였으며, 『기신론 일도장』(起信論一道章)·『이제장』(二諦章)·『이장의』(二障義)를 통해 중요한 대목을 따로 떼어 상세히 논하였다. 모두 8,9종이나 되는 『대승기신론』 주석서를 지을 만큼 그는 이 논서에 대한 애착이 남달랐다.

'대승'(大乘)이란 무엇인가? '대'란 법에 해당하는 이름으로 널리 감싸는 것이며, '승'이란 비유에 붙인 이름으로 운반하는 것을 공능으로 삼는다. 그러면서 대승이란 헬 수 없고(無量), 가없고(無邊), 모남이 없기(無崖)

때문에 일체에 널리 두루하는 것이다.[109]

'기신'(起信)이란 무엇인가? '신'이란 결정코 그러하다고 여기는 말이다. 따라서 '(대승에 대한) 믿음을 일으킨다는 것'은 현실적 인간들인 뭇 삶들의 믿음을 일으킨다는 것이다. 즉 대승의 가르침이 실제로 있음을 믿으며, 닦아서 얻을 수 있음을 믿으며, 닦아서 얻을 때에 무궁한 덕이 있음을 믿는 것을 말한다.[110] 이러한 믿음을 일으키는 것이 바로 '대승기신'의 참다운 의미이다.

원효는 자신의 사상을 표현하는 중요한 술어로서 '종요'(宗要)라는 말을 쓰고 있다. 특히 자신의 대표적 저술인『대승기신론소』나『금강삼매경론』에서 이 용어를 즐겨 쓰고 있다. 다수(多)로 전개하는 것이 종(宗)이며, 하나(一)로 통합하는 것을 요(要)라고 한다.[111] 즉 일미 · 일승의 뜻으로, 펼치면 헬 수 없고 가없는 것을 종으로 삼고, 합치면 (마음의) 두 양상 한마음의 법을 요로 삼는 것이다.[112] 따라서 종요는 바로 그의 중요한 논리전개 방식인 개합(開合) · 입파(立破) · 여탈(與奪)의 방법으로 구체화된다. 이 개합과 입파와 여탈이란 술어는 화회의 논리 구사에서 일승과 일미라는 앵글을 통해 붓다의 뜻에 귀결되기까지의 과정적 대립항일 뿐이다. 따라서 종요, 개합, 입파, 여탈 등의 용어는 그의 생각을 읽을 수 있는 중요한 술어들이다.

결국 이 모든 것들은 붓다의 가르침 이후 대승불교가 보여주고 있는 '화'(和)정신의 시대적 재현이라 보아야 할 것이다.[113] 또 이러한 점에서 원효의 불교는 대승불교의 가장 궁극적인 모습이며, 원효를 통해 대승불교가 그 꽃을 피웠다고 해도 지나친 말이 아닐 것이다. 따라서 원효의 불학은 대승불교의 한 절정이며 정화라 할 수 있다.

그는 여러 저서에서 자신의 교판을 세우고 있다. 그의 교판은 어떠한 교의를 낮추고 높이는 우열의 축으로 짜인 것이 아니라 각 종파의 교판의 편향을 조목조목 지적하면서 이론과 실천의 관점에서 바로잡아나간다. 원효는 그의 '종요'류, 즉 『대혜도경종요』·『열반종요』·『법화종요』·『미륵상생경종요』 등에서는 대·소승, 즉 성문장(聲聞藏)과 보살장(菩薩藏)이라는 두 교판으로 자신의 설을 전개한다. 그러면서 반야를 화엄과 동격인 구경요의교(究竟了義敎: 궁극의 가르침)로 자리매김한다. 그는 종래의 '반야경'을 "큰지혜로 깨달음의 언덕에 건너간다"(大慧度)는 의미로 옮겨 '대혜도경'이라 했으며, 그의 사상적 중요 술어인 '종요'를 만들어냈다. 그는 그의 독특한 조어(造語)로 경이름을 붙인 『대혜도경종요』(大慧度經宗要)에서 중국 혜관(慧觀)의 돈(頓)·점(漸) 오시(五時: 四諦·無相·抑揚·一乘·常住)설과, 『해심밀경』을 소의(所依)로 하는 법상종의 삼종법륜(三種法輪: 四諦·無相·了義)설을 소개한 뒤, 원효는 『대품반야』가 『대혜도경종요』에서는 두번째 무상시(無相時)로 판석되고, 『해심밀경』에서는 두번째 무상법륜(無相法輪)으로 판석된 것은 그럴듯하지만 "이치는 반드시 그렇지 않다"(理必不然)고 주장한다. 그리고 『화엄경』과 같이 『대품반야』도 무상(無上)하고 무용(無容)한 구경요의(究竟了義)라고 논한다.

뿐만 아니라 『법화종요』에서도 그는 『해심밀경』의 삼종법륜설을 소개한 다음 거기에서 『법화경』이 불요의(不了義: 제1·2법륜)로 판석된 것은 잘못이라고 말한다. 그 논리적 근거로서 다른 삼종법륜(根本·枝末·攝末歸本)설에서 이 『법화경』(제3법륜)이 『화엄경』(제1법륜)과 함께 구경요의로 판석되고 있음을 들고 있다.[114]

원효는 또 그의 교판에 관한 견해로서 『열반종요』에는 중국의 남방사(南方師)가 주장하는 인천(人天)·삼승차별(三乘差別)·공무상(空無

相)·법화(法華)·열반의 돈·점 오시설에『열반경』을 요의경(了義經)으로 소개하고 있으며, 북방사들이 주장하는 반야·유마(維摩)·법화·열반 등이 모두 요의경이라 정리하고 있다. 그러나 원효는 여기에 그치지 않고 이 남·북 교판에 대해 "만일 한쪽에만 한결같이 그렇다고 집착하면 두 설을 다 잃을 것이요, 만일 상대를 인정해주어 자기 설만 고집함이 없으면 두 설을 다 얻을 것이다"[115]라고 갈파한 뒤 5시(時) 4종(宗)으로 경전의 깊은 뜻을 판석하려는 좁은 견해를 경계하고 있다. 이와 같이 원효는『대품반야』·『법화』·『열반』·『화엄』등을 다 같이 구경요의라고 보는 포괄적 입장을 취하고 있다.

아울러 그는 새로운 교판으로서 삼승통교와 삼승별교, 일승분교와 일승만교라는 4교판을 짜면서 일승분교(一乘分敎)에 여래장과 대승윤리를, 일승만교(一乘滿敎)에 보현교(普賢敎)로서 화엄을 짝짓고 있다. 그만큼 그의 사상은『기신론』과『화엄경』에 그 뿌리를 두고 있음을 알 수 있다.

이러한 입장에서 그는 다음과 같은 독창적인 교판을 수립한다. 그는『법화경』의 삼승(방편) 일승(진실)설에 의거하여 "승문(乘門)에 의해 4종을 약설(略說)한다"고 말하면서 다음의 4교판을 제시하고 있다.[116] 이것을 도시하면 아래와 같다.

```
┌─ 三乘別敎 ─ 四諦·緣起經 등 ─ 未明法空
├─ 三乘通敎 ─ 般若·深密經 등 ─ 諸法空
├─ 一乘分敎 ─ 瓔珞經·梵網經 등 ─ 隨分敎
└─ 一乘滿敎 ─ 華嚴經 普賢敎 ─ 圓滿敎
```

華嚴一乘法界圖

法性圓融無二相　諸法不動本來寂
無名無相絕一切　證智所知非餘境
真性甚深極微妙　不守自性隨緣成
一中一切多中一　一即一切多即一
一微塵中含十方　一切塵中亦如是
無量遠劫即一念　一念即是無量劫
九世十世互相即　仍不雜亂隔別成
初發心時便正覺　生死涅槃常共和
理事冥然無分別　十佛普賢大人境
能仁海印三昧中　繁出如意不思議
雨寶益生滿虛空　衆生隨器得利益
是故行者還本際　叵息妄想必不得
無緣善巧捉如意　歸家隨分得資糧
以陀羅尼無盡寶　莊嚴法界實寶殿
窮坐實際中道床　舊來不動名為佛

의상화엄의 골수인 「화엄일승법계도」의 반시 54각 210자

원효는 먼저 삼승을 별교와 통교로 나눈다. 그리고 일승을 분교와 만교로 나누어 설명한다. 그런데 여기에서 왜 삼승과 일승을 나누어 설명하는가? 그렇게 구별하는 기준은 어디에 있는가? 원효는 그 기준을 다음과 같이 설명한다.

이승(二乘)과 함께하지 못하는 것을 일승(一乘)이라 하고, 그 중에서

보법(普法)이 안 나타난 것을 수분교(隨分敎)라 하고, 보법을 밝힌 것을 원만교(圓滿敎)라 한다.117)

삼승별교에는 아직 존재(法)의 공성(空性)에 대한 이해가 없는 『사제경』과 『연기경』 등의 아함교의를 짝짓는다. 그리고 삼승통교에는 모든 존재의 공성에 대한 이해가 있는 『반야경』과 『심밀경』을 짝짓는다. 즉 중관교의와 유식교의를 삼승통교에 넣은 것이다.

원효의 4교판의 독창성은 특히 삼승의 상위개념으로서 일승을 분교와 만교로 나눈 점이다. 그리고 일승분교에 대승윤리에 해당하는 『보살영락본업경』과 『범망경』을 넣은 것은 기존의 교판에서는 찾아볼 수 없는 매우 독창적인 설정이다. 뿐만 아니라 일승만교에 보현교로서 보법(普法)118)인 『화엄경』을 짝지은 것도 탁절(卓絶)한 것이다. 그것은 그가 삼승을 별교와 통교로 가르는 기준이 '법공'(法空: 존재의 공함)의 측면이었다면, 일승을 분교와 만교로 가르는 기준을 일체법에 두루하여 걸림이 없이 상입(相入)하고 상시(相是)한다는 '보법'의 측면으로 삼았기 때문이다.

그는 또 반야(般若)중관계와 해심밀(解深密)유식계를 삼승 안에 묶어버리고 여래장계 · 대승윤리와 화엄을 일승에 짝짓는다. 대승윤리를 삼승(성문 · 연각 · 보살승)의 상위개념인 일승(一乘)에 짝지은 것은 인간 욕망의 절제는 연기(緣起)에 대한 사무친 이해 위에서 나올 수 있다는 통찰에서이다. 다시 말하면 삼승보다 일승이 나을 수 있는 것은 바로 일심(一心)을 지닌 중생 스스로가 실천을 통해 이 욕망을 자발적으로 절제할 수 있다는 점에서 그러할 것이다.

아무리 뛰어난 학식과 식견을 지니고 있더라도 자신의 욕망을 자발적으로 절제하는 삶의 자세가 없다면 덕상(德相)이 우러나올 수 없을 것이다. 덕상은 겸허함과 진지함과 성실함의 자세 속에서 나오기 때문이다. 이 덕상이 없다면 어떠한 위대한 성취도 폄하되게 마련이다. 왜냐하면 덕상은 인위적 조작에 의해 가능한 것이 아니기 때문이다. 녹차가 다관(茶罐)에서 저절로 우러나듯이 덕상은 그렇게 우러나는 것이다. 그 우러남과 넉넉함에서 사람이 모이고 향기가 발산된다. 그리고 그 향기로 뭇 사람을 넉넉히 물들이는 것이다.

원효가 삼승 위에 일승을 설정한 것은 삼승보다 일승이 더 낫다는 것이 아니라 부처의 가르침에는 삼승도 있고 일승도 있으나 모두 부처의 올바른 진리에 부합되기 때문에 평등 무차별하여 동일하다는 것이다. 다만 실천을 위한 순서적 차등일 뿐 모두 다 중생들의 근기에 맞는, 실천을 위한 사다리로서 제시된 것일 뿐이다.

원효가 대승윤리를 반야중관계와 해심밀유식계보다 상위에 설정한 것도 바로 주어(主語: 주체)를 지니고 사는 인간의 실천행에 가장 무게중심을 두고 있기 때문이다. 일심을 발견한 원효의 마음도 바로 이 대비심 위에서 출발한 것이다. 대비심은 덕상과 상응한다. 어떠한 구체적인 사태(事)와 추상적인 원리(理)에 즉(卽)하는 인간의 마음속에 편견과 편애가 없을 때 덕상은 비로소 만들어지는 것이다. 원효의 무애는 바로 이 대비심의 구체적 실천이며 덕상의 투영 모습이다. 한없는 낮춤 속에 갈무리된 무한한 자부심을 우리는 소성거사(小姓居士 또는 小性居士)[119] 원효에게서 읽을 수 있다. 여기에서 원효의 덕상은 바로 이 낮춤의 미학인 것이다. 보살의 미학 역시 바로 이 낮춤의 미학이다.

연기에 대한 사무친 이해 위에서 인간과 세계에 관해 정확히 통찰하면 욕망을 절제하지 않을 수 없다. 나의 욕망(業)의 확대가 남의 욕망에 장애

원효시대의 신라 도회지 시장풍경

를 준다면 그 장애를 최소화할 어떠한 질서가 필요하다. 그 질서는 타율적인 것이 아니라 자율적인 것일 때 모든 이들에게 강력하게 수용될 수 있다.

마찬가지로 보현교로서 화엄을 짝지은 것은 화엄의 보현행원(普賢行願), 즉 나를 넘어서는 어떠한 보편적인 질서를 위해 기꺼이 헌신하는, 보살의 나누는 기쁨이 전제되기 때문이다. 보살은 대승불교의 가장 이상적인 인간형이다. 그는 자기를 넘어서는 어떠한 보편적인 가치를 위해 기꺼이 한 몸을 던지는 이타적 인간이다. 그는 성별(性別)을 넘어서는 보편적 인간으로서 나누는 기쁨을 존재이유로 삼는 인간이다.

보살은 살아 있는 모든 것들의 갈증을 달래주는 '물'과 같은 존재이다. 즉 보살은 뭇삶들의 물이 되고자 하는 인간이다. 물은 살아 있는 것들을 구성하는 핵심적 요소인 동시에 생명 유지의 필수적 요소이다. 살아 있는 것들이 먹고 사는 물이 되고자 하는 원효의 무애행(無礙行)은 바로 이러한 보살의 대비심의 표출인 것이다.

원효는 나누는 기쁨을 삶의 존재이유로 삼는 보살의 실천행을 자기를 넘어서는 어떠한 보편적인 가치의 잣대로 설정한다. 이것이 바로 삼승의 상위개념인 일승 안에 바로 이 대승윤리, 즉 연기(緣起)에 대한 사무친 통찰 위에서 우러나오는 욕망의 자발적 절제를 담고 있는 경전(『영락경』·『범망경』)과 보현교, 즉 자기를 넘어서는 보편적인 질서를 위해 기꺼이 헌신하는 보살행을 머금고 있는 『화엄경』을 짝짓고 있는 이유이다.

따라서 원효는 바로 이 점에서 주체적 인간의 모습을 실천 행위 위에서 제시해 보이고 있는 것이다. 원효의 교판이 새로움을 주는 것은 바로 대승윤리, 즉 보살의 윤리를 통해 욕망의 절제를 위한 실천 수행의 문제를 교판으로 짜고 있기 때문이다. 따라서 그의 교판은 교(敎: 敎學)와 관(觀:

수행)이 포괄된 체계를 머금고 있다는 점에서 탁월한 것이라 아니할 수 없다.

인간은 욕망의 동물이다. 욕망을 넘어선 인간은 존재하지 않는다. 욕망을 버린 상태인 열반을 희망하는 것 역시 또 하나의 욕망일 수밖에 없다. 깨달음을 얻기 위해서는 욕망을 버려야 한다. 그러나 깨달음을 얻으려는 것도 욕망이며, 깨달음을 얻기 위해 욕망을 끊으려고 하는 것도 욕망이다. 여기에 욕망의 역설이 있다. 그러나 욕망의 종류는 단일하지 않다. 즉 일상적으로 우리들이 지니고 있는 욕망이 있는가 하면, 업의 완전 연소를 위해 수행하려고 하는 욕망 그리고 업의 찌꺼기가 불완전하게 남아 다시 연소시키려는 욕망 등에 이르기까지 매우 다양한 것이다.

인간의 욕망은 흔히 오욕(五欲)으로 표현된다. 소유욕(財), 이성욕(色), 음식욕(食), 명예욕(名), 수면욕(睡)이 대표적인 욕망이다. 소유욕은 권력 욕구뿐만 아니라 무엇이든지 움켜잡으려고 하는 욕망이다. 이성욕은 한 명의 배우자에 만족하지 않는, 끊임없이 불타오르는 애욕이다. 음식욕은 먹어도 먹어도 만족하지 않고 끊임없이 먹고 싶어하는 욕망이다. 명예욕은 유명해지고 싶어하는 출세욕이다. 수면욕은 끊임없이 잠자고 싶어하는 욕망이다. 그러나 인간 세상에서 이러한 욕망은 다 달성될 수 없다. 그러한 욕망이 다 성취될 수 없으므로 욕망은 모든 고통의 근본 원인이 된다.

욕망은 만족을 모르는 것이다. 어떠한 욕망의 순간적 충족은 있을지언정 욕망의 영원한 만족은 없다. 모든 고통은 이 욕망의 불충족에서 비롯된다. 마음의 분열도 바로 이 욕망의 불충족에서 비롯된다. 그래서 외계의 실재를 있는 그대로의 평등한 상태로 보지 못하는 것은 이 마음이 일으키는 차별상 때문이다. 그 차별상은 욕망의 감정이 투영되어 일어나는 것이다. 즉 사물의 총화인 세계를 있는 그대로 보지 못하는 것은 욕망의 화살이 일어나 세계의 과녁에 꽂혀버렸기 때문이다. 따라서 욕망을 어떻게 절제할 것인가가 존재하는 것들의 가장 커다란 문젯거리가 아니겠는가?

연기(緣起)는 연(緣: 조건)이라는 타자를 나의 존재의 조건으로 삼는 원리이다. 연기란 서로 의존하여 생긴다는 뜻이며 상의상관(相依相關)에 의해 성립하는 존재의 법칙이다. 그러므로 이 연기의 그물을 벗어나 존재하는 것은 아무것도 없다. 인간의 욕망은 연기에 대한 사무친 통찰 위에서만 자발적으로 절제될 수 있다. 연기에 대한 통찰이 있다면 욕망이 절제되지 않을 수 없으며, 살아 있는 모든 것들을 위해 헌신하는 보살행이 나오지 않을 수 없다. 현실적 인간이 연기에 대해 사무치게 통찰했다면 여덟 가지 바른 길(八正道)[120]의 실천행과 여섯 가지 또는 열 가지 깨달음의 언덕으로 이끌고 가는 행(波羅蜜)[121]이나 네 가지 뭇삶들을 섭수 · 친애하는 법(四攝法)[122]이라는 실천이 나오지 않을 수 없다.

연기의 그물을 벗어날 수 있는 어떠한 행위는 없다. 쓰레기 문제나 공해문제 그리고 생태계의 문제는 바로 이 연기의 그물을 벗어나려는 인간들의 행위(業)에서 비롯된 것들이다. 보살은 나를 넘어서는 어떠한 보편적 질서를 위해 몸을 던지는 인간이다. 그는 남을 이롭게 하는 일이라면 주저없이 자신을 바치는 삶을 사는 인간이다.

현실적 인간이 연기에 대한 사무친 통찰 위에서 팔정도와 바라밀, 그리고 사섭법의 실천행을 전개한다면 그는 곧 보살로 태어난 사람이다. 보살의 대비심은 바로 이러한 삶을 사는 사람들에게서 나오는 따뜻한 마음(一心)이다.

원효는 군주의 국토팽창정책이나 귀족 승려들의 호화로운 생활이나 기득권층의 기득권 세습의지의 자발적 절제는 모두 이러한 연기에 대한 사무친 이해 위에서 가능하다고 생각했다.

살아 있는 것들은 누구나 불성(佛性: 如來藏)을 지니고 있다. 적나라한 인간의 모습 앞에서 귀족과 천민의 차별상은 존재하지 않는다. 이미 계급이나 기득권은 아무런 의미가 없는 것이다. 어떠한 이념의 깃발도 '적나라한 인간' 앞에선 무기력할 수밖에 없다. 권력의지도, 명예욕도 다 소용없는 것이다. 모두가 평등하게 불성을 지니고 있는 존재인데 개체의 인격에 무슨 차등이 있을 수 있겠는가? 따라서 존재의 본질을 올바로 통찰할 때에야 비로소 온갖 욕망을 최소화할 수 있다는 것을 원효는 자신의 삶으로 보여주고 있는 것이다.

본래 제행무상(諸行無常)의 이치를 벗어나는 존재는 어디에도 없다. 한 세상을 살면서 아무리 욕망을 확대해도 그 욕망이 충족되지 않는다는 사실을 통찰한다면 욕망의 자발적 절제는 가능할 것이다. 그러나 그 통찰을 하기까지는 우리들의 삶의 과정이 너무 짧다고 하는 사람들도 있을 것이다. 그러나 그러한 통찰을 하기까지의 과정이 지극히 지난하더라도 포기할 수 없는 것 아닌가? 따라서 현실적 인간에게는 자신의 삶을 되돌아볼 수 있는 어떠한 인식 전환의 계기가 필요하다.

나의 욕망의 확대가 남의 욕망에 장애를 준다면 연기적 인간은 자신의 욕망을 다시 돌아보아야만 한다. 그러면 어떻게 돌아보아야 하는가? 이것은 연기의 이지에 대한 사무친 통찰 위에서 가능하다. 즉 연기의 사회적 실천은 현실적 인간들이 갈무리한, 자신을 돌아보는 '여유' 위에서 가능하다. 다시 말하면 모두가 넉넉한 마음을 지니고 있어야만 가능한 것이다. 회광반조(回光返照)! 빛을 돌이켜 자신을 되비추어보아야 한다! 조고각하(照顧脚下)! 자신의 다리 아래를 되돌아보아야 한다! 연기의 사회적 실천은 여기에서 출발한다. 원효 또한 이러한 통찰 위에서 그의 무애행을 이끌어낼 수 있었던 것이다.

원효가 『화엄경소』를 쓰다가 붓을 끊은 이유도 바로 여기에 있다. 회향(廻向)이란 무엇인가? 오늘의 나의 성취가 있기까지의 모든 인연들에게 그 성취를 되돌려주는 것 아닌가? 본시 나(我)와 내것(我所)이란 없는 것이다. 내것도 결국 나를 둘러싼 환경 일반의 소산이 아니던가? 그런데 분황사 서재 안에서 무엇을 회향할 수 있단 말인가? 『화엄』의 「십회향」과 해후하는 그 순간 원효는 자신을 돌아다보았던 것이다. 문자향과 서권기로는 당장 눈앞에 벌어져 있는 고통받는 여러 생명체들의 아픔을 덜어줄 수는 없었던 것이다.

화엄의 보현보살의 원행(願行)이 가없듯이 그 가없음을 분황사의 묵향 속에서만 자위할 것이 아니었다. 보현보살의 원행은 바로 자기 자신의 원행이어야 했던 것이다. 그 절실함이 그로 하여금 더 이상 붓을 잡게 하지 않았던 것이다.

바로 그러한 통찰이 있을 때 그는 자리에서 박차고 일어났다. 「십회향품」의 회향이 가리키는 달(지시대상: 記意, 시니피에)은 단순히 손가락(지시어: 記標, 시니피앙)으로만 자위할 수 없었던 것이다. 언어·문자라는 손가락으로 아무리 달을 가리켜봐야 현실적 인간들은 손가락만 바라볼 뿐 달을 보지 못한다는 사실을 통찰한 것이었다. 따라서 원효는 대중교화라는 보살행의 내용을 채워갔던 것이다. 원효의 대중교화의 실마리는 앞시대나 당대의 여러 선지식들, 이를테면 혜숙·혜공·대안화상 등의 영향에서 비롯되었으며, 이것은 사파(또는 사복) 등의 후학들에게까지 이어지게 되는 것이다.

다시 출가하면서

　여기서 '다시 출가하면서'라고 했지만 사실 마음의 출가이기보다는 몸의 출가라는 표현이 적합할 것이다. 왜냐하면 그는 한 번도 환속하거나 환계(還戒)한 적이 없었으며, 이는 그가 스스로 출가수행자임을 부정한 적이 한 번도 없었다는 것을 보여주는 것이기도 하다.

　원효는 어린 시절부터 절에서 살다가 절에서 죽었고 절에 모셔졌다. 아들 설총의 지극한 효심은 분황사에서 아침저녁으로 부모의 침소에 가서 잠자리를 살피고 문안을 드리는 신성혼정(晨省昏定)에 이르게 된다. 그는 아들을 낳았으나 파계한 것이 아니었다. 그는 신라의 부처님으로서, 우리 민족의 부처님으로서 드라마틱한 삶을 보여주었다. 그가 속복을 입고 시정으로 나온 것은, 살림을 살려고 거사가 된 것이 아니라 교화를 하려고 거사가 된 것이었다. 땅막과 무덤의 차별상을 알라야식의 전회를 통해 극복한 뒤 요석과 인연을 맺으면서 시작된 그의 무애자재한 가풍은 모두가 뭇삶들의 고통을 덜어주고 즐거움을 주기 위한 방편적 삶이었다. 그 과정에서 머리도 기르고 속복도 입었으며 갖가지 소도구를 동원해 새로운 담론과 발상의 전환을 모색했다. 그 과정이 끝난 뒤 다시 절집으로 돌아와 청정 비구의 두타행(頭陀行: 계율을 지키며 수행하는 것)을 실천하였던 것이다.

교화의 삶은 방편적 삶이었지 참다운 삶의 모습은 아니었다. 아니 그가 생각했던 참다운 삶의 모습은 자신만의 수행을 위한 삶이 아니라 보살의 삶, 거사의 삶이었다. 『유마경』의 주인공인 유마(維摩)거사의 삶은 재가적 삶의 한 본보기가 되었으며, 선배들이었던 혜숙·혜공·대안화상 등의 대중교화는 그의 대중교화의 길라잡이가 되었다.

그러나 그 교화가 끝나고는 다시 절에서 자신의 삶을 마감한 원효였다. 당시의 여러 교화승들은 모두 교화시에 거사의 삶의 방식처럼 속복을 입고 머리를 기르고 교화에 임했다. 그 모두가 법상 위에서 주장자(柱杖子: 선사의 지팡이, 선의 지극한 뜻을 상징)를 두드리며 알아듣지 못할 언사들을 쏟아내는 것이 아니라 대중들의 삶의 방식 안에 적극적으로 투신해 들어가 그들과 아픔을 함께하고 기쁨을 함께하는 무언의 보살행이 원효의 가풍이었다. 속복은 교화를 위한 하나의 방편이었을 뿐 목적이 아니었다. 그것은 그가 입적 직전에 다시 혈사(穴寺)로 돌아와 출가생활을 한 데서 잘 드러난다.

혈사로 돌아와서

원효는 70평생 열정적인 삶을 살았다. 그는 관채지년의 어린 나이에 출가하여 근 60여 년이 넘는 법랍을 출가수행자로 살았다. 원효는 거사의 삶을 마감하고 다시 삭발하고 법복을 드리웠다. 머리카락을 기르고 속복을 입은 기간이 약 25여 년이나 되었다. 그동안 두 차례의 유학 시도와 여러 선지식들과의 교유과정을 통해 엄청난 지적 에너지를 흡수하였다.

땅막과 무덤이 둘이 아님을 깨달은 이후부터 약 25년 동안의 만년에는 그의 보살행이 하루도 배어나지 않은 적이 없었다. 삼한일통의 소용돌이 속에서 인민들의 고통과 회한을 바라보며 인간에 대한 이해와 세계에 대한 인식을 심화시켰다. 백제가 멸망하고 고구려가 항복하였으며, 동맹군이었던 당나라와의 일전은 많은 것을 생각하게 했다.

무수한 삼장에 주석서를 다는 작업에서부터 자신의 생각을 담은 새로운 창작, 그리고 대중교화의 장에 이르기까지 자기 한 몸을 아끼지 않았다. 요석과의 인연으로 한 점 혈육까지 남긴 그였지만 그는 어느 자리에 머무르지 않았다.

원효는 거리에서 만났던 무수한 인연들을 소중하게 여기며 낱낱의 현실적 인간들이 모두 불성을 지닌 부처의 진신(眞身)임을 깨달았다. 부처는 중생을 위해 존재하듯이, 보살 역시 중생과 부처를 매개하는 존재가 아니던가? 그가 거사의 삶이자 보살의 삶을 살았던 이유도 바로 여기에 있었던 것이다.

현실적 인간들에게 지고지순한 모습으로 다가오는 부처의 모습이 뭇 삶들에게까지 이르기에는 너무나 아득한 거리가 있었다. 허나 모두가 순박한 불심을 가진 인민들에게는 그러한 세계가 있음을 일깨워줄 필요가 있었다. 원효는 그들에게 자신의 본래면목이 무엇인지를 알고 살아가는 것이 보다 값진 삶임을 일깨워줌으로써 그들의 삶에 생기를 불어넣으려 했던 것이다.

그러한 노력은 고고한 출가수행자의 모습으로만은 불가능했다. 삼국의 통일전쟁으로 지친 인민들을 감싸안고 그들에게 진실한 인간의 모습이 무엇인가를 일깨워주기 위해서는 자신의 삶의 방식과 터전 역시 그들과 달라서는 안 되었다. 그들을 이해하고 그들과 하나가 되지 않고는 그들을 진정으로 알 수가 없었다. 그래서 속복이 필요했고 소도구가 필요했으며, 결혼 역시 그러한 맥락에서 맺어진 자연스런 인연이었던 것이다.

그러나 그가 그렇게 인민들과 하나가 되었다고 해서 수행자로서의 모습을 잃은 적은 한 번도 없었다. 현상적인 계상(戒相)에 매이지 않고 다양한 삶의 가풍을 보였지만 계체(戒體)만은 한 번도 잃지 않았던 것이다. 그 계체를 견고하게 묶어두었던 것은 바로 그의 사상적 패러다임인 일심이었다. 일심은 그들을 일깨워주는 손가락이기도 했지만 원효에게는 달과도 같은 것이었다. 모든 것의 근거인 일심이 그를 지탱하는 힘이었고 그를 분출시키는 원동력이었다.

그렇게 열정적으로 살았던 지난 70평생이었다. 원효는 이제 자신의 삶을 정리할 필요를 느꼈다. 더 이상 아무것도 바랄 것이 없었다. 그 어린 시절 출가해서 60여 년을 수행으로 단련시킨 그였다. 삼국도 통일이 되었다. 가난뱅이 코흘리개들까지도 부처의 이름을 알고 믿고 따랐다.

이제 원효의 육신은 늙었다. 어쩌면 그에게 휴식의 과정이 필요했을 것이다. 또 그동안 못다 한 부자의 정을 나눌 때임을 알았을 것이다. 비록 다정다감한 아버지 역할은 못했지만 아들 설총은 만년의 그를 진심으로 시봉하였다. 설총은 평소에 자주 만날 수 없었던 아버지였지만 만년의 원효를 가까이서 시봉할 수 있었던 것을 기쁨으로 알았다. 그는 평소 수행자였던 아버지 원효를 봉양하지 못한 것을 죄스럽게 생각했다. 그는 삼강오륜을 삶의 지표로 삼는 유자(儒者)였던 것이다. 설총 역시 원효의 만년에는 이름 높은 청년 유자로 자리하고 있었다. 『삼국사기』「설총전」에는 그에 대한 평이 이렇게 기록되어 있다.

설총은 성품이 명민하여 날 때부터 도(道)를 갖추어 알았으며 방언(方

236

言)으로 구경(九經)을 읽어 후학들을 가르치고 이끌어 지금의 학자들이 그를 으뜸으로 높이고 있다. 또한 문장을 잘 지었으나 세상에 전하는 것이 없다. 다만 지금 남지(南池)에 어쩌다 설총이 지은 비명(碑銘)이 있으나 문자가 이지러지고 떨어져나가 읽을 수 없어서 그 뜻이 무엇인지 알 수 없다.[123]

원효의 아들 설총에 대해 『삼국유사』 '원효불기' 조에는 이렇게 기록되어 있다.

　설총은 태어나면서부터 영리하고 총명했으며, 나중에 경(經)·사(史)에 널리 통하여 신라 10현 중 하나가 되었다. 우리말(方音)로써 중국과 해동의 풍속문물의 이름을 서로 통해 알게 하고, 육경문학(六經文學)의 뜻을 풀이하여, 지금까지도 우리 해동에서 경서(經書) 공부하는 이들이 물려받아서 끊이지 않는다.[124]

신라의 10현 중 하나이자 구결(口訣)의 제창을 통해 주체적인 학문을 정립하려고 했던 설총! 그는 국제화 시대에도 학문의 뿌리를 생각했던 한국학의 시조였다. 어릴 때부터 총기가 뛰어났던 설총은 한평생을 열정적인 삶을 살다가 이제 말없이 만년을 보내고 있는 아버지 원효를 바라보면서 자신의 공부를 게을리하지 않았다. 비록 자신이 유자이지만 아버지가 이뤄놓은 불학을 깊이 이해할 필요가 있다고 다짐했다. 한때나마 아버지의 삶을 이해하지 못한 자신을 깊이 반성하면서 이제 얼마 남지 않은 아버지의 여생을 자식의 도리를 다하며 보내기로 결심했던 것이다.

어느 조용한 날이었다. 주위에는 아무도 없었다. 원효는 관채지년 이전

원효의 아들인 설총의 무덤(경북 경산군 소재)

의 어린 시절부터 혈사에 누워 있는 지금까지의 자신의 한평생을 파노
라마처럼 마지막 의식의 스크린에 되비춰보고 있었다. 이윽고 의식의 스
크린에 혈사의 삶이 비춰오면서 막 불빛이 꺼져가고 있었다. 원효는 일
어나 여섯 곳을 향해 고하며 절했다. 그리고 지나온 시간의 샘물을 다 퍼
내고 혈사에서 삶을 마감했다. 나이 70세이었다. 진평왕대에 태어나 선
덕(여)왕 - 진덕(여)왕 - 태종무열왕 - 문무왕 - 신문왕대를 걸치는 삶이
었다.

   그가 숨을 거둔 혈사는 어디였을까? 그리고 혈사란 이름은 어떤 의미
를 내포하고 있을까? 그냥 '구멍절'이라고만 해야 하는가? 아니면 감실
(龕室)을 지닌 어떤 절이었을까? 지금은 정확히 알 수 없다. 그의 입적
100여 년 뒤에 세워진 「서당화상비문」(誓幢和上碑文)에는 혈사가 왕성
가까운 곳에 있었다고 하며, 그 옆에 설총의 집터가 있었다고 한다. 그러
나 그 혈사는 지금 어디인지 정확히 알 수 없다.

아홉 명의 수제자

「서당화상비문」에 따르면 원효의 제자는 아홉 명이 있었다고 한다. 만선화상(萬善和上)이 기록한 글 가운데에 전하기를 "불법에 능한 자가 9인이 있었는데 모두 대덕(大德: 큰스님)으로 일컬어졌다"는 것이다. 허나 그 아홉 명의 이름을 다 알 수가 없다. 절친한 사이였던 의상이 교단을 중심으로 화엄학을 펼쳐나가면서 무수한 제자를 길러낸 것에 비하면, 원효의 제자는 잘 알려지지 않고 있다. 왜 그럴까? 당대 최고의 지성이었던 원효의 제자가 왜 나타나지 않을까? 제자가 없었던 것은 아니나 그의 가풍 때문에 기록이 남아 있지 않아서일까? 여러 맥락을 유추해보건대, 아마도 한 곳에 매이지 않으려 한 원효의 가풍 때문이었으리라.

이름만이라도 알려진 제자로는 사복(蛇福), 엄장(嚴藏), 현륭(玄隆, 분황사), 만선(萬善, 「서당화상비문」)화상 등에 지나지 않는다. 이 중에서도 만선화상이나 현륭은 원효의 제자인지 아닌지가 분명하지 않다. 다만 원효가 분황사나 고선사(高仙寺)에 머무를 때 등장하는 인물들일 뿐이기 때문이다.

그런데 그의 교학이 누구에 의해 계승되고 발전되기는 한 것일까? 물론 그의 직제자는 아니며 좀 연하의 후배이거나 후대의 인물들, 즉 불교의 인명논리학에 밝았던 순경(順璟), 정토(淨土)와 유가(瑜伽)의 대가였던 경흥(憬興), 계율과 유식의 대가인 의적(義寂), 해동 유가의 시조인 태현(太賢), 화엄의 대가인 표원(表員), 『기신론』의 주석서를 남긴 견등(지)(見登(之)), 『유가사지론』의 주석서를 남긴 둔(도)륜(遁(道)倫) 등의 저서에는 원효의 영향이 깊이 투영되어 있다.

하여튼 의상 문하의 열 제자가 그 이름이나 능력이 뛰어났음에 비해 원효의 제자는 잘 드러나지 않는다. 워낙 찬란한 원효의 광채(光彩) 때문일까? 너무나 눈부신 원효의 빛에 다 가려버린 것일까? 아마도 이것은 원효와 의상의 가풍 차이일 수도 있을 것이다.

의상이 내성적이고 진지하며 계율을 엄격히 지키는 사람인 데 비해, 원효는 그야말로 무애자재한 가풍의 소유자였으므로 일정한 교단이나 사암에서 지속적으로 제자를 기를 시간이 따로 없었을 것이다. 때문에 그를 따라다녔던 시자가 아닌 한, 어느 한 곳에서 꾸준히 주석하면서 제자를 길러내지는 못했을 것이다. 오히려 그것이 오늘날의 원효로 자리매김되는 계기가 되었는지도 모른다. 즉 몇 명의 한정된 문하생이 아니라 무수한 사숙 제자들이 그의 저술을 보거나 그의 대중교화 과정을 보고 스스로 흠모하여 원효의 제자가 되기를 발원했는지도 모르기 때문이다.

아마도 내 지도학생만이 내 제자라는 오늘날 우리나라 대학원 구조의 속좁음과는 판이한 원효의 넉넉한 가풍 때문이었을 것이다. 원효에게는 어디서 무엇을 하든, 스승과의 학연을 맺은 인연이 있으면 기꺼이 제자가 되는 것이라는 넉넉한 지평이 있었던 것이 아닐까? 공공연하게 그들 스스로 원효의 제자라고 선을 그을 수는 없었다고 하더라도 심정적으로는 모두 원효의 제자가 되기를 자청했는지도 모른다.

원효가 고선사에 있을 때 자기 어머니의 장사를 지내주도록 청하였던 사복, 도반인 광덕과 수행을 하던 도중 광덕이 먼저 입적하자 그 아내를 탐하다가 원효를 만나 쟁관법(錚觀法)을 배워 수행을 계속하던 엄장, 원효가 오래도록 주석하면서 저술활동을 한 집필성지 분황사에서 그를 시봉했을 현륭, 원효가 주석했던 절이자 나중에 그의 비가 세워졌던 고선사의 만선화상 등이 이름이 알려진 원효의 제자였을 것이다. 그러나 나머지 다섯 명에 대해서는 자세히 알 수 없다.

그러나 그의 불학은 순경, 경흥, 둔(도)륜, 의적, 태현, 견등(지), 표원 등에게 깊은 영향을 주었으며 이후 신라 불학의 자양분이 되었다. 그의 학덕과 인품은 신라에 그치지 않고 고려의 균여, 의천, 지눌, 요세(了世), 일연, 이규보, 이승휴, 이인로, 김부식 등에게까지 미쳤으며, 심지어 조선의 김시습 등과, 최근대의 신채호(申采浩), 이광수(李光洙), 최남선(崔南善), 장도빈(張道斌), 조소앙(趙素昻), 조명기(趙明基), 최범술(崔凡述), 이기영(李箕永) 등에게 깊은 영향을 미쳤다. 우리나라뿐 아니라 당나라의 현수 법장(賢首法藏), 정법사 혜원(慧苑), 이통현(李通玄), 양분(良賁), 형계 담연(荊溪 湛然), 혜소(慧沼), 청량 징관(淸凉 澄觀), 규봉 종밀(圭峯 宗密), 송나라의 찬녕(贊寧), 영명 연수(永明 延壽), 진수 정원(晋水 淨源) 등과, 요나라 천우제(天佑帝) 도종(道宗), 일본의 심상(審詳), 선주(善珠) 등의 여러 학승들에게 경외와 찬탄의 대상이 되었다.

원효의 직제자들은 겨우 이름만이 전할 뿐이지만, 우리는 동아시아인들의 원효 이해를 통해 원효의 인간적인 모습과 그의 불학의 심층을 간접적으로나마 더듬어볼 수 있을 것이다.

여섯 곳에 입멸을 알리다

만년의 원효는 대중교화를 마치고 혈사로 돌아와 입멸한다. 깨달음으로부터 입적에 이르기까지의 치열한 거사의 삶, 보살의 삶은 불꽃 같은 열정 없이는 불가능한 삶이었다. 87부 180여 권 남짓한 무수한 저술, 가난뱅이와 코흘리개들에게까지 부처의 이름을 알게 한 보살행은 그의 건강과 열정의 소산이었다.

그의 삶은 명석한 두뇌, 뛰어난 사변력, 탁월한 문장력, 인간과 세계에 대한 넉넉한 이해의 지평 등이 어우러진 한 편의 교향곡이었다. 그런 점에서 원효는 한 사람이 아니었다. 그는 앞시대의 모든 사상적 흐름들을 자기 것으로 소화해냈고, 당대의 지성들과 치열하게 토론했으며, 제자들과 더불어 대중교화의 보살행을 완수하였다.

이 모두가 7세기라는 시대 상황의 산물이기도 하지만, 무수한 강줄기들을 삼켜버린 바다와 같은 소화력의 산물이었다. 원효! 그는 한국사상사의 위대한 거인이며 한국 문명의 초석을 놓은 사상가다. 우리는 그를 이해하지 못하고서 한국사상사를 말할 수 없을 것이다. 원효가 있는 곳이라면 언제 어디서나 인간 이해와 세계 인식의 넉넉한 지평이 마련될 것이며, 원효라는 이름이 살아 있는 한 우리 민족은 언제나 웅비의 날개를 드높이 펼 가능성을 머금고 있는 것이다.

원효는 혈사로 돌아와 동·서·남·북방과 상·하방을 향해 입멸을 알렸다. "이 사바세상에 나왔던 새부(시단)는 오늘 이렇게 육방(六方)에 예를 올리고 떠납니다. 부디 이 한 물건이 본래부터 온 곳도 없으며 갈 곳도 없지만 이렇게 예 올립니다."

『불설시가라월육방예경』(佛說尸迦羅越六方禮經)에 의하면, 싱갈가(尸迦羅越)라는 젊은이가 아버지의 유언에 따라 동·서·남·북·상(天)·하(地) 육방에 네 번씩 합장 예배하는 것을 본 붓다가 그런 식의 단순한 예배는 무의미하다고 지적한다. 그리하여 동방을 부모, 남방을 스승, 서방을 아내와 자식, 북방을 친구, 하방을 하인이나 고용인, 상방을 사문(沙門)에 각각 할당하고 그러한 사람들을 생각하면서 예배해야 한다고 하며 세속적 인간관계의 이상적인 방도를 설하고 있다.

특히 부부관계에서 하인이나 고용인의 입장을 이해할 것을 제시한다. 또 나쁜 친구를 피하고 마음가짐이 착한 친구와 가까이할 것을 권한다. 세속의 생활에서 재산의 보전을 중시하며, 재산을 낭비하지 않도록 해야 한다고 설한다. 재가자의 윤리로서 살생하지 말 것, 주지 않는 것을 취하지 말 것, 타인의 아내를 가까이하지 말 것, 거짓말을 하지 말 것 이 네 계를 지키도록 한다. 그러면서 근본적으로는 마음속의 탐욕, 노여움, 공포, 어리석음을 멸해야 한다고 설한다.

원효가 육방에 입멸을 고하는 것도 이 『육방예경』과 다르지 않았다. 그 방향이 꼭 여섯일 필요는 없었지만 그는 육방을 향하여 고했다. 그것은 우리들이 바라보는 세간의 방향이 여섯 군데이기 때문이었다. 원효는 여섯 곳을 향하여 고했다. 현상적으로는 아무것도 보이지 않는 방향이었지만 『육방예경』의 가르침과 같이 자신을 있게 한 모든 인연들에게 회향의 인사를 올렸던 것이다.

그는 부모, 스승, 아내와 자식, 친구, 하인과 고용인, 사문을 여섯 방향의 대상으로 설정하고 깊이 생각하면서 자신과의 인연에 대해 감사의 예배를 올렸다. 원효는 모든 인연들에게 회향을 마친 뒤 조용히 숨을 거두었다. 『삼국유사』는 원효의 임종 모습을 이렇게 묘사하고 있다.

> 원효가 입적하자 (그 아들) 설총이 그때 그 유골을 갈아서 진용(眞容)의 소상(塑像)을 만들어 분황사에 모시고 아버지를 언제나(終天) 공경하고 추모하는(敬慕) 뜻을 표하였다. 설총이 어느 때 곁에서 절을 하니 '뼈를 섞어' 흙으로 빚은 상이 홀연히 고개를 돌려 돌아보았다. 지금도 여전히 (아들 쪽으로) 돌아본 상태로 있다. 원효가 일찍이 거하던 혈사 옆에 설총의 집터가 있다고 한다.[125]

유자인 설총이 삼년상을 치렀던 집터가 일연 시대에도 남아 있었다고 할 정도로 만년의 원효는 설총과 가까이 살았던 것 같다. 살아서는 부자의 정을 다하지 못했던 두 사람이었지만 혈사에서의 여생과 입적 후의 효성은 여느 부자의 모습과 다르지 않았을 것이다. 설총의 정성이 얼마나 지극했으면 원효의 소상이 아들을 향해 고개를 돌렸을까? 여기에서 우리는 인간 원효의 진면목과 해동 유학의 개조인 설총의 인간적인 모습을 살펴볼 수 있다.

비록 원효는 육신으로는 세상을 떠났지만 그의 저술과 그에 관한 일화는 지금도 인구에 회자되면서 끊임없이 살아나고 있다. 전국의 수많은 전통 사찰이 그에 의해 창건되었다고 가탁하는가 하면, 그가 그곳에 잠시나마 머물렀다고 윤색하여 자긍심을 높이고 있기도 하다. 주위의 산이름이나 봉우리 이름들에 붙은 그의 이름은 그가 얼마나 우리에게 가까이 다가와 있는가를 알 수 있게 하는 상징이다.

또 그를 지칭하는 다양한 별명, 별호, 자호들인 진나후신(陳那後身), 분황지진나(芬皇之陳那), 구룡대사(丘龍大師), 청구잠룡(靑丘潛龍), 만인지적(萬人之敵), 새부(塞部), 시단(始旦), 해동(海東), 화회국사(和諍國師), 고선대사(高仙大師), 해동교주, 해동법사, 원효성사(元曉聖師), 원효보살, 효성(曉聖) 등의 무수한 칭호들은 그의 지명도가 어느 정도였으며 그의 학덕과 인품이 어떠했는가를 알 수 있게 한다.

뿐만 아니라 그의 사후에 그를 흠모하고 경외하는 무수한 후배 문인 학자들이 그를 대상으로 하여 형상화한 글과 시 등의 창작물들이 남아 있는가 하면, 식민지 시대의 대한의 건아들은 그에게서 한민족의 주체성과 자긍심을 배웠고, 산업화 시대를 경험한 한국에서는 그를 기념하는 원효로와 원효대교 등을 설치하여 그의 정신과 업적을 내외에 알렸다. 분단시대에는 그의 일심사상을 통하여 통일의 이론을 추출해내는가 하면, 화회논법을 통하여 민주사회의 다양한 주장들(여론)을 수렴하고 그것을 토대로 광범위한 정책을 입안해내고 있다.

1995년부터는 원효의 집필성지인 분황사에 원효학연구원이 개원되고 뒤이어 서울에서는 한국원효학회가 발족되어 그의 인간과 학문을 배우고 연구하고 있다. 1997년에는 한국의 동국대학교와 미국의 스토니부룩의 뉴욕주립대가 국제원효학회를 구성하고 원효사상연구와 원효전서의 영역작업을 추진하고 있다. 또 각 대학교의 대학원에서는 그의 인간과 불학을 연구하는 석박사학위들이 쏟아지고 있다.

원효는 한국사상사의 첫새벽이다. 한국사상사의 미래 역시 그의 극복을 통해서 가능한 오늘, 우리는 원효에게서 학문하는 법을 배우고 자기를 넘어서서 사는 보살적 인간의 모습을 체득해야 할 과제를 안고 있다. 우리 사상사는 그로부터 시작되었으며 그를 넘어서지 않고는 한국사상사가 건조한 이론만을 맴맴 부르짖는 매미의 메아리에 그치고 말 것이다.

그는 우리 사상사에서 희망이자 동시에 절망이다. 그 절망을 딛고 넘어서지 않는 한, 우리 사상사에 희망적인 미래는 없을 것이다. 그의 보편적 학문과 인간적 매력은 오늘을 사는 우리의 내면 속에서 치밀한 사고와 활달한 문장력 그리고 넘치는 인간미를 용솟음치게 하고 있다. 이제는 그 앞에서 모자를 벗거나 머리만 숙일 것이 아니라 그를 넘어서려는 후생들이 지속적으로 출현하기를 평자는 기원한다. 원효가 진정으로 바라는 것도 바로 그것이리라. 오늘 우리가 원효를 찾는 이유가 바로 여기에 있다.

원효시집

서쪽 골의 사미는 공손히 머리 숙이오니
동쪽 봉우리의 큰스님(上德) 높은 바위(高巖) 앞에
가는 티끌을 불어 보내어 영축산에 보태고
가는 물방울을 날려 용못(龍淵)에 던집니다
· 『초장관문』

증득을 이루는 도리는 참으로 헤아리기 어려워
스스로 (적임자가) 아닌 줄 알면서도 숨은 뜻 쉽게 풀이하고자
이제 성전(聖典)에 의지하여 한 귀퉁이를 들쳤음은
불도(佛道)를 통하여 삼세에 흐르게 하고자 함이네
· 『판비량론』

어젯밤 잠자리는 땅막이라 일컬어서 또한 편안했는데
오늘밤 잠자리는 무덤이라 내세우니 매우 뒤숭숭하구나

알겠도다!

마음이 일어나므로 갖가지 현상이 일어나고

마음이 사라지므로 땅막과 무덤이 둘이 아님을

또 삼계는 오직 마음일 뿐이요 만법은 오직 인식일 뿐이니

마음 밖에 현상이 없는데 어디서 따로 구하겠는가?

　•『송고승전』「의상전」

우러러 성전의 요의문에 의지하여

계장(戒藏)을 간추려 요긴한 법문을 펴나이다

널리 법계 중생 위해 한 등불 밝히오니

이 등불 전하여 시방세계에 두루하옵기를

사구(四句)와 삼취정계(三聚淨戒) 두루 가득하여

육의(六意)와 오수(五修)로써 변별하게 하고

두 편견 멀리 떠나 모든 죄악 없애고

평등한 한 맛으로 방외(方外)에 노닙니다

　•『보살계본지범요기』

누가 자루 없는 도끼를 주겠는가?

내가 하늘 떠받친 기둥을 끊으리!

　•『삼국유사』「의해」 '원효불기'

248

지난 옛날 백 개의 서까래를 가려낼 때에는
비록 내가 참예하지 못했지만
오늘 아침 하나의 대들보를 가로지를 곳에선
오직 나만 감당할 수 있었도다!

•『송고승전』「원효전」

일체에 걸림없는 사람이
한 길(一道)로 삶 죽음을 벗어났느니

•『삼국유사』「의해」'원효불기'

만약 법계에 의지하여 노니려 하는 자는
행주좌와(行住坐臥) 몸가짐을, 헛된 노님 없어야
항시 모든 부처 생각하되 그 생각으로는 미치지 못할 덕을
항상 여여한 실상 생각하여 업장을 녹여버려야

널리 육도(六道)의, 한없는 중생 위하여
시방세계의 한량없는 부처께 귀의하소
여러 부처님 다름없으되 역시 같지도 않지
한 부처가 일체의 부처이고 일체 부처 또한 한 부저이네
머무는 곳 비록 없어도 머무르지 않는 곳도 없고
비록 하염없으시나 하염 없음이 없으시네
하나하나의 모습과 낱낱의 털구멍까지

막힘없고 가림없이 차별됨이 없도록
중생을 교화하시어 쉬임이 없으시다네

그런 까닭이 무엇인고
시방의 공간 삼세의 시간, 한 경계나 한 생각이나
죽고 삶의 열반에 차별됨이 없다
대자대비의 반야지혜, 잡지도 않고 놓지도 않으니
불공법(不共法)과 서로 일치하기 때문일세

지금 이곳, 연화장의 세계에는
노사나 부처께서 연화대에 앉아 계셔
가없는 빛을 펴고 한량없는 중생 모아
굴려도 굴림이 없는 대승의 법바퀴 돌리시네
보살 대중은 허공에 두루 가득
받아도 받음이 없는 대승의 법 즐거움

그런데 지금 우리는 여기에 함께 있어
하나의 진실과 삼보로 허물없는 곳이나
보도 듣도 못하니 귀머거리인 듯 소경인 듯
불성 없음인가, 어때서 이러하지
무명으로 전도되어 부질없이 바깥 경계에 끌려
나와 나의 대상에 집착되고 갖가지 죄업을 지으니
스스로 가리움되어 보고 들을 수 없네
미처 아귀가 물가에 가 물빛을 불빛으로 보듯

그러니 이제 부처님 앞에 깊이 부끄러운 마음 내어

보리심 펴내어 성심으로 참회하세

나와 중생은 시작도 없던 그때부터

무명에 취하여 한량없는 죄를 지어

오역이나 십악까지도 짓지 않는 것 없어

내 지음 남 시키고, 남의 지음 보고 좋아했으니

이러한 뭇죄를 어찌 다 셀 수 있는가

이 모두 모든 부처성현 똑바로 아시는 바이니

이미 지은 죄, 깊이 부끄러운 마음 내어

아직 짓지 않았거든 다시는 짓지 마소

이러한 모든 죄 실로 있음이 아니나

뭇 인연과 어울려 이름 빌려 업이라 하네

연과 마주쳐도 업은 없고, 연을 여의어도 역시 없다네

안도 아니요 밖도 아니니, 그렇다고 중간에도 없네

과거는 이미 사라졌고 미래는 오지 않았고

현재는 머무르지 않으니, 그러니 업 지음 없어야지

머무름이 없는 까닭에 남(生) 또한 없는 법

애초에 있음 남(生) 아니니, 애초에 없음 어디가 남인가

만약 말하기를, 원래 없음과 이제 있음도 아니니

두 뜻이 서로 합하여 이름하여 생(生)이라 한다면

원래 없는 때에는 이제 있음이 있을 수 없고

이제 있는 때라면 원래 없음이 있지 않았지

앞뒤가 함께 못하고 있음 없음 화합 못하니

두 뜻이 어울릴 수 없는데 어디에 생이 있다 하나
어울리는 뜻 이미 무너지니 흩어짐도 될 수가 없네
어울림(合)도 없고 흩음도(散) 없고, 있음도 아니요 없음도 아니니
없는 때 있음 없거니 무엇으로 없다 해야 해
있는 때 없음 없으니 어디에 있음 기대하리
앞과 뒤, 있음과 없음 다 이룰 수 없으니
마땅히 알라, 업성에는 원래 남(生)이 없음을
원초에서부터 남이 있음 될 수 없으니
될 수 없다는 말마저도 될 수가 없구나
업성이란 이와 같아, 모든 부처 역시 그러하니라

경에서 말씀하듯이
비유컨대 중생들이 모든 업만을 만들어 지어
선하거나 악하거나 안도 아니요 밖도 아니니
이와 같은 업성은 있음도 아니요 없음도 아니다
역시 이와 같으니, 본래 없고 이제 있다 함이
인연 없이 남이 아니나 지음도 없고 받음도 없이
시절에 어울려서야, 그래서 과보를 얻는다네

수행하는 이, 자주자주 생각하되
이런 실상 알아, 참회하는 이는
사중오역의 죄업을, 할 수 없으리니
마치 허공이 불에 태워지지 않음 같고
그렇지 않고 방일해서 부끄러워함이 없이

업성의 실상을 생각할 수 없는 이는

비록 죄성이 없더라도 장차 지옥에 빠지리니

마치 마법의 호랑이가 마법사를 삼킴 같아

이러므로 시방 모든 부처님께

깊이 참괴하는 마음 내어 참회하라

참회할 때에도 참회한다 하지 말고

생각생각에 여실한 모습을 참회하라

참회한 죄도 이미 없는 것이니

어디에 참회한 자가 있다 말하랴

참회하는 이도 참회할 바도 모두가 없는 것이니

어느 곳에서 참회할 방도 찾으랴

모든 업장에 참회하고 나면

육정 내쳐버릴 것으로, 참회함이 옳으리라

나와 중생이 처음도 없던 그 당시부터

모든 진리가 원래 없음을 몰라서

망령된 생각으로 전도되어 나와 나의 대상에 매여

안으로 육정을 세워 알음알이를 만들고

밖으로 육진을 정해 그것을 실상으로 집착하고는

이 모두를 모르네, 자신의 마음에서 만듦을

허깨비 같고 꿈 같아, 영원히 있음이 아닌데

마음속 잘못된 생각, 사내 계집으로 모습을 짓네

모든 번뇌 일으켜 스스로 얽매여

길이 고해에 빠져 헤어날 길 찾지 못하네

고요히 생각한다는 때도, 심히 괴상하구나
마치 잠자는 때, 졸음이 마음을 가려
망령되이 물에 빠진 자신을 발견하고
이 꿈 속의 몸짓, 스스로 모르고 있어
실지로 빠졌다 하여 크게 겁을 낸다네
꿈 깨기도 전에 다시 딴 꿈을 꾸면서
내가 아까 보았던 일, 꿈이지 실제가 아니라 하지
그래도 심성이 총명하기에 꿈 속 꿈을 알아
물에 빠져도 겁을 내지 않지만
아직도 내 몸이 침대에 누운 줄은 모르고
머리와 손을 휘저어 영원히 깨기를 바라네
꿈을 깨고 나서 조금 전 꿈을 더듬어
물과 떠나던 몸, 다 없었던 일이라
원래 조용히 침대에 누웠음을 알게 되네

긴 꿈도 이와 같아 무명이 마음을 덮어
부질없이 육도를 지어 팔고에 헤맨다네
안으로 부처님의 불가사의한 훈습력과
밖으로 부처님의 대자대비 원력으로
나와 중생 모두 믿음으로 깨닫게 하나
오직 긴 꿈에 잠들어 헛되이 실상인 줄 알고
육진을 어기거나 따르거나 남녀의 두 모습 경계지으나
이 모두 나의 꿈이거니, 길이 참된 사실 없게 돼

무엇에 기쁨 슬픔 있으며, 어디에 탐내고 미워하랴
부지런히 사유하라, 이러한 몽관법(夢觀法)을
점점 갈고 닦아 여몽관(如夢觀)의 삼매 얻으면
이 삼매로 해서 무생인도 얻게 되어
긴 꿈으로부터 활연히 깨어나
원 근원을 알아 길이 헤맴 없이
이 한마음, 일여(一如)한 침대에 누워 있네
이렇듯 자주자주 생각할 수 있다면
육진에 이끌려도 실상으로 여기지 않고
번뇌나 부끄러움에도 방일하지 않으리

이 이름, 대승육정참회
• 『대승육정참회』(李鍾燦 譯)

매우 깊고 미묘한 금강의 가르침을
이제 받들어 믿고 대강 기술하오니
바라건대 이 선근이 법계에 두루하여
널리 모든 중생을 이롭게 하여 남김없어지이다
• 『금강삼매경론』

저 흘러간 멀고 먼 옛날에
법장이라 하는 한 높은 이 있었네

처음으로 위 없는 보리심 내어

속세 나와 도에 들어 모든 상을 깨뜨렸네

비록 한마음에 두 모습 없는 줄 알았건만

고해에 빠진 뭇삶을 어여삐 여겨

크고 뛰어난 사십팔 서원을 세워

깨끗한 업 갖춰 닦아 온갖 더러움 여의었네

　•「증성게」

주註

1) 베네데토 크로체(1866~1952)는 이탈리아가 낳은 탁월한 역사가이자 철학자이며 정치가이다. 그는 "모든 역사적 판단의 기초를 이루는 것은 실천적 요구이기 때문에, 모든 역사는 현대의 역사라는 성격이 부여된다. 서술되는 사건이 아무리 먼 시대의 것이라고 할지라도 역사가 실제로 반영하는 것은 현재의 요구 및 현재의 상황이며 사건은 다만 그 속에서 메아리칠 따름이다"라고 했다(B. Croce, *History as the Story of Liberty*, Egal. transl., 1941, p.19).

2) 일연, 『삼국유사』 권3, 「興法」 제3, '東京興輪寺金堂十聖'(『韓佛全』6책, 318쪽 중). "東壁坐庚向泥塑, 我道·厭髑·惠宿·安含·義湘; 西壁坐甲向泥塑, 表訓·蛇巴·元曉·惠空·慈藏."

3) 김영태, 『불교사상사론』, 민족사, 1992, 350쪽.

4) 김영태, 「신라불교의 신앙적 특수성」, 『신라불교연구』, 민족문화사, 1987, 358~364쪽.

5) 김영태, 「원효의 소명(小名) 서당(誓幢)에 대하여」, 『불교사상사론』, 민족사, 1992, 158~183쪽.

6) 이평래, 『신라불교여래장사상연구』, 민족사, 1996, 36쪽.

7) 일연, 『삼국유사』 권1, 「紀異」 제1, '新羅始祖 赫居世王'(『한불전』6책, 272쪽 중).

8) 일본학자늘이나 일부 국내학지둘은 '관채지년'을 '학문에 뜻을 둔 나이' 또는 '총각 관'이라 해서 15세로 비정(比定)하고 있으나 이는 잘못이다. 관채지년은 쌍상투를 맨 열 살 이전의 나이, 즉 정확히 말하면 약 8,9세의 나이를 말한다. '관'이 유년(幼年)을 가리킴은 『삼국유사』의 '경덕왕·충담사·표훈대덕' 조목에 "경덕왕이 붕어(崩御)하자 태자였던 혜공(惠恭)대왕이 8세에 왕위에 올랐으나 나이가 어려(幼沖) 태후가 섭정했다"(일연, 『삼국유사』 권2, 「기이」 제3, '경덕왕·충담사·표훈대덕'(『한불전』6책, 292쪽 중 "至八歲, 王崩, 太子卽位, 是爲惠恭大王, 幼沖故, 太后臨朝.")고 기록되어 있다. 이를 통해서 당시 신라에서 8세를 전후한 나이를 幼沖(幼少)이라고 지칭하고 있는 점으로 보아 남자의 관례(冠禮)를 시작하

기 전인 15세에서 20세 사이를 '유년'이라 할 수 없다. 이때는 오히려 청소년기에 해당될 것이다. 동양에서는 일반적으로 아이들의 나이를 말할 때 그들이 노는 놀이기구나 그들의 버릇(특징)을 가지고 나이를 명명했다. 이를테면 굴렁쇠보다 작은 쇠바퀴(수레장난감)인 구거(鳩車)를 가지고 노는 나이(鳩車之齡)를 3~7세로 보면, 이빨을 가는 나이(齠齒之齡)를 7,8세, 대나무로 만든 말을 타고 펄펄 뛰다니는 나이(竹馬之年)를 10세 이상이라고 할 때, 관채지년은 10세 미만, 좀더 좁혀 말하면 초치지령과 죽마지년의 사이인 8,9세에 해당된다.

9) 원효에게는 다양한 이름과 별칭이 있었지만 스스로 즐겨 쓴 이름은 원효 외에 '새부'(塞部)였다. 국내 학계에서는 그의 『대승기신론별기』 제일 끝에 기록되어 있는 '새부찬'(塞部撰)이란 세 글자에 아무도 주목하지 않았다. 일본의 불교학자 모치쓰기 신코(望月信亨)만이 그의 『望月佛教大辭典』에서 이 '새부찬'이라는 글자에 주목은 했으나 '새부'를 '색부'로 읽어 범어 우파사카(우바새)의 한문표기로 추정했을 뿐이다. 그런데 최근 신라시대 원효(元曉: 첫새벽)의 다른 이름이 새벽(始旦)의 발음과 같은 '새부'(塞部)였다는 것이 밝혀졌다(김영태, 「원효의 신라말 이름 '새부'에 대하여」, 『신라문화』 제8호, 경주: 동국대 신라문화연구소, 1991; 『불교사상사론』, 민족사, 1992, 145~157쪽 참조).

10) 『안신사심론』(安身事心論)은 몸을 편안히 하고 마음을 부리는 것(事)에 대한 원효의 입론이다. 몸을 편안히 하지 않고 어떻게 마음을 부리겠는가? 어느 학자는 이 『안신사심론』이 아마도 원효와 동시대에 살았던 의상의 제자 의적(義寂)이 '안심양신'(安心養身)이라고 한 예(『觀經定善義傳通記』 권1, 『대일본불교전서』 권2, 331쪽 상)에 비추어보아 '안신사심론'은 '안심사신론'의 와전인 듯하다고 하였으나(남동신, 『원효의 대중교화와 사상체계』, 서울대학교 국사학과 박사학위논문, 1995, 81쪽) 이는 잘못된 추정이다. 원효는 조사선(祖師禪)의 시대에 살지 않았으나 이미 조사선을 깊이 이해하고 있었다. 『금강삼매경론』은 그의 조사선에 대한 깊은 이해의 산물이라 아니할 수 없다.

11) 『대승육정참회』(1권)는 모두 1,078자로 구성된 짧은 글이지만 원효의 참회사상을 볼 수 있는 저술이다. 여기에서는 본각(本覺)을 직시하는 참회법인 이참(理懺)과, 시각(始覺)의 네 계위를 밟아 올라가는 참회법인 사참(事懺)을 통해 참회법이 궁극적으로 본각을 향한 심오한 수행법임을 밝히고 있다(김현준, 「원효의 참회사상」, 『대승육정참회』를 중심으로」, 『불교연구』 제2집, 한국불교연구원, 1986, 53~78쪽).

12) 『잡아함경』 제2, 36경(『고려대장경』 권18, 717쪽 상중; 『大正藏』 권2, 8쪽 상). "……住於自洲, 住於自依. 住於法住, 住於法依. 不異住, 不異依.……"

13) 고영섭,『불교경전의 수사학적 표현: 인간과 세계를 바라보는 불교의 눈』, 경서원, 1996, 101쪽.

14) 원효,『菩薩戒本持犯要記』(『한불전』1책, 581쪽 상).

15) 金富軾,『三國史記』권4, 진평왕 30년 1월. "求自存而滅他, 非沙門之行也. 貧道在大王之土地, 食大王之水草, 敢不惟命是從!"

16) 일연,『삼국유사』권4, 「의해」제5, '圓光西學'(『한불전』6책, 342쪽 중). "六齋日春·夏月不殺, 是擇時也. 不殺使畜, 謂馬·牛·鷄·犬; 不殺細物, 謂肉不足一臠, 是擇物也. 此亦唯其所用, 不求多殺. 此是世俗之善戒也."

17) 신종원,『신라초기불교사연구』, 민족사, 1992, 245쪽.

18) 원효는 자장의 전기 1권을 지었다고 전하지만 현재는 남아 있지 않다. 이『관행법』이 원효의『금강삼매경론』의 핵심내용의 한 축인 일미관행(一味觀行)에 어떤 사상적 영향을 미쳤는지는 알 수 없다.

19) 일연,『삼국유사』권3, 「塔像」제4, '皇龍寺九層塔'(『한불전』6책, 321쪽 상). "皇龍寺護法龍, 是吾長子. 受梵王之命, 來護是寺, 歸本國, 成九層塔於寺中, 隣國降伏, 王祚永安矣. 建塔之後, 設八關會, 赦罪人, 則外賊不能爲害, 更爲我於京畿南岸, 置一精廬, 共資予福, 予亦報之德矣."

20) 일연,『삼국유사』권4, 「탑상」제4, '皇龍寺丈六'(『한불전』6책, 320쪽 중). "汝國皇龍寺, 乃釋迦與迦葉佛講演之地, 宴坐石猶在."

21) 일연,『삼국유사』권3, 「탑상」제4, '阿道基羅'(『한불전』6책, 314쪽 상). "此國于今, 佛知佛法, 爾後三千餘月, 鷄林有聖王出, 大興佛敎, 其京都內, 有七處伽藍之墟, 一日: 金橋東天鏡林, 二日: 三川岐, 三日: 龍宮南, 四日: 龍宮北, 五日: 沙川尾, 六日: 神遊林, 七日: 婿請田, 皆前佛時, 伽藍之墟, 法水長流之地, 爾歸彼而播揚大敎, 當東嚮於釋祀矣."

22) 일연,『삼국유사』권5, 「避隱」제8, '朗智乘雲 普賢樹'(『한불전』6책, 363쪽 하). "西谷沙彌稽首禮, 東岳上德高巖前, 吹以細塵補鷲岳, 飛以微滴投龍淵."

23) 의천,『대각국사문집』권19, '到盤龍山延福寺禮普德聖師飛房舊址'(『한불전』4책, 563쪽 하), "飛房靈迹瞻南地, 舊隱遺踪禮此間. 浮石芬皇曾問道, 慨然長想未知還."

24) 김영태, 「해동에서 이룩된『금강삼매경』」,『불교학보』제25집, 1988, 17쪽.

25) 贊寧,『宋高僧傳』권4, '唐新羅國黃龍寺元曉傳', 북경: 중화서국, 1987, 78쪽. "嘗與湘法師入唐, 慕奘三藏慈恩之門, 厥緣旣差, 息心遊往."

26) 김상현, 「『금강삼매경론』의 연기설화고」,『한국불교문화사상사』권하, 가산이지관스님화갑기념논총간행위, 1992, 359쪽.

27) 신현숙, 「판비량론의 성립」,『원효의 인식과 논리』, 민족사, 1988, 10쪽.

28) 일연, 『삼국유사』 권4, 「탑상」 제4, "前後所將舍利"(『한불전』 6책, 327쪽 중). "然據「浮石本碑」, 湘法德八年生, 卅歲出家, 永徽元年庚戌, 與元曉同伴欲西入, 至高麗, 有難而迴. 至龍朔元年辛酉入唐, 就學於智儼. 總章元年, 儼遷化. 咸亨二年, 湘來還新羅, 長安二年壬寅示滅, 年七十八."

29) 모치쓰키 신코(望月信亨)는 그의 역작 『望月佛敎大辭典』 1권과 3권, 그리고 그의 『大乘起信論之硏究』(동경: 金尾文淵堂, 1922)의 226~227쪽에서 원효의 출가년을 의상의 출가년으로 착각하여 29세로 기록하였고, 또 『삼국유사』「의해」편의 '의상전교'조에 의거하여 의상의 출가년을 29세설로 기록하였다. 이 기록 때문에 많은 국내 학자들까지 원효의 출가년을 의상과 같은 29세로 착각하거나, 의상의 출가년 역시 29세로 잘못 알고 있다. 정작 의상의 출가년은 『삼국유사』「탑상」편 '전후소장사리'조의 「부석본비」(浮石本碑)에 의하면 '관세출가'로 적확하게 명시되어 있다. 또 '관세' 역시 모로하시 테쓰지(諸橋轍次)의 『大漢和辭典』(동경: 大修館書店, 1955)의 1권(318쪽)의 '관'자 용례를 '총각 관'자라는 의미에 근거하여 15세로 비정한 국내학자들도 다수 존재한다. 아무도 밟지 않은 눈길을 처음 간 자가 잘못 걸어가면 무수한 후생들이 맹인이 되어 따라간다는 의미를 잘 알 수 있는 사례이다.

30) 찬녕, 『송고승전』 권4, 「唐新羅國義湘傳」, 북경: 중화서국, 1987, 76쪽. "前之寓宿, 謂土龕而且安; 此夜留宵, 託鬼鄕而多崇. 則知! 心生故種種法生, 心滅故龕·墳不二. 又三界唯心, 萬法唯識. 心外無法, 胡用別求? 我不入唐! 却携襄返國."

31) 일연, 『삼국유사』 권4, 「의해」 제5, '元曉不羈'(『한불전』 3책, 348쪽 상). 師嘗一日, 風顚唱街云: "誰許沒柯斧, 我斫支天柱?" 人皆未喩. 時太宗聞之曰: "此師殆欲得貴婦, 産賢子之謂爾. 國有大賢, 利莫大焉. 時瑤石宮(今學院是也), 有寡公主, 勅宮吏覓曉引之, 宮吏奉勅將求之, 已自南山來過蚊川橋(沙川俗云: 牟川, 又蚊川, 又橋名楡橋也), 遇之佯墮水中濕衣袴, 吏引師於宮, 褫衣曬眼曬眼, 因留宿焉, 公主果有娠."

32) 자기 혈족끼리 결혼하는 풍습은 고대사의 일반적인 형태였다. 이집트나 그리스, 로마 등을 살펴봐도 그렇다. 우리나라 신라의 풍습도 마찬가지였다.

33) 『잡아함경』 권1, 21경(『고려대장경』 18책, 713쪽 상). "所以善男子, 正信·非家·出家, 乃至自知不受後有."

34) 『잡아함경』 권1, 15경(『고려대장경』 18책, 709쪽 하). "所以善男子出家, 剃除鬚髮, 身着法服, 信家·非家·出家, 爲究境無上梵行, 現法作證, '我生已盡, 梵行已立, 所作已作, 自知不受後有.'"

35) 찬녕, 『송고승전』 권4, 「唐新羅國黃龍寺元曉傳」大安, 북경: 중화서국, 1987, 79쪽. "昔日採百椽時, 雖不預會; 今朝橫一棟處, 唯我獨能!"

36) 원효, 『금강삼매경론』 권하; 「眞性空品」 제5(『한불전』 1책, 658쪽 하).

37) 찬녕, 『송고승전』 권4, 「元曉傳」 大安(『고려대장경』 45책, 139쪽 하~140쪽 상; 『대정장』 50책, 730쪽 상).

38) 원효, 『금강삼매경론』 권상(『한불전』 1책, 608쪽 상). "阿伽陀者, 此云無去, 或言無去, 或言滅去. 此是藥名, 能令諸病, 皆悉滅盡, 故名無去. 此菩薩亦如是, 能令衆生諸煩惱病故, 以藥名爲其目也."

39) 김영태, 「전기와 설화를 통한 원효연구」, 『신라불교연구』, 민족문화사, 1993, 272쪽.

40) 『화엄경』 「십지품」에서는 초지인 歡喜地보살은 "능히 몸을 100가지로 바꿀 수 있으며(能變身爲百), 100가지 몸으로 나타내 보인다"(示現於百身)고 한다. 원효가 "몸을 100그루 소나무로 나누어 나툰다"(分軀於百身)는 것은 그가 초지보살의 百分身의 위신력을 드러낸 표현이다.

41) 김영태, 앞의 글, 272~273쪽.

42) 「誓幢和上碑文」, 『朝鮮金石總覽』 권상, 아세아문화사, 1976, 41~43쪽. 원효의 행장을 기록한 비는 원효 입적 약 100여 년 뒤에 세워진 '誓幢和上碑'와 고려시대 명종대의 韓文俊(?~1190)이 글을 짓고 崔詵(?~1209)이 글씨를 쓴 '芬皇寺和諍國師碑' 두 가지가 있어왔다.

43) 일연, 『삼국유사』 권4, 「의해」 제5, '蛇福不言'(『한불전』 6책, 349쪽 중~340쪽 상).

44) 찬녕, 『송고승전』 권4, 「元曉傳」 大安(『고려대장경』 45책, 140쪽 상 ; 『대정장』 50책, 730쪽 중).

45) 위와 같음.

46) 일연, 『삼국유사』 권4, 「의해」 제5, '二惠同塵'(『한불전』 6책, 345쪽 중하).

47) 일연, 위의 책, 권5, 「感通」 제9, '廣德嚴莊'(『한불전』 6책, 358쪽 중~359쪽 상).

48) 일연, 위의 책, 권3, 「탑상」 제4, '洛山二大聖 觀音正趣調信'(『한불전』 6책, 331쪽 상).

49) 조선총독부 편, 『朝鮮金石總覽』 권상, 아세아문화사, 1976, 42쪽. "女人三禮, 天神遮之, 又表非入愛法."

50) 일연, 『삼국유사』 권1, 「紀異」 제1, '太宗春秋公'(『한불전』 6책, 286쪽 상중).

51) 일연, 위의 책, 권4, 「의해」 제5, '元曉不羈'(『한불전』 6책, 348쪽 상중). "曉旣失戒生聰, 已後易俗服, 自號小姓居士. 偶得優人舞弄大瓠, 其狀瑰奇. 因其形製爲道具. 以『華嚴經』, '一切無碍人, 一道出生死', 命名曰: 無碍. 仍作歌流于世. 嘗持此, 千村萬落, 且歌且舞, 化詠而歸, 使桑樞瓮 獲猴喉之輩, 皆識佛陀之號, 咸作南無之稱, 曉之化大矣哉. 生其緣之村名佛地, 寺名初開. 自稱元曉者, 蓋初輝佛日之意爾. 元曉亦是方言也, 當時人, 皆以鄕言稱之始旦也."

52) 慧皎, 『(梁)高僧傳』 권10(『대정장』 50책, 394쪽 상). 保誌(417~514) 공(公)은 남북조 양나라 때의 고승. 誌公 또는 寶公이라고도 한다. 거처가 일정하지 않고, 때도 없이 음식을 먹으며, 머리를 수척이나 기르고, 언제나 맨발로 거리를 다니며, 가위, 칼, 거울 등을 끝에 단 錫杖을 짚고 다니던 신이(神異)한 승이었다. 양나라 무제에게 존경과 믿음을 받았고, 그를 공경하는 사람의 수는 헤아리기 어려울 정도였다. 諡號는 광제대사(廣濟大師)였다.

53) 찬녕, 『송고승전』 권4, 「唐新羅國黃龍寺元曉傳」 大安, 북경: 중화서국, 1987, 78쪽. "發言狂悖, 示跡乖疎. 同居土人酒‧肆倡家, 若誌公持金刀‧鐵錫, 或製疏以講『雜華』, 或撫琴以樂祠宇, 或閭閻寓宿, 或山水坐禪, 任意隨機, 都無定檢."

54) 혜교, 『(양)고승전』 권10, 「釋杯度傳」(『대정장』 50책, 390쪽 중). 배도는 남북조 송나라 때의 神異僧. 주로 木杯를 타고 물을 건넜기 때문에 杯度라 불렸다. 그는 신통력이 탁월했고 생사에 자재한 승려였다.

55) 龍樹(?), 『大智度論』 권50, 「發趣品」(『대정장』 25책, 418쪽 중). "淨佛世界者, 有二種淨, 一者菩薩自淨其身, 二者淨衆生心, 令行淸淨道, 以彼我因緣淸淨故, 隨所願得淸淨世界."

56) 허경구, 「원효의 미륵사상」, 동국대학교 석사학위논문, 1988.

57) 坪井俊映, 『淨土敎槪論』, 韓普光, 홍법원, 1988, 43쪽.

58) 『佛說阿彌陀經』(『대정장』 12책, 346쪽 하). "從是西方, 過十萬億佛土有世界, 名曰極樂. 其土有佛, 號阿彌陀, 今現在說法."

59) 坪井俊映, 『淨土三部經槪說』, 李太元, 운주사, 1988, 509쪽.

60) 道綽, 『安樂集』 권하(『淨土宗全書』 1책, 702쪽); 坪井俊映, 『淨土三部經槪說』, 511쪽.

61) 坪井俊映, 『淨土三部經槪說』, 513쪽.

62) 『佛說阿彌陀經』(『대정장』 12책, 346쪽 하). "七重欄楯, 七重羅網, 七重行樹, 皆是四寶周市寶周市圍繞, 有七寶池, 八功德水, 充滿其中, 池底純以金沙布地, 四邊階道, 金銀琉璃, 頗梨合成, 上有樓閣, 亦以金銀琉璃, 頗梨擧硨磲, 赤珠馬瑙, 而嚴飾之, 地中蓮華大如車輪, ……常作天樂, 黃金爲地, 晝夜六時, 天雨曼陀羅華, ……常有種種奇妙雜色之鳥, 白鵠‧孔雀‧鸚鵡‧舍利‧迦陵頻伽‧共命之鳥, 是諸衆鳥, 晝夜六時, 出和雅音, ……舍利弗! 其佛國土, 成就如是功德莊嚴."

63) 『佛說阿彌陀經』(『대정장』 12책, 346쪽 하). "舍利弗! 彼土何故名爲極樂? 其國衆生, 無有衆苦, 但受諸樂, 故名極樂."

64) 坪井俊映, 『淨土三部經槪說』, 515쪽.

65) 원효, 『佛說阿彌陀經疏』(『한불전』 1책, 562쪽 하) "夫衆生心之爲心也, 離相離

性, 如海如空, 如空之故, 無相不融, 何有東西之處; 如海之故, 無性是守, 豈無動靜之時?"

66) 원효, 위의 책, 562쪽 하. "爾乃或因染業, 隨五濁而長流, 或承淨緣, 絶四流而永寂, 若斯動皆, 皆是大夢, 以覺望之, 無流無寂, 穢土淨國本來一心, 生死涅槃終無二際. 然無二之覺, 取之良難, 迷一之夢去之不易. 所以大聖垂迹, 有退有邊, 所陣言教, 或襃或貶, 至如牟尼善逝, 現此穢土, 誡五濁而勸往, 彌陀如來, 御彼淨國, 引三輩而導生. 今是經者, 斯乃兩尊出世之大意, 四輩入道之要門, 示淨土之可願, 讚妙德而可歸, 妙德可歸者, 耳聞經名, 則一乘而無反, 口誦佛號, 則出三界而不還, 何況禮拜專念, 讚詠觀察者哉."

67) 원효, 위의 책, 563쪽 상. "此經直以超絶三界, 二種淸淨, 以其爲宗. 令諸衆生, 於無上道, 得不退轉, 以爲意趣. 何者名爲二種淸淨. 如論說言. 此淸淨有二種. 一者器世間淸淨, 二者衆生世間淸淨, 乃至廣說故."

68) 원효, 위의 책, 564쪽 상. "上來合有十四功德, 無不超過三界六道, 是故聰明淸淨世界."

69) 원효, 『無量壽經宗要』(『한불전』1책, 554쪽 중하). "謂金剛以還菩薩所住, 名果報土, 不名淨土, 未離苦諦之果患故, 唯佛所居, 乃名淨土. ……『仁王經』云, 三賢十聖住果報, 唯佛一人居淨土, 一切衆生暫住報, 登金剛源居淨土. ……第二…… 謂八地以上菩薩住處, 得名淨土, 以一向出三界事故. ……第三…… 凡夫二乘雜居之處, 不得名爲淸淨世界, 唯入大地菩薩生處, 乃得名爲淸淨世界. ……第四…… 三聚衆生苦生之地, 是爲穢土, 唯正定聚所居之處, 名爲淨土."

70) 안계현, 『신라정토사상사연구』, 현음사, 1987, 34쪽.

71) 원효, 『무량수경종요』(『한불전』1책, 555쪽 상). "次第二明有色無色門者, 如前所說四種門中, 初一門顯自受用土, 後三門說他受用土, 三門有色, 不待言論, 自受用土, 說者不同."

72) 김영미, 『신라불교사상사연구』, 민족사, 1994, 104쪽.

73) 원효, 『무량수경종요』(『한불전』1책, 562쪽 상). "如是萬境無限, 咸入一心之內. 佛智離相, 歸於心原, 智與一心, 渾同無二."

74) 안계현, 앞의 책, 32쪽.

75) 김영미, 앞의 책, 111쪽.

76) 원효, 『대승기신론소』(『한불전』1책, 741쪽 상중). "何爲一心? 謂染・淨諸法其性無二; 眞・妄二門不得有二, 故名爲一. 此無二處, 諸法中實, 不同虛空, 性自神解, 故名爲心. 然旣無有二, 何得有一; 一無所有, 就誰曰心. 如是道理, 離言絶慮, 不知何以目之, 強號爲一心也."

77) 원효, 『금강삼매경론』권하(『한불전』 1책, 659쪽 상). "合而言之, 生卽寂滅, 而不守滅 ; 滅卽爲生, 而不住生. 生‧滅不二, 動‧寂無別, 如是名爲一心之法. 雖實不二, 而不守一, 擧體隨緣生動, 擧體隨緣寂滅. 由是道理, 生是寂滅, 寂滅是生 ; 無障‧無碍 ; 不一‧不異."

78) 원효, 『금강삼매경론』권상(『한불전』 1책, 615쪽 하). "如是一心, 通爲一切染淨諸法之所依止故, 卽是諸法根本."

79) 원효, 위의 책, 610쪽 상. "如來所說一切敎法, 無不令入一味覺故. 欲明一切衆生本來一覺, 但由無明隨夢流轉, 皆終如來一味之說, 無不終歸一心之源."

80) 원효, 『대승기신론소』(『한불전』 1책, 750쪽 하). "了塵通相, 說名心王. 由其本一心是諸法之總源故也."

81) 원효, 『무량수경종요』(『한불전』 1책, 553쪽 하). "穢土‧淨國, 本來一心 ; 生死‧涅槃, 終無二際."

82) 원효, 『무량수경종요』 제3, 約人分別(『한불전』 1책. 562쪽 상). "萬境無限, 咸入一心之內. 佛智離相, 歸於心源, 智與一心, 渾同無二."

83) 원효, 『大乘起信論疏記會本』권4(『한불전』 1책, 765쪽 하).

84) 원효는 眞如自性과 生滅心이 같은 것도 아니고 다른 것도 아닌 것을 阿黎耶識이라고 부른다.

85) 원효, 『涅槃宗要』(『한불전』 1책, 538쪽 중하). "佛性之體, 正是一心."

86) 원효, 위의 책, 544쪽 중.

87) 원효, 『대승기신론별기』本(『한불전』 1책, 678쪽 중). "或望源而述流, 或把葉而云幹, 或割領而補袖, 或折杖而帶根……."

88) 『韓國佛敎撰述文獻總錄』, 동국대 불교문화연구소, 1976에 의하면 모두 86부 180여 권이다. 그런데 여기에서 「證性歌‧無碍歌」는 각각 시 1편일 뿐이기 때문에 저서라고 할 수가 없으며, 『無量義經宗要』는 『무량수경종요』일 가능성이 크므로 이것을 제외하면 원효의 저술은 현재 84부 180여 권이라고 해야 할 것이다. 그런데 고려 균여의 『釋華嚴敎分記圓通鈔』(『한불전』 4책, 448쪽 하)과 『一乘法界圖圓通記』권하(『한불전』 4책, 25쪽 상)에 "曉師『普法記』云"이라고 기록된 『普法記』, 견등(지)(見登之)의 『華嚴一乘成佛妙義』(『한불전』 3책, 726쪽 상)에 "元曉和尙『劫義』云"이라고 기록된 (일본 永超의 『東域傳燈目錄』(1094), 鳳潭의 『華嚴五敎章匡眞鈔』권8, 貞舜의 『宗要柏原安立』권4, 濟暹의 『五相成身義問答抄』에도 기록) 『劫義』(1권, 芬皇寺 玄隆房本), 洪勉變記, 「三和寺重修記」(1868)(권상로, 『한국사찰전서』 하, 605~612쪽)에 "元曉祖師 撰 『慈藏祖傳』略曰"이라고 기록된 『慈藏(祖師)傳』까지 합치면 87부 180여 권이 된다. 여기에서 권수는 중요하지 않다. 왜냐

하면 권수는 제본에 따라 얼마든지 卷次가 달라질 수 있으므로 큰 의미가 없고 오히려 種數가 중요하기 때문이다. 최근 은정희 교수는 「원효 저술의 도량과 성격분석」, 『원효학연구』 제1집, 원효학회, 1996에서 자신의 『대승기신론소별기』, 일지사, 1992의 부록에서 밝힌 101종 209권에다 김영태 편, 『한국불교사료: 해외문헌초집』, 동국대 불교문화연구소, 1981의 목록표(255~292쪽)에서 더 밝혀낸 3종에다 4종을 더 보탠 7종 23권(은정희 역에서 빠뜨린 것)까지 덧붙이면 원효의 저서는 모두 107종 231권이 된다고 하였다. 하지만 여기에서는 각 저술의 중복 유무를 정확히 고증하지 않은 듯하다. 이 책에서는 『한국불교찬술문헌총록』의 종합집계에다 『무량의경종요』와 『證性歌·無碍歌』를 빼고 『普法記』와 『劫義』와 『慈藏(祖師)傳』을 합친 87종 180여 권이라고 정리한다.

89) 원효, 『금강삼매경론』 권상(『한불전』 1책, 604쪽 하). "此經宗要 ……, 果…, 因…, 智卽本·始兩覺, 境…."

90) 원효, 위의 책, 604쪽 하. "此經宗要, 有開有合, 合而言之, 一味觀行爲要, 開而說之, 十重法門爲宗."

91) 원효, 위의 책, 604쪽 하. "言觀行者: 觀是橫論, 通於境·智, 行是竪望, 亘其因·果, 果謂五法圓滿, 因謂六行備足."

92) 順高, 『起信論本疏聽集記』 권제2 末; 『大日本佛敎全書』 92책, 103쪽. "元曉『和諍論』製作, 陳那門來唐土來, 有滅後, 取彼論歸天竺國." 여기서 특히 '陳那'는 '陳那後身'이라는 원효의 別名에 근거하여 해석해야만 한다. 따라서 '陳那門徒'는 '陳那後身인 원효의 문도'로 읽어야 한다. 그런데 박종홍 교수는 이 '陳那'를 5,6세기 인도의 불교인식론의 대가인 디그나아가(陳那)로 잘못 생각하고 있다(『한국사상사』, 서문당, 1972, 105쪽). 많은 학자들이 박 교수의 설에 근거하여 『십문화쟁론』의 유통과정을 오해하고 있다.

93) 원효, 『십문화쟁론』(『한불전』 1책, 838쪽 상). "十門論者, 如來在世, 已賴圓音, 衆生等 …… 雨驟, 空空之論雲奔. 或言我是, 或他不是, 或說我然, 說他不然, 遂成河漢矣. 大 …… 山而投廻谷, 憎有愛空, 猶捨樹以赴長林. 譬如靑藍共體, 氷水同源, 鏡納萬形."

94) 원효, 『열반종요』(『한불전』 1책, 524쪽 상). "統衆典之部分, 歸萬流之一味, 開佛意之至公, 和百家之異諍."

95) 원효, 위의 책, 524쪽 상하. "斯卽理·智都忘; 名·義斯絕, 是謂涅槃之玄旨也. 但以諸佛證而不位, 無所不應, 無所不說, 是謂涅槃之至敎也. 玄旨已而不嘗寂; 至敎說而未嘗言. 是謂理·敎之一味也."

96) 원효, 『열반종요』(『한불전』 1책, 525쪽 상하). "今說是經之時正臨一化之終日, 究

竟顯示諸佛大意. 所謂總括成道以來, 隨機所說一切言敎, 悉爲示一味之道. 普今歸

趣無二之性, 十方世一切諸佛悉同, 是意無二‧無別. 是謂諸佛出世大意."

97) 원효, 『대승기신론소』(『한불전』 1책, 733쪽 하). "開卽無量‧無邊之義爲宗 ; 合

卽二門一心之法爲要. 二門之內, 容萬議而不亂, 無邊之義, 同一心而混融. 是以

開‧合自在, 立‧破無碍. 開而不繁; 合而不狹. 立而無得; 破而無失."

98) 철학적 의미로 보편(개념)을 설명하면 단독개념에 대한 일반개념 또는 보통개념

을 말한다. 수많은 개물(個物)의 어느 것에도 동일한 의미로 적용되는 개념으로

서 그들의 많은 개물이 공통적으로 갖는 약간의 속성을 가리킨다. 그들 개물은

하나의 급(級, class)을 만들기 때문에 급개념(級槪念)이라고도 한다(『세계철학

대사전』, 교육출판공사, 1987, 914~915쪽).

99) 원효, 『대승기신론소』(『한불전』 1책, 743쪽 중~744쪽 상). "心眞如者, 卽是一法

界大總相法門體. 所謂心性不生不滅, 一切諸法唯依妄念而有差別. 若離心念, 則無

一切境界之相. 是故一切法從本已來, 離言說相, 離名字相, 離心緣相, 畢竟平等,

無有變異, 不可破壞, 唯是一心, 故名眞如. 以一切言說, 假名無實, 但隨妄念, 不可

得故. ……當知! 一切法不可說‧不可念, 故名爲眞如."

100) 원효, 『대승기신론소』 권3(『한불전』 1책, 745쪽 하). "心生滅者, 依如來藏故有生

滅心. 所謂不生不滅, 與生滅和合, 非一非異, 名爲阿黎耶識."

101) 조은수, 「『대승기신론』에 있어서의 깨달음의 구조」, 서울대학교 대학원 석사학

위논문, 1986. 8, 52~55쪽.

102) 일연, 『삼국유사』 권4, 「의해」 제5, '원효불기'(『한불전』 6책, 348쪽 중). "曾住芬

皇寺, 纂「華嚴經疏」, 至第四「十廻向品」, 終乃絶筆."

103) 고영섭, 「불교 화엄의 수행관」, 『靑祜佛敎論集』 제1집, 1996, 113~177쪽.

104) 表員은 "普는 博이니 두루(遍)한다는 뜻이요, 法은 自體이나 軌則을 뜻한다"고 普

法을 설명한다. 表員集, 『華嚴經文義要決問答』 권2(『한불전』 2책, 366쪽 상)에서

는 '大小와 促 ……'으로 그 이하가 생략되어 있지만, 『東文選』 권83, 원효의 「晉

譯華嚴經疏序」, 크고 작음(大小)‧모자라고 넘침(促奢)‧움직임과 고요함(動

靜)‧하나와 다수(一多)의 네 문(四門)에 대해서도 매이지 않음에 대해 자세히

기록되어 있다.

105) 원효는 그의 4교판에서 삼승(三乘)과 일승(一乘)으로 이분한 뒤, 다시 삼승을 별

교(別敎)와 통교(通敎)로 나누고, 일승을 분교(分敎)와 만교(滿敎)로 나누어 설명

한다. 삼승별교에는 아함교의(『四諦經』『緣起經』)를, 삼승통교에는 『반야경』(般

若經)과 『해심밀경』(解深密經)을, 일승분교에는 『영락경』(瓔珞經)과 『범망경』(梵

網經)을, 일승만교에는 『화엄경』을 보현교(普賢敎)로 표현하여 분류한다.

106) 清辯 계통으로서 7세기 인도의 중관학파 학자인 智光은 유가행학파에 대항하여 空사상의 우위성을 드러내기 위해 부처의 가르침을 三時로 나누고, 소승은 四聖諦를 통하여 心境俱有를, 유가행파는 萬法唯識설을 통하여 境空心有를, 그리고 中觀철학은 諸法皆空의 이치를 통하여 心境俱空을 진리로 간주한다고 주장하였다.

107) 원효, 『대승기신론소기회본』(『한불전』 1책, 733쪽 중). "如『中觀論』·『十二門論』等, 遍破諸執, 亦破於破, 而不還許能破·所破, 是謂往而不遍論也. 其『瑜伽論』·『攝大乘』等, 通立深·淺, 判於法門, 而不融遣自所立法, 是謂與而不奪論也."

108) 원효, 『대승기신론소기회본』(『한불전』 1책, 733쪽 중). "今此論者, 旣智旣仁, 亦玄亦博, 無不立而自遣, 無不破而還許. 而還許者, 顯彼往者往極而遍立, 而自遣者, 明此與者窮與而奪. 是謂諸論之祖宗, 群諍之評主也."

109) 원효, 『대승기신론소』 권상(『한불전』 권1, 699쪽 상).

110) 원효, 위의 책, 699쪽 하.

111) 원효, 『금강삼매경론』 권상(『한불전』 1책, 604쪽 하).

112) 원효, 『대승기신론소』 권상(『한불전』 1책, 698쪽 하). "開則無量無邊之義爲宗; 合則二門一心之法爲要."

113) 은정희, 「원효의 불교사상」, 『원효의 사상과 그 현대적 의미』, 한국정신문화연구원, 1994, 208쪽.

114) 고익진, 『한국고대불교사상사』, 동국대출판부, 1989, 239쪽.

115) 원효, 『열반종요』(『한불전』 1책, 547쪽 상) "若執一邊謂一向爾者, 二說皆失; 若隨分無其義者, 二說俱得."

116) 表員集, 『華嚴經文義要決問答』 권4, 分敎義(『한불전』 권2, 385쪽 중). "唐新羅元曉法師, 亦立四敎. 一三乘別敎, 如四諦敎緣起經等. 二三乘通敎, 如般若敎深密經等. 三一乘滿敎, 如瓔珞及梵網經等. 四一乘滿敎, 謂華嚴經普賢敎, 三乘共學三乘敎. 於中未明法空, 名別相敎. 通說法空是爲通敎. 不共二乘名一乘敎. 於中未顯普法名隨分敎. 窮明普法, 名圓滿敎, 具顯如華嚴疏."

117) 表員集, 『華嚴經文義要決問答』 권4, 分敎義(『한불전』 권2, 385쪽 중); 法藏, 『華嚴經探玄記』 권1(『대정장』 35책, 111쪽 상); 慧苑, 『刊定記』 권1(『속장경』 5편, 9투, 8책 상); 澄觀, 『華嚴經疏』 권2(『대정장』 35책, 510쪽 상).

118) 表員集, 『華嚴經文義要決問答』 권2(『한불전』 2책, 366쪽 상). "言相入者, 曉云, 謂一切世界入一微塵, 一微塵入一切世界. 三世諸劫入一刹那, 一刹那入三世諸劫. 如諸大少促相入, 如一切門相入亦爾. 如說相是亦爾, 謂一法及一切門, 一是一切, (一切) 是一, 如是廣蕩, 名爲普法." ( )는 저자 삽입.

119) 일연, 『삼국유사』 권4, 「의해」 제5, '원효불기'에서는 '小姓거사'라 하고, 『삼국
사기』 「薛聰傳」과 이규보의 시 「小性居士眞贊」(『동국이상국집』 권19 所收)에서
는 '小性居士'로 되어 있어 어느 것이 옳다고 단정할 수는 없다. 다만 小性居士
라 하면, 유식교의에서 말하는 五(種)性에 따르면 중생이 선천적으로 갖추고 있
는 菩薩定性(定性菩薩), 獨覺定性(定性緣覺), 聲聞定性(定性聲聞), 三乘不定性(不
定種性), 無性有情(無種性)이라는 다섯 가지 종성 가운데 영원히 迷界에 빠져서
苦에서 벗어날 기약이 없고 겨우 五戒, 十善의 善因을 닦아서 인간이나 천상에
태어날 수 있게 된다는 제일 하위의 무성유정이나 자신이 해당되는 낮은 근기의
소유자임을 드러낸 겸사라 할 수 있다.

120) 팔정도는 현실적 인간인 내가 이 사바세계에서 고통을 하나씩 소멸해나가는 진
정성이 깃들인 여덟 가지 삶의 방식이다. ① 바른 견해(正見) ② 바른 생각(正思
惟) / ③ 바른 말(正語) ④ 바른 행위(正業) ⑤ 바른 생활(正命) / ⑥ 바른 노력(正精
進) ⑦ 바른 기억(正念) ⑧ 바른 선정(正定). 이것을 다시 수행인이 반드시 닦아야
할 세 덕목인 戒·定·慧의 三學에 짝지으면 智慧에 ①②를, 持律에 ③④⑤를,
禪定에 ⑥⑦⑧을 짝지을 수 있다.

121) 바라밀은 생사의 미혹한 바다에서 자맥질하는 중생을 제도하여 깨달음(涅槃)의
언덕에 이르게 하는 보살 수행의 여섯 가지 또는 열 가지 실천 덕목이다. 보살은
니르바나에 이르기 위하여 이 여섯 가지(또는 열 가지) 덕목을 실천한다. ① 재물
이나 진리 그리고 두려움 없이 베푸는 布施 ② 재가나 출가인이 지켜야 할 일체
계행인 持戒 ③ 일체의 모욕이나 때림이나 추위·더위·주림·갈증 등을 참고
받아들이는 忍辱 ④ 몸과 마음을 성실하게 닦아 다섯 바라밀을 닦아나가는 精進
⑤ 진리를 사유하여 산란한 마음을 정지하는 요법인 禪定 ⑥ 모든 법을 통달하는
지혜이자 미혹을 끊고 이치를 깨닫는 智慧 ⑦ 方便 ⑧ 願 ⑨ 力 ⑩ 智 바라밀을
말한다.

122) 보살이 뭇삶들을 섭수(攝受)·친애하는 마음을 일으켜 그들로 하여금 보살을 믿
게 하여 결국 불도에 끌어들이는 네 가지 행위이다. 즉 보살이 뭇삶들을 불도에
거두어들일 때 가져야 할 네 가지 포용태도이다. ① 보시(布施: 재물과 법을 베푸
는 행위) ② 애어(愛語: 부드러운 말을 하는 행위) ③ 이행(利行: 중생을 이롭게
하는 행위) ④ 동사(同事: 중생을 가까이하여 중생 속으로 들어가 중생과 고락을
같이하고 중생과 삶을 같이하는 것).

123) 김부식, 『삼국사기』 제46권, 「列傳」 제6, '薛聰傳'.

124) 일연, 『삼국유사』 권4, 「의해」 제5, '원효불기'(『한불전』 4책, 348쪽 상).

125) 일연, 위의 책(『한불전』 6책, 348쪽 중).

연보

617년(1세) 진평왕 39년, 압량군 남쪽(지금의 경북 경산군) 자인땅의 불지촌 북쪽 밤실의 사라수 아래에서 태어나다. 어릴 때 이름은 서당(誓幢). 할아버지는 잉피공(仍皮公), 아버지는 담나내말(談捺乃末). (『삼국유사』 권4 ; 『순창 설씨족보』 상).

625년(9세) 진평왕 47년, 십 세 미만의 나이(관채지년)인 이 무렵 출가하다. 법명은 원효(元曉). (『송고승전』 권4). 출가 후에서 낭지(朗智)화상 등에게 사사할 때까지의 행적이 자세하지 않다. 이 해에 의상(義湘)이 태어나다. (『삼국유사』 권4).

633년(17세) 선덕여왕 2년, 이 무렵 십 세 미만의 나이인 의상이 출가하다. (『삼국유사』 권4).

647년(31세) 선덕여왕 원년, 이 무렵 낭지화상에게 사사하고 은사(隱士) 문선(文善)을 시켜 자신의 처녀작인 『초장관문』(初章觀文)과 『안신사심론』(安身事心論)을 저술하여 낭지화상에게 바치다. (『삼국유사』 권5).

650년(34세) 선덕여왕 4년, 의상과 함께 현장(玄奘) 삼장과 자은사 문중을 흠모하여 입당(入唐) 꾀하다. 압록강을 건넜으나 요동땅에서 고구려 수비군에게 밀긱되어 감옥에 갇혔다가 탈출하다. (『삼국유사』 권3, 권4 ; 『송고승전』 권4).

660년(44세) 무열왕 7년, 백제 멸망하다. (『삼국유사』 권2).

661년(45세) 문무왕 원년, 의상과 함께 제2차 유학을 시도하여 당주계(唐州界, 唐城) 근처의 땅막(土龕)에서 하루를 보낸 뒤 이튿날 밤 무덤(鬼鄕, 墳)에서 자다 동티(動土)를 만나 고투하다가 그것이 一心(아뢰야식)의 차별상에서 비롯된 것임을 깨닫고 유학(遊學)의 무의미함을 확인한 뒤 신라로 되돌아오다. 의상은 입당하여 화엄종 2조인 지엄(智儼)화상의 문하에 들어가다. 신라에 남았던 원효는 포항의 오어사(吾魚寺)에 머무르며 보살행을 하는 혜공(惠空)과 교유하면서 여러 경론에 관해 토론을 벌이며 많은 영향을 받다. (『삼국유사』 권4 ; 『송고승전』 권4).

667년(51세) 문무왕 7년, 이 무렵 부왕인 태종 무열왕(김춘추)의 과(寡)공주인 요석(瑤石)과 만나다. 얼마 후 공주가 설총(薛聰)을 낳다. 이후 소성(小性 / 小姓)거사라 스스로 일컫고 무애의 보살행을 하다. (『삼국유사』 권4 ;「탑비」).

668년(52세) 문무왕 8년, 김유신(金庾信)이 소정방(당 고종 19년의 일이므로 李勣이어야 함)이 보낸 암호 '난독회'(鸞犢繪)에 대해 원효에게 자문하다. 이 해에 고구려 멸망하다. (『삼국유사』 권2).

671년(55세) 문무왕 11년, 의상(47세)이 귀국하다. (『삼국유사』 권4).

672년(56세) 문무왕 12년, 이 무렵부터 분황사에서『판비량론』『십문화쟁론』『법화종요』『미륵상생경종요』『무량수경종요』『법화종요』등을 저술하다. (「탑비」).

675년(59세) 이 무렵 사복(蛇福)의 모친이 죽자 고선사(高仙寺)에 있던 원효가 축원을 해주다. 또 광덕(廣德)과 엄장(嚴莊)이 원효에게 사사하다. (『삼국유사』 권4, 권5).

681년(65세) 신문왕 원년, 이 무렵 다시 분황사에 머무르면서 다수의 주석서와 저서를 저술하다. (「탑비」).

682년(66세) 신문왕 2년, 이 무렵 대안(大安)법사와 교분을 맺으면서『금강삼매경론소』를 짓고 백고좌법회에 초청되어 사자후를 토하다. (『삼국유사』 권4 ; 『송고승전』 권4).

686년(70세) 신문왕 6년, 『화엄경』 제4「십회향품소」까지 짓고 절필하다. (『삼국유사』 권4). 이해 음력 3월 30일 혈사(穴寺)에서 세수 70, 법랍 60여 세로 입적하다. (「탑비」). 설총이 아버지의 유해(遺骸)로 소상(塑像)을 조성하여 분황사에 봉안하다. (『삼국사기』 권46).

779년 혜공왕 15년, 손자인 중업(仲業)이 일본에 건너가 일본 고승으로부터 생전에 못 만난 원효를 대신 만난 듯한 환대를 받다. (『삼국사기』 권46 ;「탑비」).

785년 원성왕 원년, 원효 열반 100주기를 기념하여「서당화상탑비」(誓幢和上塔碑)를 건립하다.

1101년 고려 숙종 6년, 원효에게 '화쟁국사'(和諍國師)의 시호를 내리다. (『고려사』 권11).

1171년	고려 명종시(원년~27년)에 한문준(韓文俊)이 지은 「화쟁국사탑비」(和諍國師塔碑)를 분황사에 건립하다. (『동국여지승람』 권21 ; 『동경잡기』 권2).
1967년 8월 16일	서울 효창공원에 원효동상을 건립하다. (『순창 설씨족보』 상). 또 매년 음력 3월 30일에 경주 망월사에서 대재를 봉행하다.
1981년	서울 한강에 용산구 원효로와 영등포구 여의도동을 잇는 원효대교를 설치하다.
1995년 5월	집필성지인 경주 분황사에 원효학연구원을 개원하고, 매년 원효 입적일(음력 3월 30일)을 기해 '원효문예대제전'을 열기로 하다.
1996년	한국원효학회를 발족하여 정기학술대회를 열고 학회지 『원효학연구』(창간호)를 발간하다.
1997년	한국의 동국대학교와 미국의 스토니부룩의 뉴욕주립대가 국제원효학회를 구성하고 원효사상연구와 원효전서의 영역작업을 시작하다.
1997년 5월	국제원효학회 주관으로 「원효의 사상체계와 원효전서 영역상의 제 문제」라는 주제로 심포지엄을 열다.

참고문헌

1. 원효저술목록

현존하는 저술

『대혜도경종요』(大慧度經宗要) 1권

『반야심경소』(般若心經疏)(1권), 최범술 복원, 『동방학지』 제12호

『법화종요』(法華宗要) 1권

『금강삼매경론』(金剛三昧經論) 3권

『진역화엄경소』(晋譯華嚴經疏) 8권 또는 10권 중 제3권과 「序」만 存

『무량수경종요』(無量壽經宗要) 1권

『불설아미타경소』(佛說阿彌陀經疏) 1권

『열반경종요』(涅槃經宗要) 1권 또는 2권

『미륵상생경종요』(彌勒上生經宗要) 1권

『해심밀경소』(解深密經疏) 3권, 「序」만 存

『범망경보살계본사기』(梵網經菩薩戒本私記) 2권 중 上권만 存

『보살계본지범요기』(菩薩戒本持犯要記) 1권

『보살영락본업경소』(菩薩瓔珞本業經疏) 3권 또는 2권 중 序와 下권만 存

『대승육정참회』(大乘六情懺悔) 1권

『발심수행장』(發心修行章) 1권

『중변분별론소』(中邊分別論疏) 4권 중 제3권만 存

『판비량론』(判比量論) 1권, 斷刊 存

『대승기신론소』(大乘起信論疏) 2권

『대승기신론별기』(大乘起信論別記) 1권 또는 2권(후대에 합본: 『大乘起信論疏記會本』
    (6권))

『이장의』(二障義) 1권

『십문화쟁론』(十門和諍論) 2권

『유심안락도』(遊心安樂道) 1권(원효 저술 여부에 대한 이설이 있음)

「미타증성게」(彌陀證性偈)(7언 율시 1수), 普照 知訥, 『法集別行錄節要並入私記』에
    인용.

「증성가」(證性歌)(7언 절구 1수), 崔慈, 「萬德山白蓮社圓妙國師碑銘」；『동문선』117

현존하지 않는 저술

『금강반야경소』(金剛般若經疏) 3권 혹은 2권 失

『법화경방편품요간』(法華經方便品料簡) 1권 失

『법화경요략』(法華經要略) 1권 失

『법화약술』(法華略述) 1권 失

『화엄강목』(華嚴綱目) 1권 失

『화엄경종요』(華嚴經宗要) 失

『화엄경입법계품초』(華嚴經入法界品抄) 2권 失

『대승관행』(大乘觀行) 1권 또는 3권 失

『일도장』(一道章) 1권 失

『승만경소』(勝鬘經疏) 2권 또는 3권 失

『무량수경요간』(無量壽經料簡) 失

『무량수경사기』(無量壽經私記) 1권 失

『무량수경소』(無量壽經疏) 1권 失

『열반경소』(涅槃經疏) 5권 失

『반주삼매경소』(般舟三昧經疏) 1권 失

『반주삼매경약기』(般舟三昧經略記) 1권 失

『미륵상하생경기』(彌勒上・下生經記) 3권 失

『유마경종요』(維摩經宗要) 1권 失

『유마경소』(維摩經疏) 3권 失

『금광명경소』(金光明經疏) 8권 失

『능가경소』(楞伽經疏) 7권 또는 8권 失

『능가경요간』(楞伽經料簡) 失

『능가경종요』(楞伽經宗要) 1권 失

『부증불감경소』(不增不減經疏) 1권 失

『방광경소』(方廣經疏) 1권 失

『범망경종요』(梵網經宗要) 1권 失

『범망경소』(梵網經疏) 2권 失

『범망경약소』(梵網經略疏) 1권 失

『사분율갈마소』(四分律羯磨疏) 4권 失

『육현관의발보리심의정의함』(六現觀義發菩提心·義淨義含) 1권 失

『조복아심론』(調伏我心論) 1권 失

『광백론종요』(廣百論宗要) 1권 失

『광백론촬요』(廣百論撮要) 1권 失

『광백론지귀』(廣百論旨歸) 1권 失

『삼론종요』(三論宗要) 1권 失

『중관론종요』(中觀論宗要) 1권 失

『장진론종요』(掌珍論宗要) 1권 失

『장진론종요』(掌珍論料簡) 1권 失

『유가초』(瑜伽抄)(5권 失)

『유가론중실』(瑜伽論中實) 4권 失

『성유식론종요』(成唯識論宗要) 1권 失

『양섭론소초』(梁攝論疏抄) 4권 失

『섭대승론세친섭론약기』(攝大乘論世親攝論略記) 4권

『섭대승론소』(攝大乘論疏) 4권 失

『변중변론소』(辨中邊論疏) 4권 失

『잡집론소』(雜集論疏) 5권 失

『보성론종요』(寶性論宗要) 1권 失

『보성론요간』(寶性論料簡) 1권 失

『인명론소』(因明論疏) 1권 失

『인명입정리론기』(因明入正理論記) 1권 失

『대승기신론종요』(大乘起信論宗要) 1권 失

『대승기신론요간』(大乘起信論料簡) 1권 失

『대승기신론대기』(大乘起信論大記) 1권 失

『대승기신론사기』(大乘起信論私記) 1권 失

『대승기신론일도장』(大乘起信論一道章) 1권 失

『초장관문』(初章觀文) 2권 失

『이제장』(二諦章) 1권 失

『안신사심론』(安身事心論) 1권 失

『구도비유론』(求道譬喩論) 1권 失

『청변호법공유쟁론』(淸辨護法空有爭論) 1권 失

『성실론소』(成實論疏) 16권 失

『아미타경통찬소』(阿彌陀經通讚疏) 2권 失

『무량의경종요』(無量義經宗要) 1권 失 (이 저술은 『무량수경종요』(無量壽經宗要)의 잘
   못된 표기일 것임)

『보법기』(普法記)(권수 미상)

『자장조전』(慈藏祖傳)(권수 미상)

2. 원효 관련 연구논저

고익진, 『한국고대불교사상사』, 동국대학교출판부, 1989, 616쪽.

국토통일원 조사연구실, 『원효연구논총 : 그 철학과 인간의 모든 것』, 국토통일원,
   1987, 1096쪽.

김남선, 『원효 · 만해 · 김시습』(청소년총서 1 : 역사의 등불), 정토, 1989, 156쪽.

김대은, 『원효 : 인간시대의 새벽과 그 영광』, 김대은 · 황영진 · 박윤호 공저, 삼장
   원, 1980, 433쪽.

김상현, 『역사로 읽는 원효』, 고려원, 1995.

김영미, 『신라불교사상사연구』, 민족사, 1995.

김영태, 『한국불교 고전명저의 세계』, 민족사, 1994.

＿＿＿, 『원효연구사료총록』, 장경각, 1996.

김정회, 『원효대사』, 시방문화원, 1991, 419쪽.

김지견 편, 『원효대사의 철학세계』, 민족사 · 대한전통불교연구원, 1989, 894쪽.

남정희, 『소설 원효』, 장원, 1993, 3책.

동국대학교 불전간행위원회, 『한국불교전서 1 : 신라시대편 1』, 동국대 한국불교전서
   편찬위 편, 동국대출판부, 1979, 843쪽.

박태순, 『원효대사 · 다산 정약용』, 스포츠서울, 1990, 253쪽.

박태원, 『대승기신론사상연구』(1), 민족사, 1994.

소송무미 편, 『화엄종사회전 : 화엄연기』, 동경 : 중앙공론사, 1990, 119쪽.

신현숙, 『원효의 인식과 논리 : 판비량론의 연구』, 민족사, 1988, 137쪽.

심재열, 『원효사상 2 : 윤리관』, 홍법원, 1983, 522쪽.

안계현, 『신라정토사상사』, 아세아문화사, 1976, 1책.

＿＿＿, 『신라정토사상사연구』, 현음사, 1987, 387쪽.

안광석 편, 『화엄연기 : 의상회의 주변』, 우린각, 1990, 176쪽.

양은용 편, 『신라원효연구』, 원광대학교출판국, 1979, 633쪽.

오영봉, 『원효의 화쟁사상연구＝*Wonhyo's theory of harmonization*』, 홍법원, 1989, 503쪽.

원효종성전간행회 편, 『원효종성전』, 한국경제문화사, 1967, 685쪽.

이계선, *Le Maitre Wonhyo de Silla du VIie Siècle: sa vie, ses ecrits, son apos tolat*, 가톨릭출판사, 1986, 204쪽.

이광수, 『원효대사』(춘원선집 10), 광영사, 1957, 2책.

이기영, 『새벽의 햇빛이 말하는 의미 : 원효사상 70강』, 한국불교연구원, 1992, 310쪽.

_____, 『원효사상 1: 세계관』, 원음각, 1967, 399쪽.

_____, 『한국불교연구』, 한국불교연구, 1982, 620쪽.

_____, 『한국의 불교사상 : 원효 대승기신론소 별기 외』, 삼성출판사, 1976, 577쪽. 삼성판 세계사상전집 11.

_____, 『원효사상연구』, 한국불교연구원, 1995, 762쪽.

이만용, 『원효의 사상 : 화쟁사상을 중심으로』, 전망사, 1983, 142쪽.

이슬기, 『진흙 속에 피는 연꽃』, 불광출판사, 1994.

이종익, 『원효대사와 보조국사의 생애와 사상』, 동국문화사, 1990, 90쪽.

_____, 『원효의 근본사상 : 십문화쟁론 연구』, 동방사상연구원, 1977, 88쪽.

_____, 『원효의 근본사상 : 십문화쟁론 연구』, 대한불교원효종, 1977, 82쪽.

이지관, 『역주역대고승비문 : 신라편』, 가산문고, 1993, 364쪽. 한국불교금석문역주 1.

이평래, 『신라불교여래장사상연구』, 민족사, 1996.

장도빈, 『원효』, 고려관, 1925, 36쪽.

_____, 『원효대사전』, 국사원, 1961, 1책, 대한위인전 4.

_____, 『위인 원효』(수양총서 1), 신문관, 1917, 64쪽.

정민, 『영화극 원효대사』, 정토문화협회, 1960, 193쪽.

조명기, 『신라불교의 이념과 역사』, 신태양사, 1962.

한국사상사대계 간행위원회 편, 『원효이 사상과 그 현대적 의미』, 한국정신문화연구원, 1994.

황영선, 『원효의 생애와 사상』, 국학자료원, 1996.

3. 학위논문

강상원, 「일미관행에 있어서 중도관에 관한 연구 : 『금강삼매경론』을 중심으로」, 동국대학교 대학원 박사학위논문, 1994.

강영계, *Prinzip und Methode in der Philòsophie Wonhyo's*, Germany : Diss

Wii 박사학위논문, 1981.

강옥희, 「원효의 윤리관」, 동아대학교 교육대학원 석사학위논문, 1985. 8.

고점용, 「원효의 『대승기신론 소·별기』에 나타난 실천덕목」, 제주대학교 교육대학원 석사학위논문, 1988. 2.

권태훈, 「원효의 윤리관 : 『보살계본지범요기』를 중심으로」, 고려대학교 교육대학원 석사학위논문, 1989. 8.

김경집, 「원효의 정토관 연구」, 동국대학교 대학원 석사학위논문, 1991. 2.

김명숙, 「원효의 『이장의』에 대한 연구」, 동국대학교 대학원 석사학위논문, 1997. 8.

김병환(원영), 「원효의 『대승육정참회』 연구」, 동국대학교 대학원 석사학위논문, 1988. 2.

김상래, 「원효와 보조의 인간관 비교 연구」, 동국대학교 교육대학원 석사학위논문, 1992. 2.

김수정, 「이장번뇌에 대한 연구 : 원효의 『이장의』와 『기신론소별기』를 중심으로」, 동국대학교 불교대학원 석사학위논문, 1994.

김영경, 「『대승기신론』의 아려야식에 관한 연구」, 동국대학교 대학원 석사학위논문, 1991.

김영미, 「신라 아미타신앙 연구」, 이화여자대학교 대학원 박사학위논문, 1991.

김영희, 「『기신론』 주석서의 제칠말라식에 대한 연구 : 원효의 『소』와 법장 『의기』를 중심으로」, 동국대학교 대학원 석사학위논문, 1989. 8.

김종의, 「원효의 사상체계에 관한 연구」, 부산대학교 대학원 박사학위논문, 1992. 2.

김종인, 「중관을 통해 본 원효철학」, 서울대학교 대학원 석사학위논문, 1994. 2.

김준형, 「원효의 교판관 연구」, 동국대학교 대학원 박사학위논문, 1986. 2.

김항배, 「본각과 시각에 대한 연구 : 원효의 『해동소』를 중심으로」, 동국대학교 대학원 석사학위논문, 1964.

김현준, 「Bhagavad-Gita와 『대승기신론·소』의 비교 연구」, 동국대학교 대학원 석사학위논문, 1979. 2.

_____, 「원효의 심성론에 관한 분석 심리학적 연구」, 경북대 대학원 박사학위논문, 1994. 2.

김형희, 「현존 찬소를 통해 본 원효의 『화엄경』관 : 「소서」와 「공명각품소」를 중심으로」, 동국대학교 대학원 석사학위논문, 1981. 2.

남동신, 「원효의 교판론과 그 불교사적 위치」, 서울대학교 대학원 석사학위논문, 1988. 2.

_____, 「원효의 대중교화와 사상체계」, 서울대학교 대학원 박사학위논문, 1995. 8.

등능성(후지 요시나리), 「원효의 정토사상연구」, 동국대학교 대학원 박사학위논문, 1995.

류승주, 「원효의 반야공관과 중도론에 대한 연구: 『대혜도경종요』을 중심으로」, 동국 대학교 대학원 석사학위논문, 1993.

박쌍주, 「원효의 陶冶觀 연구」, 영남대학교 대학원 박사학위논문, 1996. 8.

박성배, *Wonhyo's commentaries on the awakening of faith in Mahayana*, Cal. : Univ. of Berkeley 박사학위논문, 1979.

박태원, 「『대승기신론』사상에 관한 연구 : 고주석가들의 관점을 중심으로」, 고려대학 교 대학원 박사학위논문, 1991.

석길암, 「원효사상의 체계와 실천적 성격에 대한 연구」, 동국대학교 불교대학원 석사 학위논문, 1993. 8.

송진현, 「『대승기신론소』·『별기』에 나타난 원효의 심식사상 연구」, 고려대학교 교육 대학원 석사학위논문, 1991. 8.

신옥희, *Understanding of faith in Wonhyo and Karl Jaspers and its significance for the Christian faith in Korea*, Swiss.: Basel Univ. 박사학위 논문, 1976. 1.

안성두, 「원효의 여래장 분립이유에 관한 연구」, 한국정신문화연구원 석사학위논문, 1981.

양예승, 「원효의 교육사상」, 조선대학교 교육대학원 석사학위논문, 1983.

오영봉(법안), *Wonhyo's theory of harmonization*, N.Y.: New York Univ. 박사 학위논문, 1988.

오지섭, 「『대승기신론』의 진여훈습설 연구」, 서강대학교 대학원 석사학위논문, 1986.

은정희, 「『기신론소』·『별기』에 나타난 원효의 일심사상」, 고려대학교 대학원 박사학 위논문, 1983. 2.

이미령, 「원효·법장의 기신론관 비교연구」, 동국대학교 대학원 석사학위논문, 1993. 8.

이송곤, 「원효의 대중교화 연구」, 동국대학교 대학원 석사학위논문, 1988. 8.

이수영, 「원효의 윤리사상에 대한 고찰: 현존 율전을 중심으로」, 인하대학교 대학원 석사학위논문, 1989. 8.

이양희, 「원효의 여래장사상 연구」, 한국정신문화연구원 석사학위논문, 1983.

이정희, 「원효가 본 이장 체성에 관한 연구: 『이장의』를 중심으로」, 동국대학교 대학 원 석사학위논문, 1992. 2.

이진호, 「원효사상과 현대물리학의 비교연구」, 건국대학교 교육대학원 석사학위논 문, 1985. 8.

이채연, 「원효의 화쟁론에 대하여」, 조선대학교 대학원 석사학위논문, 1992. 2.

이평래, 「신라불교 여래장사상연구: 원효의 여래장사상을 중심으로 하여」, 동경: 구택대학 석사학위논문, 1989.

이효영, 「원효의 교육사상에 관한 연구」, 건국대학교 대학원 박사학위논문, 1996. 2.

임혁, 「과학철학의 신관과 원효의 불교관의 비교연구」, 연세대학교 교육대학원 석사학위논문, 1987. 2.

장휘옥, 「신라 미타정토의 사적 고찰」, 동국대학교 대학원 박사학위논문, 1981.

_____, 「신라 정토교의 연구」, 동경: 동경대학 박사학위논문, 1988.

전미희, 「원효의 신분과 그의 활동」, 서강대학교 대학원 석사학위논문, 1988. 2.

정영근, 「각의 두 가지 장애: 원효의 『이장의』를 중심으로」, 한국정신문화연구원 석사학위논문, 1981.

정판규, 「신라시대 미타정토왕생사상사 연구」, 동국대학교 대학원 석사학위논문, 1965.

정희숙, 「'각'과 '선성'에 대한 교육학적 의미: 원효와 루소를 중심으로」, 이화여자대학교 대학원 박사학위논문, 1985. 2.

_____, 「교육철학적 지평으로서의 원효사상」, 이화여자대학교 대학원 석사학위논문, 1981. 2.

조미경, 「원효사상의 사회적 기능에 대한 고찰: 대중교화활동을 중심으로」, 성균관대학교 교육대학원 석사학위논문, 1991. 8.

조상희, 「원효의 여래장사상에 관한 연구: 『대승기신론소』·『별기』를 중심으로」, 동아대학교 대학원 석사학위논문, 1992. 2.

조은수, 「『대승기신론』에 있어서의 깨달음의 구조」, 서울대학교 대학원 석사학위논문, 1986. 8.

조은영, 「원효의 일심사상에 관한 연구: 『대승기신론소』·『별기』를 중심으로」, 한국외국어대학교 교육대학원 석사학위논문, 1992. 2.

조재환, 「『유심안락도』의 현대적 고찰: 『유심안락도』는 신라 불국토 건설의 표석이다」, 건국대학교 교육대학원 석사학위논문, 1984.

좌등번수(사토 시게키), 「원효에 있어서 화쟁의 논리: 『금강삼매경론』을 중심으로」, 동국대학교 대학원 박사학위논문, 1993.

최유진, 「원효의 일심사상」, 서울대학교 대학원 석사학위논문, 1980. 2.

_____, 「원효의 화쟁사상 연구」, 서울대학교 대학원 박사학위논문, 1988. 8.

최윤정, 「일심이문에 나타난 인식양상의 연구: 원효의 『대승기신론소·별기』를 중심으로」, 한국정신문화연구원, 1996.

한경희, 「원효의 미타정토사상 연구: 특히 『유심안락도』를 중심으로」, 영남대학교 대학원 석사학위논문, 1974.

한영란, 「원효의 화쟁사상의 현대적 의의에 관한 연구」, 한국교원대학교 대학원 석사학위논문, 1994. 2.

한태식, 「신라 정토사상의 연구」, 경도: 경도불교대학 박사학위논문, 1989. 2.

허경구, 「원효의 미륵신앙 연구: 『미륵상생경종요』를 중심으로」, 동국대학교 대학원 석사학위논문, 1989. 2.

Buswell, Robert E., Jr. *Korean origin of The Vajrasamādhi-sūtra*, Cal.: Univ. of Berkeley 박사학위논문, 1985.

찾아보기

지은이 고영섭은 경북 상주 만산에서 태어나, 동국대학교 불교학과와 같은 대학원에서 석·박사 과정을 졸업하고 고려대학교 대학원 철학과 박사과정을 수료했다. 저서로는 『한국불학사 1·2·3·4』『한국불교사』『원효탐색』『한국의 사상가 10인: 원효』『한국철학자 15인 이후: 원효 이후』『불교경전의 수사학적 표현』『문아(원측)대사』『새천년에 부르는 석굴암 관세음』『연기와 자비의 생태학』『우리 불학의 길』『불교란 무엇인가』『우리 고향 중의 고향이여』『불교생태학』『불교와 생명』 등 다수가 있다. 1998, 99년 월간 『문학과 창작』 2회 추천 완료(신인상)하였으며 시집으로 『몸이라는 화두』『흐르는 물의 선정』『황금똥에 대한 삼매』(근간)가 있다. 고려대학교 민족문화연구원 연구교수를 거쳐 현재는 발해동양학한국학연구원 한국불교사연구소 소장 및 인문학 계간지 『문학 사학 철학』 편집주간을 맡고 있으며 동국대학교 불교학과 교수로 재직하고 있다.